서문문고
51

한국속담집

한국민속학회 엮음

머리말

 속담은 말의 꽃이다.

 한 민족의 이야기를 꽃 피울 때 전설이 생겨나듯, 한 민족의 말을 꽃 피울 때 그것은 속담으로 형성된다.

 속담은 오랜 세월 동안 민중의 생활 속에서 발생되어 구성되고 구전(口傳)되어 왔다. 거기에는 민족의 마음이 반영되고, 민중의 꿈과 삶의 슬기, 유머와 아이러니가 색동 저고리의 무늬처럼 아로새겨져 있다. 따라서 속담은 '낫 놓고 기역자도 모르는 무식꾼'으로부터 '하나를 들으면 열을 아는' 식자(識者)에 이르기까지 마음속에 어필하여 천하(天下)의 통화(通貨)로서 폭넓게 사용되고 있다.

 그러나 요즘 일반 사람들의 외국어와 외래문화에 대한 관심에 비하여 우리 고유의 언어, 우리 고유의 문화에 대한 이해와 관심은 희박한 느낌이 없지 않다.

 지금 우리는 우리의 것을 살려서 적극적으로 다룰 줄 알아야 할 때가 왔다. '말은 존재의 집'이란 표현처럼 우리 옛 조상들의 숨결이 피부에 와 닿는 말―특히 그 에센스인 속담을 통하여 우리의 발상법(發想法)과 사고(思考)의 심층심리를 찾아내어 일상의 언어생활을 순화시켜 빛낼 때가 된 것이다.

 속담은 새로운 표현을 즐겨 쓰는 현대인에게 레디메이드의 진

부한 강제적 급식을 권하는 것이 아니요, 푸면 풀수록 새로워지는 오래된 샘물처럼 지혜의 샘이 용솟음치고, 흐뭇한 인정의 기미(機微)가 스며드는 새로운 맛을 지니고 있기 때문이다. 그리하여 때로는 삶의 생기를 되찾는 활력소가 되고, 메마른 생활을 윤기 있게 해주는 윤활제 구실을 하며, 간결한 몇 마디 표현으로써 천언만구(千言萬句) 이상의 효력을 나타내며, 사리(事理)에 밝은 진실로서 거짓과 잘못을 판별해 주고 있다. 속담이야말로 정신적 고향 사람들의 인간미 넘치는 아름다운 말이다.

속담은 과거의 소산이지만 일상생활 속의 고전(古典)으로서 현존하고 있으며, 미래의 삶의 지표가 되고 있다.

이 책이 현대 속에 망각되어 가는 이러한 말의 창달에 조금이라도 도움이 되기를 바랄 뿐이다.

편집자 李一善

❖ 일 러 두 기

1. 이 책에는 오랫동안 전해 내려오는 우리나라 속담 가운데에서 가장 많이 쓰이고 있는 속담을 사용 빈도수(頻度數)에 따라 추려 4천 가량을 실었다.

2. 같은 내용을 가진 비슷한 속담은 가장 널리 쓰이는 속담 하나를 대표적으로 표제에 내세우고, 다른 것은 ⇨표를 하여 함께 실었다.

　　보기 : 닫는 말에 채찍질.

　　　⇨ 가는 말에도 채를 치랬다. 가는 말에 채찍질. 닫는 말도 채를 치랬다. 닫는 말에 채질한다. 주마가편(走馬加鞭).

3. 지면(紙面)의 제약으로 어떤 사상(事象)을 직접 비유한 직유적 속담은 싣지 않았다.

　　보기 : 가을 중 싸대듯. 가재 걸음. 가정(家丁) 오랑캐 맞듯. 각전(各廛) 시정 통비단 감듯. 갈구리 맞은 고기.

4. 우리나라에서 흔히 사용되고 있는 한문 속담 및 성어(成語)는 일반화되어 있는 것만 약간 수록하였다.

5. 속담의 배열은 그 첫머리 낱말의 차례에 따라 하였으며, 자음의 된소리인 ㄲ·ㄸ·ㅃ·ㅆ·ㅉ은 그 항목 맨 끝에 따로 다루지 않고, 그 항목 속에 같이 다루어 찾기에 간편하도록 하였다.

6. 속담의 표기는 되도록 표준말을 썼으나 간결하고 운율적(韻律的)인 표현의 특징은 살렸다. 그리고 특이한 표현과 풍격(風格)을 가진 방언(方言)으로 된 속담은 " "표를 써서 유사(類似) 속담 뒤에 같이 실었다.

7. 이 책에 쓴 부호는 다음과 같다.

　　⇨ 참조 하라는 뜻으로 그 속담과 관련 있는 속담들을 열거하였다.

　　↖, ↙ 앞쪽 또는 뒤를 보라는 뜻으로 비슷한 속담의 설명을 줄일 때 사용.

↔ 반대되는 속담을 실을 때.

※ 낱말의 풀이에 사용.

풀이 어려운 속담의 보충 설명. 그 속담의 유래에 관한 설화(說話) 및 발생의 배경 설명.

典據 참고문헌(參考文獻)에 의한 그 속담의 전거.

' ' 전거한 문헌의 인용 속담.

" " 방언으로 된 속담의 인용에 사용.

≪ ≫ 전거의 인용 서적명.

※ 한국 속담집

차 례

ㄱ	11
ㄴ	64
ㄷ	86
ㅁ	128
ㅂ	151
ㅅ	176
ㅇ	223
ㅈ	250
ㅊ	283
ㅋ	293
ㅌ	297
ㅍ	300
ㅎ	305

한국 속담집

ㄱ

가까운 남이 먼 일가보다 낫다.

멀리 떨어져 사는 일가보다 남이라도 이웃에 가까이 지내는 사람이 더 낫다는 말.

▷ 먼 사촌보다 가까운 이웃이 낫다. 먼 일가와 가까운 이웃. 이웃사촌. 지척의 원수가 천 리의 벗.

典據 '遠族不如近隣' ≪東言考略≫

가갸 뒷자도 모른다.

글자를 모르는 무식한 사람을 비웃는 말.

▷ 기역자 왼 다리도 못 그린다. 낫 놓고 기역자도 모른다. 목불식정(目不識丁). 어로불변(魚魯不辨).

가게 기둥에 입춘(立春)

격에 맞지 않는다는 뜻.(※입춘…입춘날 대문이나 기둥에 붙이던 춘첩자(春帖子).)

▷ 개 발에 놋대갈. 거적문에 돌쩌귀. 방립(方笠)에 쇄자(刷子)질. 사모에 갓끈이라.

典據 '假家柱立春' ≪東言考略≫

가난 구제는 나라도 못한다.

가난한 사람을 구제하기는 매우 어렵다는 말.

▷ 가난 구제는 나라도 어렵다. 노름 뒤는 대어도 먹는 뒤는 안 댄다.

[典據] '貧家之賙 天下其憂' ≪耳談續纂≫, ' 가난 구제는 나라에서도 어렵다.'≪興夫傳≫

가난한 집 신주(神主) 굶듯 한다.

가난한 집에서는 제사를 번번이 지낼 수 없으니 신주가 굶게 되는데, 신주는 말도 못하니 어쩔 수 없이 말도 못하고 굶는다는 뜻.
⇨ 책력(冊曆) 보아 가며 밥먹는다.

가난한 집에 자식이 많다.

생활비와 양육비가 없는 가난한 집에 흔히 아이들이 많다는 말.

가난한 집 제삿날 돌아오듯 한다.

제사도 지낼 형편이 못 되는 가난한 집에 제삿날이 자주 돌아온다는 말이니, 괴로운 일이 자주 돌아올 때 하는 말.

가난할수록 기와집 짓는다.

① 가난한 사람이 남에게 잘 사는 것처럼 보이려고 겉치장을 한다는 뜻.
② 가난할수록 잘 살아 보려고 큰 일에 손을 댄다는 말.

가는 년이 물 길어다 놓고 갈까.

일을 그만두고 가는 사람은 뒷일을 생각하고 일하지 않는다는 말.
⇨ 가는 년이 보리방아 찧어 놓고 가랴. 나가는 년이 세간 사랴.

가는 말에 채찍질.

잘 하는 일을 더 잘 하도록 박차를 가한다는 말.
⇨ 가는 말에도 채를 치랬다. 닫는 말도 채를 치랬다. 닫는 말에 채찍질. 주마가편(走馬加鞭).
[典據] '走馬加鞭' ≪旬五志≫

가는 말이 고와야 오는 말이 곱다.

내가 남에게 좋게 해야, 남도 나에게 잘 한다는 말.

⇨ 오는 말이 미우면 가는 말이 밉다.

[典據] '來語不美 去語何美' 《旬五志》, 《松南雜識》 '去言美, 來言美' 《東言考略》

가는 방망이, 오는 홍두깨.

내가 남에게 조금 잘못하면 나에게는 더 큰 해가 돌아온다는 뜻.

가는 세월, 오는 백발.

세월이 가면 사람은 늙게 마련이라는 뜻.

가는 손님은 뒤꼭지가 예쁘다.

손님 대접을 하기 어려운 처지에 곧 돌아가는 손님은 그 뒷모양도 예쁘게 느껴진다는 말.

가는 토끼 잡으려다 잡은 토끼 놓친다.

욕심을 내어 한꺼번에 여러 가지 일을 하려다가 도리어 이미 이루어 놓은 일까지도 실패하게 된다는 말.
⇨ 멧돝 잡으러 갔다가 집돝 잃었다. 달아나는 노루 보고 얻은 토끼를 놓았다. 토끼 둘 잡으려다가 하나도 못 잡는다.

가던 날이 장날이다.

뜻밖의 일이 우연히 잘 들어맞을 때 하는 말.

가랑비에 옷 젖는 줄 모른다.

조금씩 젖는 줄도 모르게 가랑비에 옷이 젖듯이 재산이 없어지는 줄 모르게 조금씩 조금씩 줄어든다는 말.
⇨ 마른 날에 좀 먹듯.

가랑이가 찢어지게 가난하다.

매우 가난하다는 뜻.
⇨ 똥구멍이 찢어지게 가난하다.

가랑잎에 불붙기.

성미가 몹시 급하고, 도량이 좁은 사람을 두고 하는 말.

가랑잎으로 눈 가리고 아웅한다.

얕은 꾀로 남을 속이려고 한다는 말.
⇨ 눈 가리고 아웅한다. 눈 감고 아웅한다. 귀 막고 방울 도둑질한다. 머리카락 뒤에서 숨바꼭질한다. 입 가리고 고양이 흉내.

가랑잎이 솔잎더러 바스락거린다고 한다.

제 결점이 큰 줄 모르고 남의 작은 허물을 탓한다는 말.
⇨ 가마 밑이 노구솥 밑을 검다 한다. 겨울 바람이 봄 바람보고 춥다 한다. 그슬린 돼지가 달아맨 돼지 타령한다. 똥 묻은 개가 겨 묻은 개를 나무란다. 똥 묻은 돼지가 겨 묻은 돼지를 나무란다. 뒷간 기둥이 물방앗간 기둥을 더럽다 한다. 매달린 개가 누워 있는 개를 비웃는다. 숯이 검정 나무란다. 헛청 기둥이 칙간 기둥 흉본다.

가루 가지고 떡 못 만들랴.

누구나 할 수 있는 쉬운 일을 가지고 잘한 체 뽐내지 말라는 뜻.

가루는 칠수록 고와지고 말은 할수록 거칠어진다.

말이 많아지면 좋은 일보다 해로운 일이 더 많으니 말 많이 하는 것을 삼가라는 뜻.
⇨ 말은 할수록 늘고 되질은 할수록 준다. 말이 많으면 실언(失言)이 많다. 말이 많으면 쓸 말이 적다. 말이 말을 만든다.

가루 팔러 가니 바람이 불고, 소금 팔러 가니 이슬비 온다.

세상 일이란 잘 안 될 때에는 공교롭게 빗나가는 수가 많다는 뜻.
↔ 바람 부는 날 가루 팔러 간다.

典據 '賣鹽逢雨' ≪松南雜識≫

가르친 사위.

제 일을 혼자 처리할 줄 모르는 못난 사람을 조롱하는 말.

⇨ 길러낸 사위.

典據 '所敎之壻' ≪東言考略≫

까마귀가 까치 집을 뺏는다.

서로 모양이 비슷하게 생긴 것을 빙자하여 남의 것을 억지로 빼앗는다는 뜻.

까마귀가 알 물어다 감추듯 한다.

건망증이 있는 사람을 보고 하는 말.

⇨ 까마귀 떡 감추듯.

까마귀 겉 검다고 속조차 검을쏘냐.

겉모양이 남루하다고 속마음조차 추한 것이 아니니, 사람은 겉모양만 보고 평해서는 안 된다는 뜻.

⇨ 까마귀가 검어도 마음도 검겠나. 까마귀가 검어도 살은 아니 검다.

↔ 까마귀 학이 되랴.

典據 '까마귀 검다 ᄒ고 빅로야 웃디 마라.
것치 거믄들 속조차 거믈소냐.
것 희고 속 거믈손 너 뿐인가 ᄒ노라.' ≪옛時調≫

까마귀 고기를 먹었나.

잊기를 잘 하는 사람을 조롱하는 말.

까마귀 고욤을 마다할까.

평소에 매우 즐기는 음식을 싫다고 할 때 하는 말.

⇨ 까마귀 메밀을 마다한다. 까마귀가 오디를 마다한다.

까마귀 날자 배 떨어진다.

아무 관계도 없이 한 일이 공교롭게도 동시에 일어나 다른 일과 관련이 있는 것처럼 혐의를 받게 된 것을 말한다.

⇨ 오비이락(烏飛梨落).

[典據] '烏飛梨落 ≪旬五志≫ ≪松南雜識≫ ≪東言考略≫, '烏之方飛 有隕其梨' ≪耳談續纂≫

까마귀 대가리 희거든.

전혀 될 가망이 없다는 말.

⇨ 곤 달걀 꼬끼오 울거든. 군밤에 싹 나거든. 배꼽에 노송나무 나거든. 병풍에 그린 닭이 홰를 치고 울거든. 용마 갈기 사이에 뿔이 나거든. 인경 꼭지가 말랑말랑하거든. 층암상(層岩上)에 묵은 팥 심어 싹나거든.

까마귀도 내 땅 까마귀라면 반갑다.

무엇이든 제 고향 것이라면 반갑다는 말.

⇨ 내 땅 까마귄 검어도 귀엽다.

까마귀 똥도 약이라니까 물에 깔긴다.

대단치 않던 물건도 요긴하게 쓰려고 하면 구하기 어렵다는 말.

⇨ 까마귀 똥도 열닷 냥 하면 물에 깔긴다. 까마귀 똥도 오백 냥 하면 물에 깔긴다. 개똥도 약에 쓰려면 없다. 하던 지랄도 멍석 펴놓으면 안 한다.

까마귀 열두 소리 하나도 좋지 않다.

미운 사람이 하는 짓은 무엇이든 다 밉다는 뜻.

⇨ 미운 사람 고운 데 없고, 고운 사람 미운 데 없다.

[典據] '烏聲十二 無一嫵媚' ≪耳談續纂≫

까마귀 짖어 범 죽으랴.

까마귀가 짖으면 죽음의 예조(豫兆)라고 하지만 큰 범이야 그러한 사소한 방자(放恣)에 아랑곳하지 않는다는 말이니, 작은 불운이 있더라도 큰 일에는 별 영향이 없다는 말.

까마귀 학(鶴)이 되랴.

아무리 애를 써도 타고난 본바탕은 어찌할 수 없다는 말.

⇨ 각관 기생 열녀되랴. 나무 접시 놋 접시될까.
   닭의 새끼 봉(鳳)이 되랴. 우마가 기린되랴.

↔ 까마귀가 검어도 마음도 검겠나.

[典據] '까마귀 학이 되며, 각관 기생 열녀되랴.' 《春香傳》

가마 밑이 노구솥 밑을 검다 한다.

제 흉은 모르고 남의 흉을 볼 때 하는 말.

⇨ 가랑잎이 솔잎더러 바스락거린다고 한다.

[典據] '釜底笑鼎底' 《旬五志》 《松南雜識》, '鼎底黑釜底噱' 《洌上方言》, '釜底 鐺底 煤不胥詆' 《耳談續纂》, '釜底咎鼎底' 《東言考略》

가마 속의 콩도 삶아야 먹는다.

아무리 쉬운 일이라도 움직여서 손대지 않으면 제게 이익이 돌아오지 않는다는 말.

⇨ 구슬이 서 말이라도 꿰어야 보배라. 구운 게 발도 떼어야 먹는다. 부뚜막의 소금도 집어넣어야 짜다. 솥 속의 콩도 쪄야 익지. 진주가 열 그릇이나 꿰어야 구슬.

가마 타고 시집가기는 코집이 앵글어졌다.

제 격식대로 하기는 틀렸다는 뜻.

⇨ 가마 타고 시집가긴 틀렸다.

까막 까치도 집이 있다.

자기 집이 없는 처지를 한탄하는 말.

⇨ 갈매기도 제 집이 있다. 우렁이도 집이 있다.

가만히 먹으라니까 뜨겁다고 한다.

눈치 없이, 비밀히 한 일을 드러낸다는 뜻.

가물 끝은 있어도 장마 끝은 없다.
한해(旱害)보다 수해(水害)가 더 큰 피해를 입힌다는 말.
⇨ 불난 끝은 있어도 물난 끝은 없다.

가물에 콩 나듯.
어떤 일이나 물건이 드문드문 있을 때 하는 말.
典據 '旱時太出' ≪東言考略≫

가사(家事)는 임장(任長)이라.
집안일은 가장(家長)에게 맡겨야 한다는 말.
⇨ 매사는 간주인(看主人)이라. 주인 모르는 공사 없다.

가시어미 장 떨어지자 사위가 국 싫다 한다.
어떤 일이 공교롭게 들어맞을 때 하는 말.(※가시어미…장모.)
⇨ 주인 장 없자 손 국 싫다 한다. 주인집 장 떨어지자 나그네 국 마단다. "가시어멍 장 읏인까네 사위 국 실픈까네." ≪제주도≫

가을 마당에 빗자루 몽댕이를 들고 춤을 추어도 농사 밑이 어둑하다.
가을에 타작을 하여 남에게 줄 것은 주고 갚을 빚은 갚고 나서도 빗자루 하나만 들더라도 남는 것이 있어 농사일이란 어수룩하다는 말.
⇨ "가실 마당에 비짜리 몽댕이를 들고 춤얼 쳐도 농사 밑이 어둑하다." ≪경상도≫

가을 무 껍질이 두꺼우면 겨울에 춥다.
오랜 동안의 징험(徵驗)에서 하는 말.
⇨ 가을에 무 꽁지가 길면 겨울이 춥다.

가을 물은 소 발자국에 괸 물도 먹는다.

가을 물은 맑고 깨끗하다는 뜻.

가을 비는 떡 비.
추수하여 곡식이 넉넉한 가을에 비가 오면 집 안에서 떡이나 해먹고 지낸다는 말.
⇨ 여름 비는 잠 비, 가을 비는 떡 비.

가을 비는 장인의 나룻 밑에서도 긋는다.
가을 비는 잠깐 오다가 곧 그친다고 하여 하는 말.(※긋는다…비가 그치기를 기다린다.)
⇨ 가을 비는 장인의 나룻 밑에서도 피한다.

가을 상추는 문 걸어 잠그고 먹는다.
가을 상추는 흔하지 않고, 맛도 아주 좋다고 하여 일컫는 말.
⇨ 가을 아욱국은 계집 내쫓고 먹는다.

가을에는 부지깽이도 덤빈다.
가을 추수 때 농촌에서 매우 바쁘다고 하는 말.
⇨ 가을철에는 죽은 송장도 꿈지럭한다. 가을판에는 대부인 마님이 나막신짝을 들고 나온다.

가을에는 손톱, 발톱이 다 먹는다.
가을철이 되면 햇곡도 나고 입맛도 나서 많이 먹게 된다는 말.

가을에 못 지낸 제사를 봄에는 지낼까.
형편이 넉넉할 때 못한 일을 궁할 때 어떻게 할 수가 있겠느냐는 말.
⇨ 가을에 내 아비 제(祭)도 못 지내거든 봄에 의붓아비 제 지낼까.

가을 일은 미련한 놈이 잘 한다.
가을의 농촌 일은 매우 바쁘고 할 일이 많아 요령을 부려 약게 하는 것보다 하나하나 차근차근히 해나가야 성과가 크다는 말.

가자니 태산(泰山)이요, 돌아서자니 숭산(嵩山)이라.

앞으로 가지도 못하고 뒤로 돌아갈 수도 없어 난처한 지경에 빠졌다는 뜻.(※태산, 숭산…중국의 큰 산 이름.)
⇨ 진퇴유곡(進退維谷.)

가재는 게 편이요, 초록(草綠)은 한 빛이라.

모양이 비슷한 같은 족속(族屬)끼리 한편이 된다는 말.
⇨ 가재도 게 편이다. 유유상종(類類相從) 초록은 동색.

가지 나무에 목을 맨다.

목 매달아 죽으려 할 때 목 맬 나뭇가지의 크고 작음을 가리지 않는다는 말이니, 급하면 수단 방법을 가리지 않는다는 뜻.

[典據] '茹荠樹結項 ≪東言考略≫

가지 따먹고 외수(外數)한다.

못된 짓을 하고 시치미를 뗀다는 말.(※외수…남을 속이는 꾀.)

가지 많은 나무 바람 잘 날 없다.

자식 많이 둔 부모는 항상 자식을 위한 근심이 그치지 않아 편할 날이 없다는 말.
⇨ 가지 많은 나무가 잠잠할 적 없다. 새끼 아홉 둔 소가 길마 벗을 날 없다. 새끼 많이 둔 소 길마 벗을 날 없다.

까투리 북한(北漢) 다녀온 셈이다.

보기는 하였으나 얼른 보아 그 내용을 잘 알 수 없다는 말.
⇨ 주마간산(走馬看山). 하룻강아지 서울 다녀오듯.

각관 기생 열녀(烈女) 되랴.

사람은 타고난 본바탕은 무시할 수 없다는 뜻이니, 애써 노력한다고 해도 그 본질은 바꾸지 못한다는 말.

⇨ 까마귀 학이 되랴. 나무 접시 놋 접시될까. 닭의 새끼 봉이 되랴. 우마(牛馬)가 기린되랴.

典據 '까마귀 학이 되며, 각관 기생 열녀되랴.' ≪春香傳≫

깐깐 오월, 미끈 유월.

오월 달은 해가 길어 더디 간다는 뜻이며, 유월 달은 해가 짧고 해야 할 일은 많아 어느 틈에 가는지 획 지나가 버린다는 뜻.

⇨ 어정 칠월, 동동 팔월.

간다 간다 하면서 아이 셋 낳고 간다.

하던 일을 말로만 그만둔다고 하면서 실제는 그만두지 못하고 질질 끈다는 말.

⇨ 솥 떼어 놓고 삼 년.

간에 가 붙고 염통에 가 붙는다.

자기 이익만 따져 체면이나 지조(志操)는 내동댕이치고 여기저기 아무데나 가서 아첨한다는 뜻.

⇨ 간에 가 붙고 쓸개에 가 붙는다.

典據 '附肝附念通' ≪東言考略≫

간에 기별도 안 갔다.

음식을 조금 먹어 양에 차지 않았다는 뜻.

⇨ 간에 안 찬다. 목구멍의 때도 못 씻었다. 범 바자 먹은 것 같다. 범 나비 잡아먹은 듯. 쌍태 낳은 호랑이 하루살이 하나 먹은 셈. 주린 범의 가재다. 코끼리 비스킷 하나 먹으나마나. 황새 조알 까먹은 것 같다.

간이 콩알만하다.

겁이 나서 몹시 두렵다는 뜻.

갈모형제라.

아우가 형보다 낫다는 말.

(※ 갈모…비올 때 갓 위에 덮어 씌우는 유지로 만든 모자로서 위가 좁고 아래가 넓다.)

|典據| '笠帽兄弟' ≪東言考略≫

갈수록 태산이라.

일이 갈수록 점점 더 어려워진다는 말.

▷ 가도록 심산(深山)이라. 갈수록 수미산(須彌山)이라.

|典據| '去愈須彌山' ≪東言考略≫

갈치가 갈치 꼬리 문다.

동족이나 친한 사이끼리 서로 훼방을 놓는다는 뜻.

▷ 망둥이가 제 동무 잡아먹는다. 동족상쟁(同族相爭).

감기 고뿔도 남을 안 준다.

몹시 인색하다는 말.

감나무 밑에 누워 연시 입안에 떨어지기 바란다.

불로소득이나 요행수를 바란다는 뜻.

▷ 홍시 떨어지면 먹으려고 감나무 밑에 가서 누웠다.

↔ 감나무 밑에 누워도 삿갓 미사리를 대어라.

|典據| '臥柿樹下 望柿落' ≪東言考略≫

감사(監司) 덕분에 비장(裨將) 나리 호사한다.

남의 덕분에 호사한다는 말. (※감사…관찰사. 비장…감사 밑에 따르는 관원의 하나.)

▷ 원님 덕분에 나팔 분다.

감투가 커도 귀가 짐작.

어떤 사물의 내용에 대하여 대개 짐작이 간다는 뜻.

|典據| '大帽子甚酒的耳' ≪洌上方言≫. '감투가 커도 귀가 짐작이라니 들으

니 알겠다.' ≪春香傳≫

갑갑한 놈이 송사(訟事)한다.

제게 긴요한 사람이 먼저 행동한다는 말.

▷ 목마른 놈이 샘 판다.

갑작 사랑, 영 이별.

갑자기 사랑에 빠지면 오래 가지 않아 아주 헤어진다는 말.

▷ 쉬 더운 방이 쉬 식는다.

[典據] '急歡歡離別端' ≪洌上方言≫

값도 모르고 싸다 한다.

사정도 모르고 이러니저러니 말한다는 뜻.

▷ 값도 모르고 쌀자루 내민다. 금도 모르고 싸다 한다.

값싼 것이 비지떡.

무슨 물건이고 값이 싸면 품질이 좋지 못하다는 뜻.

▷ 싼 것이 비지떡.

갓마흔에 첫 버선.

나이 들어서 늦게야 오랫동안 바라던 일을 처음으로 하게 되었을 때 하는 말.

▷ 사십에 첫 버선. 사십초말(四十初襪).

[풀이] 옛날 어느 명현(名賢)의 부인이 바느질 솜씨가 없어 나이 사십에 가서야 처음으로 버선 하나를 지었는데, 빗자루만 하게 볼품없이 만들었다. 그런데 그 남편이 그것을 신고 제자들 앞에 나왔는데 이를 본 어느 제자가 이상히 여겨 그 까닭을 묻자, "갓마흔에 지은 첫 버선인데 내가 신어 주지 않으면 누가 신겠느냐?"고 대답했다 하여, 이에서 나온 말이라 한다.

갓 쓰고 박치기해도 제 멋.

제가 하고 싶어하는 짓이니 어떤 일을 해도 마음대로 하라고 내버려 두라는 뜻.
▷ 도포(道袍) 입고 논을 갈아도 제 멋이라. 동냥자루도 제 멋에 찬다. 동냥치 첩도 제 멋에 취한다. 오이를 거꾸로 먹어도 제 멋. 지게를 지고 제사를 지내도 제 멋이다. 털 토시를 끼고 개구멍을 쑤셔도 제 멋.

강계(江界)도 평안도 땅이다.
무엇이 동떨어져 퍽 다르게 보이나 사실은 같은 연관을 가졌다는 뜻.

강똥 누는 집에는 가지도 말랬다.
똥을 누자면 오줌도 자연히 따라서 나오게 되는 법인데, 맨똥만 누는 집에는 지독한 인색가(吝嗇家)이기 때문에 가지도 말라는 말.

강물도 쓰면 준다.
아무리 흔한 물건이라도 헤프게 쓰면 줄어드는 것이니 아껴 쓰라는 말.

강물이 돌을 굴리지 못한다.
흐르는 물이 돌을 굴리지 못한다는 말이니, 유행이나 대세(大勢)에 좀처럼 움직이지 않는다는 뜻.
▷ 강류석불전(江流石不轉). 양반이 얼어죽을지언정 곁불은 안 쬔다.
[典據] '강물이 돌을 굴리지 못한다.' 《春香傳》

강아지 똥은 똥이 아닌가.
① 분량이 적다고 그 본질이야 다르겠느냐는 뜻. ② 작은 실수, 또는 잘못이라고 해서 발뺌을 할 수는 없다는 말.
▷ "강생이 똥은 똥이 아닌가." 《평안도》

강아지 메주 멍석 맡긴 것 같다.
믿을 수 없는 사람에게 중요한 물건을 맡겨 불안스럽다는 말.
▷ 개에게 된장 덩어리 지키게 하는 격. 고양이한테 반찬단지 맡긴 것 같다. 도둑 괭이더러 제물(祭物) 지켜 달란다. 범에게 개를 빌린 셈. 호

랑이더러 날고기 봐달란다. 호랑이에게 개를 꿔어 준다.

[典據] '莫以狗子 監此麴豉' 《耳談續纂》, '犬守燻造網席' 《東言考略》

강원도 포수(砲手).

일 보러 밖에 나간 사람이 오래도록 돌아오지 않을 때 하는 말.

[풀이] 강원도는 산이 깊고 험하여 맹수가 많아 사냥간 포수가 살아 돌아오기 어려웠다는 이야기에서 나온 말.

⇨ 의붓아비 소 팔러 보낸 것 같다. 지리산 포수. 함흥차사(咸興差使).

강철이 간 데는 가을도 봄이다.

독룡(毒龍)인 강철이 지나간 데는 초목이나 곡식이 다 말라 추수를 하지 못하여 춘궁기(春窮期)와 같이 된다는 말이니, 운수 사나운 사람은 아주 못된 사람의 방해로 일이 실패한다는 뜻.

⇨ 황충이 가는 데는 가을도 봄.

[典據] '强鐵去處 秋亦春' 《旬五志》, '强鐵去處 雖秋如春' 《芝峰類說》, '强鐵秋' 《東言考略》

강태공(姜太公)이 세월 낚듯 한다.

일을 아주 느리고 천천히 하는 것을 말한다.

[풀이] 옛날 중국 주(周)나라 때의 정치가 강태공이 벼슬을 하기 전에 위수(渭水) 가에서 세월을 보내기 위하여 곧은 낚시질을 하였다는 고사(故事)에서 나온 말.

⇨ 강태공의 곧은 낚시질. 세월아 좀먹어라.

강한 말은 매놓은 기둥에 상한다.

가정에서 아이들을 너무 심하게 다루면 마음이 상하여 좋지 않다는 말.

갖바치 내일 모레.

약속한 날짜를 하루 이틀 자꾸 미룬다는 뜻.(※갖바치…가죽신을 만드는 사람.)

풀이 옛날에는 가죽신을 많이 신었는데, 주문이 많아 갖바치 일이 몰리는 까닭에 약속 날을 핑계대고 자꾸 미루었다는 데서 나온 말.
⇨ 고리 백정 내일 모레. 차일피일(此日彼日). 피쟁이 내일 모레.
典據 '皮匠再日' ≪東言考略≫

갖에서 좀 난다.

제 가죽에서 좀이 난다는 말로서 한 형제나 집안끼리의 싸움을 말한다.(※ 갖…가죽.)
⇨ 자피생충(自皮生虫) 제 갖에 좀 난다. 제 언치 뜯는 말이라.

같은 값이면 다홍치마.

이왕 같은 값이면 자기에게 소득이 더 많은 것으로 택한다는 말.
⇨ 같은 값이면 과부집 머슴살이. 같은 값이면 검정 소를 잡아먹는다. 같은 값이면 처녀. 같은 새경이면 과부집살이. 같은 열닷 냥이면 과부집 머슴살이. 동가홍상(同價紅裳).
典據 '同價紅裳' ≪松南雜識≫, '同價粉紅裳' ≪東言考略≫

같은 값이면 은가락지 낀 손에 맞으랬다.

이왕이면 덕망이 있는 사람에게 꾸지람을 듣는 편이 낫다는 뜻.
⇨ 뺨을 맞아도 은가락지 낀 손에 맞는 것이 좋다. 욕을 먹어도 당감투 쓴 놈한테 들어라.

같은 떡도 맏며느리 주는 것이 더 크다.

맏며느리는 한 집안의 주장(主掌)으로서 살림을 관장하고 있는 까닭에 하는 말.

같이 우물 파고 혼자 먹는다.

노력은 여럿이 하고 그 이득은 혼자 차지한다는 말.

개가 똥을 마다한다.

평시에 좋아하는 것을 싫다고 거절할 때 하는 말.
⇨ 까마귀가 고욤을 마다한다. 까마귀가 오디를 마다한다. 고양이가 쥐를 마다한다.

개같이 벌어서 정승같이 산다.

벌 때는 천한 일을 가리지 않고 벌어서 고귀하게 산다는 뜻.
⇨ 개처럼 벌어서 정승같이 쓴다. 돈은 더럽게 벌어도 깨끗이 쓰면 된다.

개고기는 언제나 제 맛이다.

제 버릇은 어느 때나 속이지 못한다는 뜻.
⇨ 제 버릇 개 줄까. 보리로 담근 술 보리 냄새 안 빠진다.

개 꼬리 삼 년 두어도 황모(黃毛) 못 된다.

개 꼬리를 아무리 오래 두어도 족제비 꼬리가 되지 못하듯이 본래의 제 천성은 언제까지나 고치기 어렵다는 뜻.
⇨ 개 꼬리 삼 년 묻어도 황모되지 않는다. 오그라진 개 꼬리 대봉통에 삼 년 두어도 아니 펴진다.

典據 '狗尾三朞 不成貂皮'≪耳談續纂≫, '三年狗尾 不爲黃毛'≪東言考略≫

개구리도 옴쳐야 뛴다.

아무리 급하더라도 일이 성사되려면 어느 정도의 준비기간이 있어야 한다는 말.
⇨ 나는 새도 깃을 쳐야 난다. 나는 새도 움직여야 난다.

典據 '蛙惟蹋矣 乃能躍矣'≪耳談續纂≫

개구리 올챙이 적 생각을 못한다.

자기의 지위가 높아지면 전날 미천하던 때의 생각은 못한다는 뜻.
⇨ 올챙이 적 생각은 못하고 개구리 된 생각만 한다.

개구리 주저앉은 뜻은 멀리 뛰자는 뜻이다.

남이 보기에는 좌절된 상태인 것처럼 보이나 당사자에게 있어서는 어떤 큰 일을 하기 위한 준비 태세라는 뜻.
⇨ 굼벵이가 지붕에서 떨어지는 것은 매미되자는 예산이 있어 떨어진다. 장비자익복(將飛者翼伏).

개구멍에 망건(網巾) 치기.

한 가지 손해를 막으려다 두 가지 손해를 본다는 뜻.

개 눈에는 똥만 보인다.

자기가 어떤 물건을 좋아하면 모든 것이 다 그 물건같이 보인다는 말.

개도 나갈 구멍을 보고 쫓아라.

무엇을 쫓아낼 때 그 갈 길을 남겨 놓고 쫓아야 한다는 뜻.

개도 무는 개를 돌아본다.

사람도 악한 사람에게는 혹시 그 화를 입을까 하여 조심하고 잘 대해 준다는 뜻.
⇨ 개도 사나운 개를 돌아본다. 보채는 아이 젖준다.

| 典據 | '諸狗趁後 必顧瘋狗' ≪耳談續纂≫

개도 주인을 알아본다.

배은망덕한 사람에게 개만도 못하다고 비유하는 말.
⇨ 개도 닷새가 되면 주인을 알아본다. 개새끼도 주인을 보면 꼬리를 친다.

개똥도 약에 쓰려면 없다.

보통때 흔하던 물건도 필요하여 찾으면 드물고 귀하다는 뜻.
⇨ 까마귀 똥도 약이라니까 물에 깔긴다. 까마귀 똥도 열닷 냥 하면 물에 깔긴다. 하던 지랄도 멍석 펴놓으면 안 한다.

개똥 밭에 굴러도 이승이 좋다.

아무리 구차하게 살지라도 죽는 것보다는 사는 것이 낫다는 말.
⇨ 거꾸로 매달아도 사는 세상이 낫다. 말똥에 굴러도 이승이 좋다. 산 개가 죽은 정승보다 낫다. 소여(小轝), 대여(大轝)에 죽어 가는 것이 헌옷 입고 볕에 앉았는 것만 못하다. 죽은 정승이 산 개만 못하다.

개똥 참외는 먼저 맡는 이가 임자다.

주인이 없는 물건은 먼저 맡는 사람이 가지게 된다는 뜻.

개를 따라가면 칙간으로 간다.

좋지 않은 사람과 사귀면 결국 좋지 못한 데로 가게 된다는 뜻.
典據 '較狗如厠'《東言考略》

개 머루 먹듯.

그 내용은 알지 못하고 건성으로 넘긴다는 뜻.
⇨ 개가 약과 먹는 것 같다. 꿀단지 겉핥는다. 수박 겉핥기. 후추 왼 채로 삼킨다.

개 못된 것은 들에 가서 짖는다.

개는 집을 지키기 위하여 기르는데 집에서는 짖지 않고 소용도 없는 데 가서 짖는다는 말이니, 못난이는 아무 소용도 없는 짓을 한다는 뜻.

개미가 거동하면 비가 온다.

개미떼들이 길에 많이 쏟아져 나와 역사를 하면 비가 올 징조라는 말.

개미 구멍으로 공든 탑 무너진다.

조그마한 부실(不實)로 말미암아 큰 손해를 가져왔을 때 하는 말.
⇨ 큰 방축도 개미 구멍으로 무너진다.

개미 금탑(金塔) 모으듯 한다.

쉬지 않고 부지런히 벌어서 재산을 저축하는 사람을 두고 하는 말.
典據 '如蟻輸垤'《旬五志》, '如蟻偸垤'《松南雜識》

개미에게 불알 물렸다.

보잘것없는 것한테 피해를 입었다는 말.

개미 쳇바퀴 돌 듯한다.

① 제자리에서 뱅뱅 맴돌기만 한다는 말. ② 애는 쓰지만 큰 진전이 없이 제자리걸음만 한다는 뜻.

⇨ 다람쥐 쳇바퀴 돌 듯. 돌다가 보아도 물방아.

典據 '蟻環篩輪'《松南雜識》, '개아미 쳇바퀴 돌듯'《春香傳》

개 발에 편자.

격에 어울리지 않는다는 뜻.(※편자…말굽에 붙이는 쇳조각. 제철(蹄鐵).)

⇨ 개 발에 놋대갈. 개 발에 주석 편자. 가게 기둥에 입춘(立春). 개에게 호패(號牌). 거적문에 돌쩌귀. 돼지우리에 주석 자물쇠. 사모(紗帽)에 영자(纓子). 삿갓에 쇄자질. 조리에 옻칠한다. 짚신에 구슬 감기. 짚신에 국화 그리기. 짚신에 정분 칠하기.

개 밥에 도토리.

여러 사람에게 어울리지 않고 혼자 외톨로 돌 때 하는 말.

典據 '狗飯橡實'《東言考略》, '기밥이 도토리'《春香傳》

개 보름 쇠듯 한다.

명절날 아무 좋은 음식도 해먹지 못하고 그냥 넘긴다는 말.

풀이 옛날 풍속에 정월 대보름날은 개에게 음식을 주면 그해 여름에 파리가 많이 꾀고 개가 마른다 하여 개를 굶긴 데서 나온 말.

⇨ 상원(上元) 개 같다.

典據 '是日不飼犬 飼之則多蠅而瘦故也 俗戲餓者 此之上元犬'《東國歲時記》

개 싸움에 물 끼얹는다.

몹시 시끄러운 개 싸움에 물을 끼얹으면 더 시끄러워지니, 몹시 시끄럽게 떠들어댄다는 말.

개살구도 맛들일 탓.

시금털털한 개살구도 맛들이면 좋아지듯이 무슨 일이든지 재미를 붙이면 좋아진다는 뜻.
⇨ 쓴 배도 맛들일 탓.

개살구 지레 터진다.

시원찮은 놈이 무슨 일에 먼저 나선다는 말.(※지레…먼저.)
⇨ 시지도 않아서 군동내부터 먼저 난다. 열무김치 맛도 안 들어서 군동내부터 난다.

개새끼도 주인을 보면 꼬리를 친다.

주인의 은혜를 모르는 체하는 사람을 조롱하는 말.
⇨ 개도 닷새가 되면 주인을 안다. 개도 주인을 알아본다.

깨어진 그릇 맞추기.

한번 그르친 일을 전대로 돌리려고 애쓰지만 헛일이라는 뜻.
깨어진 그릇
典據 '甑已破 ≪松南雜識≫

개 잡아먹고 동네 인심 잃고, 닭 잡아먹고 이웃 인심 잃는다.

색다른 음식을 해서 고루 나누어 먹기 힘들다는 말.

개 장수도 올가미가 있어야 한다.

무슨 일이나 그에 필요한 준비가 있어야 결실을 볼 수 있다는 말.
⇨ 거미도 줄을 쳐야 벌레를 잡는다.

개천에 나도 제 날 탓이라.

미천한 집안에서 태어나도 저만 잘나면 얼마든지 훌륭하게 될 수 있다는 말.

개천에 내다버릴 종 없다.

아무리 미련하고 못난 사람도 다 쓰일 데가 있다는 말.
⇨ 사람과 쪽박은 있는 대로 쓴다.
[典據] '豈有溝瀆 可棄奴僕' ≪耳談續纂≫

개천에 든 소.

개천에 든 소는 양편 언덕의 풀을 모두 뜯어먹을 수 있다는 말이니, 먹을 복이 터졌다는 뜻. 또는 양쪽 이익을 동시에 볼 수 있다는 말에 쓰인다.
⇨ 도랑에 든 소.

개천에서 용 난다.

보잘것없는 변변찮은 집안에서 훌륭한 인물이 나왔을 때 하는 말.
⇨ 개똥 밭에 인물 난다. 누더기 속에서 영웅 난다.
[典據] '未有窪溝而産神蚪' ≪耳談續纂≫, '開川龍出乎' ≪東言解≫, '개천에도 용 난 세음이라.' ≪春香傳≫

개 팔아 두 냥 반.

못난 양반을 놀리는 말.
⇨ 돝 팔아 한 냥, 개 팔아 닷 돈 하니 양반인가, 양반인가, 두 냥 반인가.

개 팔자가 상팔자라.

한가하게 놀 수 있는 개 형편 또는 남에게 부양되어 밥벌이 걱정 없는 개 팔자가 더 좋겠다는 말.

개하고 똥 다투랴.

본성이 포악한 사람하고 이득이나 시비를 가릴 수 없다는 말.

객주(客主)가 망하려니 짚단만 들어온다.

일이 잘 안 되려면 이득이 없는 귀찮은 일만 생긴다는 말.(※ 객주…물건의 매매를 소개하고 장사꾼들을 재우기도 하는 영업.)
⇨ 마판이 안 되려면 당나귀 새끼만 모여든다. 어장(漁場)이 망하려면 해파리만 끓는다. 여각(旅閣)이 망하려면 나귀만 든다.

객지 생활 삼 년에 골이 빈다.

제 집을 떠나 객지에서 지내게 되면 아무리 잘해 준다 해도 고생이라는 뜻.

거동길 닦아 놓으니까 깍정이가 먼저 지나간다.

애써 공들여 일해 놓으니까 하찮은 것이 아니꼽게 먼저 이용한다는 뜻.
⇨ 길 닦아 놓으니까 미친 년이 먼저 지나간다. 길 닦아 놓으니까 용천뱅이 지랄한다. 치도(治道)하여 놓으니까 거지가 먼저 지나간다. 길 닦아 놓으니 문둥이부터 지나간다.

거문고 인 놈이 춤을 추면 칼 쓴 놈도 춤을 춘다.

거문고와 형틀〔刑具〕인 칼이 비슷하기로서니 남이 한다고 죄인된 몸이 함부로 흉내내어 한다는 것이니, 저는 할 만한 처지가 못 되는데도 남들이 한다고 덩달아 따라한다는 말.
⇨ 남이 은장도(銀粧刀)를 차니 나는 식칼을 낀다. 남이 장 간다고 하니 거름지고 나선다. 비단 올이 춤을 추니 베 올도 춤을 춘다. 잉어 숭어가 오니 물고기라고 송사리도 온다. 학이 곡곡하고 우니 황새도 곡곡하고 운다.

| 典據 | '荷琵琶者抃 荷桎梏者亦抃' ≪旬五志≫, '瑟琶者舞 枊者亦舞' ≪東言考略≫

거미는 작아도 줄만 친다.

몸집은 작지만 제 할 일은 다한다는 뜻.
⇨ 제비는 작아도 강남 간다. 참새는 작아도 알만 잘 낳는다.

거미도 줄을 쳐야 벌레를 잡는다.

무슨 일을 하거나 거기에 필요한 준비나 도구가 있어야 그 목적을 달성할 수 있다는 말.
⇨ 개 장수도 올가미가 있어야 한다. 잠을 자야 꿈을 꾸지.

거미줄로 방귀 동이듯 한다.

몹시 가늘고 약한 거미줄로 형상도 없는 방귀를 동여맨다는 것이니, 일을 함에 있어 건성으로 형용만 하는 체한다는 말.

거북이 잔등의 털을 긁는다.

털이 나지 않는 거북이 등에서 털을 긁을 수 없는 것처럼 아무리 찾아도 구할 수 없는 데서 구하는 것을 두고 하는 말.
⇨ 연목구어(緣木求魚)
[典據] '龜背上刮毛' ≪旬五志≫

거적문에 돌쩌귀.

⇨ 개 발에 편자.

거지가 도승지(都承旨)를 불쌍타 한다.

추운 겨울철 꼭두새벽에 진궐(進闕)하는 도승지를 거지가 불쌍하게 여긴다는 말이니, 제 불행한 처지는 생각하지 않고 도리어 저보다 나은 사람을 동정한다는 뜻.(※도승지…시종직(侍從職)인 승정원(承政院)의 으뜸가는 벼슬로서 아침에 꼭 임금께 문안을 드렸음.)
⇨ 비렁뱅이가 하늘을 불쌍히 여긴다.
[典據] '乞人憐天' ≪松南雜識≫

거지가 밥술이나 먹게 되면 거지 밥 한 술 안 준다.

가난하게 살던 사람이 좀 낫게 지내게 되면 어려운 사람 생각을 더 못한다는 뜻.
⇨ 개구리 올챙이 적 생각을 못한다.

거지도 부지런하면 더운 밥을 얻어먹는다.

사람은 부지런해야 잘 살 수 있다는 말.
⇨ 개도 부지런해야 더운 똥을 얻어먹는다.

거지도 손 볼 날이 있다.
아무리 가난하게 살더라도 간혹 손님이 올 때가 있으니 접빈용(接賓用)의 물건 장만은 해둬야 한다는 뜻.
⇨ 개도 손 들 날이 있다.

거지 옷 해입힌 셈이다.
보답을 바랄 처지가 못 되는 이에게 은혜를 베푼다는 뜻.
⇨ 거지 베두루마기 해입힌 셈만 친다.

거짓말이 외삼촌보다 낫다.
거짓말도 경우에 따라서는 처세에 이로운 것이라는 뜻.
⇨ 거짓말도 잘하면 오히려 논 닷 마지기보다 낫다.

걱정도 팔자.
제게는 아무 관계없는 남의 걱정까지 할 때 핀잔 주는 말.

건너다보니 절터.
① 내용을 보지 않고 겉으로만 봐도 거의 짐작할 수 있다는 말. ② 남의 것이기 때문에 욕심을 내어도 소용없다는 말.

건너 산 보고 꾸짖기.
남을 비난하거나 욕을 할 때 본인에게 직접 하지 않고 간접적으로 한다는 말.
⇨ 건너 술막 꾸짖기.

건대놈 풋농사 짓기.
① 애써 한 일이 헛일이 될 때 하는 말. ② 처음에는 남보다 잘 되어도 결국 나중에는 뒤떨어진다는 뜻.

풀이 낙동강 유역인 경상도 합천군(陜川郡) 쌍책면(雙冊面) 건대리(巾臺里)는 지대가 낮아서 장마가 지면 다된 농사도 허사가 되는 일이 허다하여 생긴 말.

건들 팔월.

음력 팔월은 추수 때이므로 바삐 왔다갔다하다 보면 어느새 지나간다 하여 하는 말.

⇨ 동동 팔월.

걷고 가다가도 날만 보면 타고 가자 한다.

① 혼자 있을 때는 저 혼자 일을 처리해 나가다가도 사람만 만나면 의지하려고 한다는 뜻. ② 사람이 궁하면 비천해져서 모두가 업신여긴다는 뜻.

⇨ 저 걷던 놈도 날만 보면 타고 가려네.

걷기도 전에 뛰려고 한다.

제 실력도 돌아보지 않고, 쉬운 것도 못하면서 단번에 어려운 일을 하려고 한다는 뜻.

⇨ 기도 못하고 뛰려 한다. 기도 못하는 게 날려 한다. 기지도 못하면서 뛰려고 한다. 아직 이도 나기 전에 갈비를 뜯는다. 이도 아니 나서 콩밥을 씹는다. 이도 아니 나서 황밤을 씹는다. 이도 안 난 것이 뼈다귀 추렴하겠단다. 지붕의 호박도 못 따는데 하늘의 천도(天桃) 따겠단다. 푸둥지도 안 난 것이 날려고 한다.

검둥개 목욕 감기듯.

① 원체 검어 좀체로 깨끗해지기 어렵다는 말. ② 나쁜 사람이 끝내 제 잘못을 뉘우치지 못한다는 말.

典據 '烏狗之浴 不變其黑' ≪耳談續纂≫, '黔狗沿' ≪東言考略≫

검은 머리 가진 짐승은 구제(救濟) 말란다.

검은 머리 가진 짐승, 즉 사람은 제가 진 은혜를 갚지 않는다고 핀잔 주는 말.
⇨ 머리 검은 짐승은 남의 공을 모른다.

껍질 상치 않게 호랑이를 잡을까.

힘들여 노력한 다음에야 어려운 일도 이루어질 수 있다는 뜻.

[典據] '膚不毁虎難制' ≪洌上方言≫, '不毁皮而虎捉乎' ≪東言考略≫

겉 볼 안이라.

겉모양만 봐도 그 속내용이 어떠한가 짐작할 수 있다는 뜻.
⇨ 건너다보니 절터.

게 눈 감추듯 한다.

게가 눈을 감추는 것처럼 빨리 음식을 먹는다는 말.
⇨ 두꺼비 파리 잡아먹듯. 마파람에 게 눈 감추듯.

게도 구럭도 다 잃었다.

어떤 일을 하려다가 이루지도 못하고 제 것까지 손해를 보았다는 뜻(※ 구럭…망태기)
⇨ 달아나는 노루 보고 얻은 토끼 놓았다. 멧돝 잡으려다 집돝까지 잃었다. 혹 떼러 갔다가 혹 붙였다.

[典據] '蟹筐俱失' ≪旬五志≫ ≪松南雜識≫ ≪東言考略≫, '蟹旣逸 網又失' ≪洌上方言≫

게 새끼는 나면서 집는다.

① 누구든지 타고난 천성대로 행동한다는 말. ② 본성이 나쁜 놈은 어려서부터 못된 짓을 한다는 말.
⇨ 게 새끼는 집고 고양이 새끼는 할퀸다.

[典據] '蟹子雖纖 螯已知箝' ≪耳談續纂≫

게으른 선비 책장 넘기기.

글 읽는 데 몰두하지 않고 얼마나 읽었나 책장만 헤아린다는 말이니, 하는 일에는 정신을 쏟지 않고 그 일에서 벗어날 궁리만 한다는 뜻.
➪ 게으른 년이 삼가래 세고 게으른 놈이 책장 센다. 게으른 여편네 밭고랑 세듯. 게으른 일꾼 밭고랑 세듯. 풀베기 싫어하는 놈이 단수만 센다.

典據 '如懶儒翻冊丈' 《東言考略》

게 잡아 물에 놓았다.

애써서 한 일이 헛수고만 하여 아무 소득이 없다는 말.

典據 '捉蟹放水' 《旬五志》《松南雜識》《東言考略》

겨 묻은 개, 똥 묻은 개를 나무란다.

제 허물은 모르고 오히려 저보다 나은 이를 보고 꾸짖는다는 말.
➪ 겨 묻은 개, 똥 묻은 개를 흉본다. 겨 묻은 돼지가 똥 묻은 돼지를 흉본다. 가랑잎이 솔잎더러 바스락거린다고 한다. 겨울 바람이 봄 바람 보고 춥다 한다. 샛바리 짚바리 나무란다.

겨울이 지나지 않고 봄이 오랴.

세상 일에는 무엇이나 다 일정한 순서가 있는 법인데, 아무리 급하다고 해도 그 순서를 무시할 수는 없다는 말.

겨울 화롯불은 어머니보다 낫다.

추운 겨울철에 따스한 화롯불 맛은 무엇보다도 좋다는 말.

건물생심(見物生心)

실제로 물건을 보니 가지고 싶은 욕심이 생긴다는 뜻.

경주(慶州) 돌이면 다 옥돌(玉石)인가.

경주에서 옥돌이 나지만 잡석(雜石)도 있지, 경주 돌이 다 옥돌이 아니듯이 좋은 집안에서 악인이 나오는 일도 있고, 좋은 일 가운데도 궂은 일이 섞여 있기도 하니 무엇이나 그 이름만 따를 것이 아니라는 뜻.
➪ 처녀면 다 처년가.

경주인(京主人) 집에 똥 누러 갔다가 잡혀간다.

억울한 일을 당하였을 때 하는 말.

[풀이] 경주인은 서울에 거주하며 지방 관아(官衙)의 일을 보는 관리로서, 체납(滯納)이 되면 차사(差使)가 와서 그 집 사람을 몽땅 잡아갔으므로 나온 말.

계란에도 뼈가 있다.

운수 나쁜 사람은 무슨 일을 하나 잘 되지 않는다는 뜻.

[풀이] 옛날 한 정승(세종 때의 황희(黃喜) 정승이라고도 한다)이 매우 가난하게 살았으므로, 상감께서 궁휼히 여겨 묘안을 내셨는데, 새벽에 남대문을 열면서부터 저녁에 닫을 때까지 그날 하루 이 문을 드나드는 물건은 모두 주신다는 명령을 내렸다. 그런데 마침 그날은 온종일 비바람이 불어 왕래가 없었는데, 날이 어두울 무렵 한 시골 노인이 달걀 한 꾸러미를 가지고 왔으므로 이것을 가지고 집에 돌아가서 삶았더니, 안 기던 달걀이라 뼈가 생겨 있어 결국 한 개도 못 먹었다는 옛이야기에서 나온 말이라고 한다.

[典據] '鷄卵有骨'《松南雜識》《東言考略》

계(契) 술에 낯 내기.

여러 사람의 공동 물건을 가지고 자기가 생색을 낸다는 말.

⇨ 계주생면(契酒生面). 상주 쌀에 낯 내기. 상주 술에 낯 내기. 상주 술에 벗 사귄다.

[典據] '母將社酒 以悅吾友'《耳談續纂》, '稧酒生面'《東言考略》

계집 때린 날 장모(丈母) 온다.

불화가 있을 때 우연히 난처한 일이 겹친다는 뜻.

⇨ 이 아픈 날 콩밥하기.

계집 둘 가진 놈의 창자는 호랑이도 안 먹는다.

처첩(妻妾)을 여럿 거느리고 살자면 속을 썩는 일이 많아 날고기를 먹는 호랑이도 썩은 속(창자)은 안 먹는다고 희언(戱言)으로 나타낸 말.

계집 바뀐 건 모르고 젓가락짝 바뀐 건 안다.

큰 변화는 모르고 지내면서 작은 이상(異狀)은 발견한다는 뜻.

계집의 곡한 마음 오뉴월에 서리 친다.

여자들의 원한과 저주는 오뉴월에 서릿발이 칠 만큼 매섭고 독하다는 뜻.
⇨ 일부함원(一婦含怨)에 오월비상(五月飛霜)이라. 계집의 말은 오뉴월 서리가 싸다. 계집의 악담은 오뉴월에 서리 온 것 같다.

典據 '五月飛霜 ≪松南雜識≫, '계집의 곡한 마음 온유월 셔리 침네.' ≪春香傳≫

계집의 매도 너무 맞으면 아프다.

서로 가까운 사이라도 여러번 지나친 장난을 하면 불쾌하다는 말이니, 친한 사이라도 예의를 잃지 말라는 뜻.
⇨ 어린아이 매도 많이 맞으면 아프다.

典據 '妻毆雖弄 恒受則痛 ≪耳談續纂≫

계집 입싼 것.

여자들의 말 많은 것은 화만 가져오지, 아무 데도 쓸데가 없다는 뜻.
⇨ 어린애 입잰 것. 노인 부랑한 것. 돌담 배부른 것. 맏며느리 손 큰 것. 사발 이 빠진 것. 중 술취한 것. 지어미 손 큰 것.

계(契) 타고 집 판다.

운이 좋아 이득을 보았다가 그 때문에 나중에는 더 큰 손해를 보게 될 때 하는 말.

고기는 씹어야 맛이요, 말은 해야 맛이라.

할 말이 있으면 마음속으로만 꿍꿍 앓지 말고 속시원히 해야 한다는 뜻.
⇨ 고기는 씹어야 맛이 나고, 말은 해야 시원하다. 말 아니하면 귀신도

모른다.

고기도 저 놀던 물이 좋다.

자기가 살던 정든 고장, 정든 사람들과 같이 지내는 것이 좋다는 뜻.

고기 말린 손 국솥에 씻으랴.

지나치게 인색한 사람보고 힐난하는 말.

⇨ 모기 다리의 피 뺀다. 벼룩의 간을 내어먹는다. 벼룩의 선지를 내어 먹는다.

고기보고 부럽거든 가서 그물을 뜨라.

물가에서 고기 노는 것을 보고 부럽거든 돌아가 그물을 뜨는 것이 낫다는 말이니, 무슨 일이나 목적한 바가 있으면 먼저 준비부터 해야 된다는 뜻.

⇨ 임연선어 불여퇴이결망(臨淵羨魚 不如退而結網).

典據 '臨淵羨魚 不如退而結網'《漢書》, '臨河而羨魚 不如歸家織網'《淮南子》

고기 한 점이 귀신 천 마리를 쫓는다.

병약하면 온갖 잡신(雜神)이 모여든다는 뜻에서 한 말로, 몸이 쇠약해졌을 때는 고기를 먹고 몸을 돌보는 것이 제일이라는 뜻.

⇨ 밥 한 알이 귀신 열을 쫓는다.

고래 싸움에 새우 등 터진다.

힘 센 사람끼리 싸우는 데 약한 사람이 그 사이에 끼여 아무 관계 없이 피해를 입는다는 말.

⇨ 고래 싸움에 치인 새우. 독 틈에 탕관(湯罐).

典據 '鯨戰鰕死'《旬五志》《東言考略》, '鯨鬪鰕死'《耳談續纂》

고려 공사 삼일(高麗公事三日).

우리나라 사람들이 무슨 일을 하든 계획성이 없고 참고 견디는 힘이 부족해서 오래 못 가서 자주 변경한다는 뜻.
⇨ 조선 공사 삼일(朝鮮公事三日). 중의 공사가 삼일.
[典據] '高麗公事三日'《世宗實錄》《旬五志》

고려(高麗) 적 잠꼬대.

현실과 동떨어진 말을 할 때 쓰는 말.

고름이 살되랴.

이왕 그르친 일은 돌이킬 수 없으니 깨끗이 단념하라는 뜻.
⇨ 부스럼이 살될까. 코딱지 두면 살이 되랴.

꼬리가 길면 밟힌다.

아무리 비밀히 한다 해도 옳지 못한 일을 오래 계속하면 결국 들키게 된다는 뜻.
⇨ 고삐가 길면 밟힌다. 오래 앉으면 새도 살을 맞는다. 재미나는 골에 범 나온다.

꼬리 먼저 친 개가 밥은 나중 먹는다.

무슨 일을 남보다 먼저 서둘고 나선 사람이 뒤떨어지는 일이 있을 때 하는 말.
⇨ 먼저 꼬리친 개 나중 먹는다. 먼저 배 탄 놈 나중 내린다.
[典據] '先掉尾 後知味'《洌上方言》

고리 백정(白丁) 내일 모레.

↳ 갖바치 내일 모레.

고린 장이 더디 없어진다.

좋지 않은 물건이 쉬 없어지지 않는다는 말.
⇨ "고린 장 더디 웃나"《제주도》

꼬부랑 자지 제 발등에 오줌 눈다.

제가 지은 잘못은 결국 제게 화가 돌아간다는 말.
⇨ 누워 침 뱉기. 자업자득(自業自得).

고사리도 꺾을 때 꺾는다.

무슨 일이든 그에 알맞는 시기가 있으니 그때를 놓치지 말고 하라는 뜻.
⇨ 쇠뿔도 단김에 뽑는다.

고생 끝에 낙(樂)이 있다.

어려운 일을 겪고 나면 즐거운 일이 돌아온다는 뜻.
⇨ 고진감래(苦盡甘來).

고슴도치도 제 새끼는 함함하다고 한다.

① 제 자식의 잘못은 모르고 덮어놓고 옹호한다는 뜻. ② 부모의 눈에는 제 자식이 다 잘나 보인다는 뜻.
⇨ 범도 제 새끼 있는 데를 두남 둔다.

典據 '蝟愛子 謂毛美'《洌上方言》

고양(高陽) 밥 먹고 양주(楊州) 구실.

제가 할 일은 않고 남의 일을 한다는 말.(※고양, 양주…경기도의 서로 인접한 군 이름.)
⇨ 제 밥 먹고 상전 위한다. 양주 밥 먹고 고양 일한다.

고양이가 발톱을 감춘다.

재주 있는 사람은 그 능력을 깊이 감추고 드러내지 않는다는 뜻.
⇨ 포서지묘(捕鼠之猫)는 익조(匿爪)라 군자애구 호표애피(君子愛口 虎豹愛皮).

고양이 덕(德)과 며느리 덕은 알지 못한다.

알지 못하는 사이에 그 은공을 많이 입지만 눈에 뚜렷이 나타나지 않는 공은 남이 알아 주지 않는다는 뜻.

典據 '猫德婦德不知'《東言考略》

고양이 목에 방울 달기.

실행할 수 없는 헛 공론만 쓸데없이 한다는 말.

풀이 어느 날 쥐들이 모여 회의를 열어 고양이의 해를 어떻게 막을까 의논하였는데, 한 쥐 말하기를 고양이 목에 방울을 달면 오는 것을 알 수 있으니 좋겠다고 하자 모두 찬성하였다. 그런데 다른 쥐 한 마리가, 그러면 누가 고양이 목에 방울을 달겠느냐고 하자 아무도 나서지 않았다는 우화에서 나온 말.

典據 '묘항현령(猫項縣鈴)' 《旬五志》《松南雜識》《東言考略》

고양이보고 반찬가게 지켜 달란다.

⌐ 강아지 메주 멍석 맡긴 것 같다.

고양이 앞에 고기 반찬.

제가 좋아하는 것이면 남이 손댈 겨를 없이 처치한다는 말.

고양이 죽은 데 쥐 눈물만큼.

쥐가 고양이 죽었다고 눈물 흘릴 리 없으니, 아주 없거나 있어도 극히 적다는 뜻.
⇨ 시앗 죽은 눈물만큼.

고양이 쥐 생각.

마음속으로는 전혀 생각지도 않으면서 겉으로만 누구를 위하여 생각해 주는 척할 때 쓰는 말.

고와도 내 님, 미워도 내 님.

좋으나 나쁘나 한번 맺은 정은 어쩔 수 없다는 뜻.
⇨ 흥 각각, 정 각각.

고운 사람 미운 데 없고, 미운 사람 고운 데 없다.

남을 한번 좋게 보면 그 사람이 하는 일이 모두 좋게 보이고, 한번 밉게 보면 무엇이나 다 밉게만 보인다는 뜻.
⇨ 고운 사람은 멱 씌워도 곱다.

典據 '愛人無可憎 憎人無可愛' ≪旬五志≫

고운 일 하면 고운 밥 먹는다.

좋은 일을 하면 좋은 결과가, 나쁜 일을 하면 나쁜 결과가 돌아온다는 말.
⇨ 인과응보(因果應報). 고자쟁이가 먼저 죽는다.

고자쟁이가 먼저 죽는다.

남을 밀고하는 사람이 저 먼저 죽는다는 말이니, 남을 해치려고 하면 오히려 자기가 먼저 해를 당한다는 뜻.

고자 처가집 드나들 듯.

분주하게 왔다갔다한다는 말.
⇨ 내관의 처가 출입하듯.

고추는 작아도 맵다.

몸집은 작지만 성질이 모질고, 일을 당차게 하는 사람을 두고 하는 말.
⇨ 고추보다 호추가 더 맵다. 작은 고추가 더 맵다. 작아도 고추알. 제비는 작아도 강남 간다.

고추장 단지가 열둘이라도 서방님 비위를 못 맞춘다.

성미가 몹시 까다로워 비위 맞추기가 힘들다는 말.
⇨ 반찬 항아리가 열둘이라도 서방님 비위를 못 맞추겠다.

고침단명(高枕短命).

베개를 높이 베고 자면 오래 살지 못한다는 말.
⇨ 동방삭(東方朔)이는 백지장도 높다고 하였다 한다.

꼭뒤에 부은 물이 발뒤꿈치로 내린다.

윗사람의 좋지 못한 행동은 아랫사람에게도 그 영향을 끼친다는 말.(※ 꼭뒤…뒤통수의 한가운데.)

⇨ 상탁하부정(上濁下不淨). 윗물이 맑아야 아랫물이 맑다. 이마에 부은 물이 발뒤꿈치로 흐른다. 정수리에 부은 물이 발뒤꿈치까지 흐른다.

典據 '灌頭之水 流下足底'《旬五志》, '灌頂水 流至趾'《洌上方言》, 灌頂之水 必流于趾 《耳談續纂》 '灌頭之流下水足底'《松南雜識》, '灌頭頤水 下足側'《東言考略》

곡식 이삭은 잘 될수록 고개를 숙인다.

곡식의 이삭이 잘 익으면 고개를 숙이듯이 훌륭한 사람일수록 교만하지 않고 겸손하다는 뜻.

⇨ 조 이삭은 팰수록 고개를 숙인다.

곡우(穀雨)에 가물면 땅이 석 자가 마른다.

늦은 봄철인 곡우 때 가뭄이 들면 그해는 한해(旱害)로 농사에 큰 지장이 있다는 말.

곤자소니에 발기름이 끼었다.

자기 형편이 좀 넉넉하게 되었다고 호기 있게 뽐내는 사람을 두고 하는 말. (※ 곤자소니…소의 똥구멍 속에 있는 창자. 발기름…짐승의 뱃가죽 속 바닥에 붙어 있는 기름덩이.)

⇨ 배 때가 벗었다. 배에 발기름이 끼었다.

곤장(棍杖)을 메고 매 맞으러 간다.

스스로 화를 자초한다는 말.

⇨ 폭탄 지고 불로 들어간다. 형틀 지고 와서 볼기맞는다.

곤지 주고 잉어 낚는다.

적은 자본을 들여 큰 이익을 보았다는 뜻.

⇨ 되로 주고 말로 받는다. 보리밥알로 잉어 낚는다. 새우 새끼로 잉어

낚는다. 한 되 주고 한 섬 받는다.
[典據] '蝦爲餌 釣巨鯉' ≪洌上方言≫

곧은 나무 먼저 찍힌다.

사람도 촉망받던 똑똑한 사람이 먼저 사라진다는 뜻.
⇨ 곧은 나무 쉬 꺾인다. 나무도 쓸 만한 건 먼저 베인다. 모난 돌이 정 맞는다.

꼴 같지 않은 말은 이도 들춰 보지 않는다.

겉모양이 시원치 않은 말은 사려고 이를 들춰 나이도 세지 않는다는 말이니, 겉모양이 제대로 생기지 않은 사람은 거들떠보지도 않는다는 뜻.

꼴 보고 이름 짓고 체수(體數) 맞춰 옷 만든다.

무슨 일이나 그 모양과 크기에 따라 그에 알맞게 대응하라는 말.
⇨ 꼴 보고 이름 짓는다. 체수 맞춰 옷 마른다.
[典據] '衣視其體 名視其貌' ≪耳談續纂≫

곯아도 젓국이 좋고, 늙어도 영감이 좋다.

다 절은 젓국이 맛있듯이 사람은 늙어도 제 남편이 좋다는 뜻.

곰 창날 받듯.

곰이 창날을 제 가슴에 대인 채 그 창을 빼앗으려고 잡아당기다가 결국 창에 찔려 죽는다는 말이니, 어리석고 미련한 사람이 제가 자신을 해치는 짓을 한다는 뜻.

곱슬머리 옥니박이하고는 말도 말랬다.

머리가 곱슬곱슬하고 이가 안으로 옥게 난 사람은 흔히 박정(薄情)하고 인색하다 하여 일컫는 말.

꼿꼿하기는 서서 똥누겠다.

고집이 너무 세고 굽힐 줄 모르는 사람을 조롱하는 말.

공것이라면 소도 잡아먹는다.

공것 먹기를 매우 즐긴다는 뜻.

⇨ 공것이라면 눈도 벌렁, 코도 벌렁. 공것이라면 비상(砒霜)도 먹는다. 공것이라면 양잿물도 들고 마신다. 공술 한잔 보고 십 리 간다.

공든 탑이 무너지랴.

공을 들이고 힘을 들여서 한 일은 그렇게 쉽사리 실패하지 않는다는 뜻.

[典據] '積功之塔 不墮' ≪旬五志≫ ≪松南雜識≫, '積功塔 不虛塌' ≪洌上方言≫, '積功之塔 終古不塌' ≪耳談續纂≫, '功之塔 豈毀乎' ≪東言考略≫

공부하랬더니 개잡이를 배웠다.

일껏 공부시켜 좋은 일을 하랬더니 엉뚱하게도 못된 짓을 배웠다는 말.

⇨ "공부ᄒ라 ᄒ니 개잡을 배왔더라." ≪제주도≫

공연한 제사 지내고 어물(魚物) 값에 졸린다.

하지 않아도 될 일을 공연히 하고 그 후환을 입게 되었다는 말.

공중을 쏘아도 알관만 맞춘다.

힘들이지 않고 한 일이 아주 중요한 성과를 이룰 때 하는 말.

(※ 알관…알과녁, 과녁의 한복판.)

[典據] '射空中鵠' ≪旬五志≫, '仰射空 貫革中' ≪洌上方言≫

곶감 꼬치에서 곶감 빼먹듯.

힘들여 저축한 것을 하나하나 소비해 간다는 뜻.

꽃 본 나비 불을 헤아리랴.

남녀간 정이 깊이 들면 어떠한 모험이 뒤따르더라도 찾아가서 만나 애정을 속삭인다는 뜻.

⇨ 꽃 본 나비, 물 본 기러기. 물 본 기러기 어옹(魚翁)을 두려워할까.

[典據] '꽃 본 나비 불을 헤아리며 물 본 기러기 어옹을 두려워할까.' ≪장끼전≫

꽃샘 잎샘에 반 늙은이 얼어죽는다.

꽃피고 잎이 나는 삼사월에는 날씨가 춥고 일기가 고르지 못하다 하여 하는 말.

⇨ 보리 누름에 선 늙은이 얼어죽는다.

꽃이 좋아야 나비가 모인다.

① 내 딸이 예뻐야 사위를 고를 수 있다는 말. ② 가지고 있는 내 상품이 좋아야 살 사람이 많다는 뜻.

⇨ 내 딸이 고와야 사위를 고른다. 내 물건이 좋아야 값을 받는다.

과공(過恭)이 비례(非禮).

지나치게 공경함은 도리어 예의가 아니라는 뜻.

과물전(果物廛) 망신은 모과가 시킨다.

못난 것일수록 같은 동료를 망신시키는 못된 짓을 한다는 말.

⇨ 과일 망신은 모과가 시킨다. 둠벙 망신은 미꾸라지가 시킨다. 생선 망신은 꼴뚜기가 시킨다. 어물전(魚物廛) 망신은 꼴뚜기가 시킨다. 친구 망신은 곱사등이가 시킨다. 황아장수 망신은 고불통이 시킨다.

과부 사정은 과부가 안다.

남의 사정은 같은 처지에 있는 이라야만 그 실정을 안다는 말.

⇨ 과부 설움 동무 과부가 안다.

과부 은(銀) 팔아먹기

과부는 돈을 벌 수 없어 전에 벌어 두었던 것을 가지고 먹고 산다는 뜻.

⇨ 과부는 은이 서 말이다.

[典據] '寡婦宅賣銀食' ≪東言考略≫

과부집 수쾨 같다.

한밤중에 과부집에서 암내 내는 수코양이가 소란스럽게 굴면 이웃 사람들이 수상히 여긴다는 말이니, 근거없는 말을 사실인 것처럼 꾸며 일을 저지르는 사람을 두고 하는 말.

⇨ 장난을 하는 것은 과부집 수쾨.

典據 '寡婦宅雄猫' ≪東言考略≫

관돝 배앓기.

관가의 돼지가 배를 앓아도 누가 맡아 고쳐 줄 사람이 없다는 말이니, 남이 그 사정을 알아 주고 걱정해 주는 사람이 없다는 뜻.

⇨ 관가 돼지 배 앓는다.

典據 '官猪腹痛' ≪旬五志≫≪東言考略≫

광에서 인심 난다.

여유가 있는 데서 남을 돕게 된다는 말.

⇨ 쌀독에서 인심 난다.

꽹매기 치고 나선다.

꽹매기는 농악에서 주도적인 구실을 하는 악기로서 꽹매기를 잘 치는 사람이 상쇠가 되어 농악패의 앞잡이가 되므로, 어떤 일에 있어 주장되는 앞잡이로 나선다는 뜻.

괴 죽 쑤어 줄 것 없고, 새앙쥐 볼가심할 것 없다.

몹시 가난하여 아무것도 없다는 뜻.(※ 괴…고양이의 옛말, 방언.)

典據 '無饘猫鼻 無界鼠腮' ≪耳談續纂 拾遺≫

구관(舊官)이 명관(明官)이다.

① 그 전에 그 일을 하던 사람이 숙달하여 일을 더 잘한다는 뜻. ② 사람은 언제나 지나간 것을 더 좋게 여긴다는 말.

⇨ 놓친 고기는 더 크다. 나간 머슴이 일은 잘했다.

구 년 홍수에 햇볕 기다리듯.

오랜 세월 동안 간절히 바라고 기다렸다는 뜻.

⇨ 구년지수(九年之水) 해 바라듯. 칠년 대한(大旱)에 대우(大雨) 기다리듯.

[典據] '칠년 대한에 대우를 기다리듯, 구년 홍수에 볕만 기다리듯.' ≪興夫傳≫, '칠년 대한 왕가물에 빗발같이 보고지고, 구년 홍수 대홍수에 햇발같이 보고지고.' ≪鳳山假面劇 劇本≫

구더기 무서워 장 못 담글까.

① 다소 방해되는 일이 있다 해도 할 일은 해야 한다는 말. ② 큰 일을 하려면 사소한 비방을 두려워해서는 안 된다는 뜻.

⇨ 구더기 날까 봐 장 못 담글까. 범 무서워 산에 못 갈까.

꾸러미에 단 장 들었다.

겉모양은 좋지 않으나 그 속에 든 내용이 훌륭하다는 말.

⇨ 뚝배기보다 장 맛. 장독보다 장 맛이 좋다. 질병에도 감홍로(甘紅露). 짚깨애리 단 장 들었다.

[典據] '苞苴甘醬入' ≪旬五志≫, '草苞入甘醬' ≪東言考略≫

구럭의 게도 놓아 주겠다.

제 손에 들어온 것까지 못 먹고 내어준다는 말.

⇨ 둥우리의 찰밥도 쏟치겠다. 용수에 담은 찰밥도 엎지르겠다.

구렁이 담 넘어가듯 한다.

일을 남 모르게 슬그머니 해치운다는 말.

⇨ 괴 다리에 기름 바르기.

구멍 보아 가며 쐐기 깎는다.

형편에 맞추어 일을 잘 처리한다는 뜻.

⇨ 구멍을 보아 말뚝 깎는다. 이불깃 봐가며 다리 편다.

구멍은 깎을수록 커진다.

잘못된 일을 수습하려다가 더 악화되는 경우를 말한다.

구슬이 서 말이라도 꿰어야 보배다.

① 아무리 훌륭한 일이라도 끝맺음을 잘해 놓아야 그 가치가 있다는 뜻.
② 아무리 좋은 재료라도 쓸모 있는 것을 만들어야 가치가 있다는 뜻.
⇨ 부뚜막에 소금도 집어넣어야 짜다. 진주가 열 그릇이나 꿰어야 구슬.

꾸어다 놓은 보릿자루.

여럿이 모여 노는데 혼자 잠자코 있는 사람을 조롱하는 말.
⇨ 주어 온 빗자루. 볼모로 앉았다. 언 수탉 같다. 전당 잡은 촛대.

구운 게도 다리를 떼고 먹는다.

무슨 일을 빈틈없이 조심해서 해나간다는 뜻.
⇨ 구운 게도 매어 먹어라. 돌다리도 두들겨 보고 건너라. 무른 감도 쉬어 가면서 먹는다. 식은 죽도 불어 가며 먹어라. 삼 년 벌던 전답도 다시 돌아보고 산다. 아는 길도 물어 가라. 얕은 내도 깊게 건너라.

典據 '旣燔之蟹 亦去其螯 ' ≪耳談續纂≫, '炙蟹去足食' ≪東言考略≫

국수 잘하는 솜씨가 수제비 못하랴.

한 가지 일을 잘하는 사람이 같은 재료를 써서 만드는 다른 일도 잘한다는 뜻.
⇨ 수제비 잘하는 사람이 국수도 잘한다.

국에 덴 놈 물 보고도 분다.

어떤 일에 한번 놀라면 그와 비슷한 것만 보아도 미리 겁을 먹는다는 뜻.
⇨ 국에 덴 것이 냉수를 불고 먹는다. 더위 먹은 소, 달보고도 헐떡인다. 몹시 데면 회(膾)도 불어 먹는다. 불에 놀란 놈 부지깽이만 보아도 놀란다.

군불에 밥 짓기

한 가지 일에 곁들여 다른 일까지 한다는 뜻.

▷ 떡 삶은 물에 중의 데치기. 떡 삶은 물에 풀한다.

군자(君子) 말년에 배추씨 장사.

높은 신분에 있던 사람이 영락(零落)하여 노경(老境)에 가서 곤궁하게 살 때 하는 말.

굳은 땅에 물이 괸다.

헤프지 않고 단단한 사람이 아껴서 재산을 모은다는 말.

▷ 단단한 땅에 물이 괸다.

典據 '行潦之聚 亦于硬土' ≪耳談續纂≫

꿀도 약이라면 쓰다.

제게 좋으라고 충고하면 싫어한다는 말.

꿀 먹은 벙어리.

벙어리는 그 맛을 알면서도 표현을 못한다는 말이니, 어떤 일에 대하여 알면서도 아무 말 없는 사람을 두고 하는 말.

▷ 꿀 먹은 벙어리요, 침 먹은 지네

典據 '食密啞' ≪東言考略≫

굴원(屈原)이 제 몸 추듯.

자화자찬하는 사람을 일컬어서 하는 말.(※굴원…중국 초나라의 유명한 문장가. 그의 글에는 자화자찬의 내용이 많다.)

▷ 구렁이 제 몸 추듯.

꿀은 적어도 약과만 달면 쓴다.

수단은 다르더라도 목적만 이루면 된다는 뜻.

굶어죽기는 정승하기보다 어렵다.

아무리 굶주려도 여간해서 굶어죽지는 않는다는 말.

⇨ 가난이 질기다. 산 사람 목구멍에 거미줄 치랴. 산 입에 거미줄 치랴. 사흘 굶으면 양식 지고 오는 놈이 있다.

굼벵이도 꾸부리는 재주가 있다.

아무리 미련하고 못난 사람이라도 한 가지 재주는 가지고 있다는 뜻.

⇨ 굼벵이도 떨어지는 재주는 있다. "굼벵이도 굼불 재주가 있다." ≪제주도≫

굵에 든 뱀 길이를 모른다.

남의 숨은 재능이나 감춘 비밀은 짐작할 수 없다는 뜻.(※굵…구멍의 옛말.)

⇨ 굵에 든 뱀이 몇 자인 줄 아나.

굽은 나무가 선산(先山)을 지킨다.

사람이나 물건이 못생긴 듯이 보이는 것이 도리어 쓸모가 있다는 말. (※선산…선영(先塋). 조상의 무덤이 있는 곳.)

⇨ 꾸부렁 나무도 선산을 지킨다. 나간 며느리 효도한다. 버리댁이 효자 노릇한다. 병신 자식이 효도한다. 굽은 나무는 길마 가지가 된다.

굿 구경하려면 계면 떡이 나오도록 해라.

무슨 일이나 하려면 끝까지 해야 이익이 생긴다는 말.(※계면(界面) 떡…굿이 끝나고 무당이 구경꾼들에게 나눠 주는 떡.)

굿 뒤에 날장구 친다.

일이 끝난 뒤에 쓸데없는 문제를 드러내어 말한다는 뜻.

⇨ 굿 뒤에 쌍장구 친다. 굿 마친 뒷장구. 다된 농사에 낫 들고 덤빈다.

典據 '神祀後 鳴缶' ≪旬五志≫, '神祀後 浪鳴缶' ≪洌上方言≫

굿이나 보고 떡이나 먹지.

남의 일에 쓸데없이 간섭 말고. 형편이나 보다가 이득이나 얻겠다는 뜻.

굿하고 싶어도 맏며느리 춤추는 꼴 보기 싫다.

무슨 일을 하려 해도 제 미운 사람이 기뻐하는 꼴이 보기 싫어 꺼린다는 뜻.

궁둥이에서 비파(琵琶) 소리가 난다.

분주하게 싸돌아다닌다는 뜻.
⇨ 궁둥이에서 소리가 난다. 비파 소리가 나도록 갈팡질팡한다.

궁지에 든 쥐가 고양이를 문다.

아무리 약한 놈이라도 죽을 지경에 이르면 강적에게 용기를 내어 달려든다는 말.
⇨ 궁서(窮鼠)가 고양이를 문다. 궁서설묘(窮鼠齧猫). 궁구막추(窮寇莫追).

궁하면 통한다.

매우 어려운 처지에 놓이면 빠져나갈 도리가 생긴다는 말.
⇨ 궁즉통(窮則通). 곤궁이통(困窮而通).

권불십년(權不十年).

권세가 십 년을 가지 못한다는 뜻.
⇨ 화무십일홍(花無十日紅). 열흘 붉은 꽃 없다. 봄꽃도 한때. 그릇도 차면 넘친다. 달도 차면 기운다.

권에 못 이겨 방갓[方笠] 쓴다.

남이 권하는 데 못 이겨 어쩔 수 없이 따라하게 된다는 말.(※방갓…부모 상 때 쓰는 상립(喪笠).)
⇨ 권에 띄어 방갓 산다. 권에 비지떡. 동무따라 강남(江南) 간다.

꿩 구워먹은 자리.

무슨 일을 치르고도 뒤 흔적이 없이 깨끗할 때 하는 말.
⇨ 꿩 구워먹은 소식.

꿩 대신 닭을 쓴다.

자기가 쓰려던 것이 없으면 그와 비슷한 대용품(代用品)을 쓴다는 말.

典據 '雉之未捕 鷄可備數' ≪耳談續纂≫

꿩 먹고 알 먹는다.

한 가지 일로써 두 가지 이익을 본다는 말.

⇨ 알로 먹고 꿩으로 먹는다. 일거양득(一擧兩得).

典據 '食雉食卵' ≪松南雜識≫

꿩 잡는 것이 매.

명실상부(名實相符)하게 제 구실을 하는 것이 제일이라는 뜻.

귀 막고 방울 도둑질한다.

아무 효과도 없는 일을 한다는 말.

⇨ 가랑잎으로 눈 가리고 아웅한다. 낯으로 눈 가리기. 눈 가리고 아웅한다. 머리카락 위에서 숨바꼭질한다. 입 가리고 고양이 흉내.

典據 '掩耳偸鈴' ≪旬五志≫, '掩耳盜鈴' ≪松南雜識≫

귀머거리 삼 년이요, 벙어리 삼 년이라.

시집살이 하기가 매우 어렵다는 뜻으로, 옛날 시집온 여자에게 모든 일에 함부로 간섭하지 말고 조심하여, 듣고도 못 들은 체, 보고도 못 본 체하라는 말.

典據 '시집살이 말 많단다. 보고도 못 본 체, 듣고도 못 들은 체. 이 말 들은 외딸애기 가마 타고 시집가서 벙어리로 삼 년 살고, 귀머거리로 삼 년 살고, 장님으로 삼 년 살고, 석 삼 년을 살고 나니 개나리꽃 만발했네.' ≪民謠≫

귀신도 빌면 듣는다.

사람이면 남이 진심으로 사과하는데 용서하지 않을 수 없다는 뜻.

귀신 듣는 데 떡 소리한다.

귀신은 떡을 좋아하여 그 앞에서 떡 소리를 하면 기뻐한다는 말로서, 그 사람이 좋아하는 것을 그 사람 앞에서 이야기하면 가지고 싶어한다는 말.

귀신은 경문(經文)에 막히고, 사람은 인정(人情)에 막힌다.

경문을 읽으면 귀신도 꼼짝 못하듯이 사람은 인정이 있어 딱한 사정을 호소하면 심한 태도는 취하지 못한다는 말.

귀에 걸면 귀걸이, 코에 걸면 코걸이.

① 한 가지 사물이 보기에 따라 이렇게도 저렇게도 보인다는 뜻. ② 자기의 일정한 주견이 없이 이랬다저랬다 행동하는 사람을 두고 한 말.
⇨ 이현령 비현령(耳懸鈴鼻懸鈴). 녹비〔鹿皮〕에 가로 왈(曰)자.

귀 장사하지 말고 눈 장사하라.

귀로 많이 듣는 것보다 실지로 눈으로 보는 것이 더 확실하다는 말이니, 소문만 듣지 말고 실지로 보고 확인하라는 뜻.

귀한 자식 매 한 대 더 때리고, 미운 자식 떡 한 개 더 준다.

자녀교육을 올바르게 하려면 당장 좋은 것이나 주고 뜻을 맞추느니보다 귀할수록 버릇을 잘 가르쳐 길러야 한다는 말.
⇨ 귀한 애한테는 매채를 주고, 미운 애한테는 엿을 준다. 귀한 자식 매로 키워라.

그림의 떡.

형체는 있으나 실지로는 아무 실속이 없는 것을 말한다.
⇨ 화중지병(畵中之餠). 고양이 꼬막조개 보기. 보고 못 먹는 것은 화중지병.

典據 '畵餠' 《旬五志》《松南雜識》

그물이 삼 천 코라도 벼리가 으뜸.

수효가 아무리 많더라도 그것을 주장하는 것이 없으면 소용이 없다는 말.(※ 벼리…그물 위쪽 코를 꿰어 잡아당기는 동아줄.)
⇨ 그물이 열 자라도 벼리가 으뜸이라.

그물이 천 코면 걸릴 날이 있다.

준비를 충분히 갖추고 기다리면 언젠가는 목적한 일이 이루어질 때가 있다는 말.
⇨ 그물코가 삼 천이면 걸릴 날이 있다.

그 식이 장식이다.

늘 변함없이 한 모양이라는 뜻.

그 아비에 그 아들.

잘난 어버이에게서는 잘난 자식이, 못난 어버이한테서는 못난 자식이 태어난다는 말.
⇨ 개가 개를 낳지. 가시나무에 가시가 난다. 왕대 밭에 왕대 난다. 외 심은 데 콩 나랴. 콩 심은 데 콩 나고, 팥 심은 데 팥 난다. 부전자전.
↔ 호부견자(虎父犬子).

극락 길을 버리고 지옥 길로 간다.

좋은 일은 하지 않고 나쁜 일만 한다는 말.

끈 떨어진 뒤웅박.

의지할 곳이 없는 처지를 말한다.
⇨ 끈 떨어진 둥우리. 끈 떨어진 망석중이. 어미 잃은 송아지.

근원 벨 칼이 없고, 근심 없앨 약이 없다.

부모와 자식 사이의 인륜(人倫)이나 부부간의 금슬은 끊을 수 없으며, 인간 생활에 근심은 없앨 수 없다는 말.

글 못한 놈 붓 고른다.

제 학식이나 기술이 서투른 사람일수록 공연히 다른 것을 탓한다는 말.

⇨ 글 잘 쓰는 사람은 필묵을 탓하지 않는다. 서투른 과방 안반 타령. 서투른 무당이 장고만 나무란다. 서투른 숙수 피나무 안반만 나무란다. 선무당이 장고 탓한다. "글 못흔 놈 붓 굴린다." ≪제주도≫

긁어 부스럼.

쓸데없는 짓을 하여서 재화(災禍)를 자초한다는 말.

⇨ 곤장을 메고 매맞으러 간다. 도둑 문 열어 준 셈. 도둑에게 열쇠 준다. 아무렇지 않은 다리에 침 놓기. 찔러 피를 낸다.

끓는 국에 맛 모른다.

급한 일을 당하면 사리판단을 옳게 할 수 없다는 말.

⇨ 뜨거운 국에 맛 모른다.

[典據] '羹之方沸 罔知厥味' ≪耳談續纂≫

금강산(金剛山)도 식후경(食後景).

아무리 좋은 일이라도 배가 부르고 난 다음에야 좋은 줄 알지, 배고프면 좋은 것도 경황이 없다는 말.

⇨ 꽃 구경도 식후사(食後事). 악양루(岳陽樓)도 식후경(食後景).

금관자(金貫子) 서슬에 큰 기침한다.

금관자는 정이품(正二品), 종이품(從二品)의 벼슬아치가 다는 금제(金製) 망건 당줄 고리이니, 벼슬하는 유세로 나쁜 짓을 하면서도 오히려 큰 소리를 한다는 뜻.

⇨ 사모(紗帽) 바람에 거드럭거린다.

금방 먹을 떡에도 소를 박는다.

① 아무리 급하더라도 갖춰야 될 격식은 다 갖춰야 한다는 뜻. ② 곧 써서 없어질 물건일지라도 제대로 만든다는 뜻. (※소…떡 따위의 속에 맛

을 내기 위하여 넣는 음식.)
⇨ 하룻밤을 자도 만리 성을 쌓는다.

금의환향(錦衣還鄕).

객지에 가서 성공하여 훌륭한 사람이 되어서 고향으로 돌아온다는 말.

[典據] '衣錦還鄕' ≪南史≫, '衣錦之榮' ≪歐陽修≫

금일 충청도, 명일 경상도.

정처없이 떠돌아다닌다는 뜻.

급하기는 우물에 가서 숭늉 달라겠다.

성미가 몹시 급한 사람을 비웃는 말.
⇨ 급하면 바늘 허리에 실 매어 쓸까. 급한덴 콩 마당에 서슬 치겠다.

급하면 관세음보살을 왼다.

평시에는 등한히하다가도 위급하게 되면 관세음보살(觀世音菩薩)을 왼다는 말이니, 일이란 평소에 해놓아 무슨 일이 생기더라도 뒷걱정이 없이 하라는 뜻.
⇨ 급하면 부처 다리를 안는다.

[典據] '臨急 誦觀世音' ≪松南雜識≫

급하면 바늘 허리에 실 매어 쓸까.

아무리 급하더라도 일의 순서는 따라서 해야 한다는 말.
⇨ 겨울이 지나지 않고 봄이 오랴. 급하다고 갓 쓰고 똥 싸랴. 급하기는 우물에 가서 숭늉 달라겠다. 급하면 콩 마당에 간수 치랴. 급한덴 콩마당에 서슬 치겠다.

[典據] '雖忙針腰繫用乎' ≪東言考略≫

급히 먹는 밥이 목이 멘다.

바쁘다고 일을 너무 급히 서두르면 잘못 되고 실패한다는 말.

典據 '忙食噎喉' 《旬五志》《松南雜識》, '饕饕之食 必咽其嗓' 《耳談續纂》, '急噉飯 塞喉管' 《洌上方言》

기는 놈 위에 나는 놈이 있다.

잘난 사람 위에는 그보다 더 잘난 사람이 있다는 말.
⇨ 나는 놈 위에 타는 놈 있다. 뛰는 놈 위에 나는 놈 있다. 뛰는 놈이 있으면 나는 놈이 있다. 치상유치(齒上有齒). 치 위에 치가 있다.

기도 못하는 게 날려 한다.

걷기도 전에 뛰려고 한다.
⇨ 기도 못하고 뛰려 한다.

기둥을 치면 대들보가 울린다.

넌지시 알아듣도록 간접적으로 암시한다는 말.
⇨ 기둥을 치면 봇장이 울린다. 변죽을 치면 복판이 운다.

기르던 개에게 다리를 물렸다.

제가 도와주고 은혜를 베푼 사람으로부터 도리어 피해를 입었다는 말.
⇨ 개를 기르다가 다리를 물렸다. 내 밥준 개 내 발등 문다. 삼 년 먹여 기른 개가 주인 발등을 문다. 제가 기른 개에게 발꿈치 물린다. 제 밥먹는 개가 제 발등 문다.

典據 '畜狗噬踵' 《旬五志》《松南雜識》

기름을 엎지르고 깨를 줍는다.

많은 손해를 보고 조그만 이익을 추구한다는 말.
⇨ 기름을 버리고 깨를 줍는다. 노적가리에 불 붙이고 튀각 주워먹는다. 노적가리에 불 지르고 싸라기 주워먹는다. 노적섬에 불 붙여 놓고 박산 주워먹는다. 집 태우고 못 줍기. 집 태우고 바늘 줍는다.

기와 한 장 아끼다가 대들보 썩인다.

조그마한 것을 아끼다가 큰 손해를 본다는 말.

⇨ 닭 잡아 겪을 나그네 소 잡아 겪는다. 새 잡아 잔치할 것을 소 잡아 잔치한다. 제때의 한 수는 때늦은 백 수보다 낫다. 좁쌀만큼 아끼다가 담돌만큼 해(害)본다. 한 푼 아끼다 백 냥 잃는다.

[典據] '由惜一瓦 梁摧大厦' ≪耳談續纂≫, '惜一瓦 樑挫' ≪冽上方言≫

기운이 세면 소가 왕 노릇 할까.

힘이 세다 해도 지략(智略)이 없으면 남의 지도적 위치에 설 수 없다는 말.
⇨ 기운이 세다고 장수 노릇 하나. 소가 크면 왕 노릇 하나.

긴 병에 효자 없다.

아무리 효심이 두터워도 오랜 병구환을 하노라면 자연히 정성이 한결같지 않게 된다는 말이니, 모든 일에 있어 시일이 너무 오래 걸리면 성의가 덜하게 된다는 말.
⇨ 삼 년 구병에 불효 난다. 잔병에 효자 없다.

길 닦아 놓으니까 미친 년이 먼저 지나간다.

애써 일을 이루어 놓으니까 달갑지 않은 놈이 먼저 이용한다는 뜻.
⇨ 길 닦아 놓으니까 용천뱅이 지랄한다. 거동 길 닦아 놓으니까 깍정이가 먼저 지나간다. 치도(治道)하여 놓으니까 거지가 먼저 지나간다.

길로 가라니까 메로 간다.

이로운 방법을 가르쳐 줘도 제 고집을 부리고 불리한 데로 간다는 뜻.
⇨ 길을 두고 메로 갈까. 청개구리 용신 들렸나.

길마 무서워 소 드러누울까?

힘이 들지만 애써 하면 못할 것이 없다는 말.
⇨ 구더기 무서워 장 못 담글까. 범 무서워 산에 못 가랴.

길은 갈 탓, 말은 할 탓.

같은 말이라도 말하기에 따라서 상대편에게 주는 어감이 다르다고 하는 말.

길을 떠나려거든 눈썹도 빼어 놓고 가라.

여행을 하는 데는 작은 짐이라도 거추장스러우니 될 수 있는 대로 짐을 덜고 나서라는 말.

⇨ 서울 가는 놈이 눈썹을 빼고 간다.

길이 아니면 가지 말고, 말이 아니면 탓하지 마라.

사리에 어긋나는 말이면 아예 참견하지도 말라는 뜻.

⇨ 길 아니거든 가지 말고, 말 아니거든 탓하지 마라.

길이 없으니 한 길을 걷고, 물이 없으니 한 물을 먹는다.

본의는 아니지만 달리 방도가 없어 같이 일하게 된다는 뜻.

⇨ "질이 읏이난 흔 질을 걷곡, 물이 읏이난 흔 물을 먹나." 《제주도》

김 안 나는 숭늉이 더 뜨겁다.

말 많은 떠버리보다 아무 말 없는 사람이 더 무섭다는 말.

김장은 겨울철 반 양식.

우리나라에서 부식(副食)의 주축을 이루는 김장은 겨울철의 요긴한 식료(食料)라는 뜻.

깊던 물도 얕아지면 오던 고기도 아니 온다.

사람이 늙거나 형세가 기울면 발걸음이 멀어지고 들여다보지도 않는 것이 세상 인심이라는 뜻.

⇨ 꽃이라도 십일홍되면 오던 봉접도 아니 온다. 낡이라도 고목이 되면 오던 새도 아니 온다.

ㄴ

나간 놈의 몫은 있어도, 자는 놈의 몫은 없다.

활동하는 이에게는 몫이 돌아가도 활동하지 않는 사람에겐 돌아가지 않는다는 말.

⇨ "나간 놈 적신 시어도 자는 놈 적신 웃나." ≪제주도≫

나갔던 며느리 효도한다.

시집살이가 싫다고 집을 나갔던 며느리가 되돌아와서는 시부모께 더 효도를 한다는 말이니, 좋지 않게 여기던 사람이 뜻밖에 잘한다는 뜻.

⇨ 눈먼 자식이 효자 노릇한다. 버리댁이 효자 노릇한다. 병신 자식 효자 노릇한다. 굽은 나무가 선산을 지킨다.

나귀는 샌님만 섬긴다.

하찮은 사람도 제 지조(志操)는 지킨다는 뜻.

나귀에 짐을 지고 타나 싣고 타나.

이렇게 하나 저렇게 하나 결과는 똑같다는 뜻.

⇨ 미치나 둘러치나. 업으나 지나.

나그네 모양 보아 표주박에 밥을 담고 주인의 모양 보아 손으로 밥먹는다.

사람을 대접할 때 그 차림새와 생김새를 보아서 응대한다는 말.

⇨ 사돈도 이럴 사돈이 다르고, 저럴 사돈 다르다. 이렇게 대접할 손님이 있고, 저렇게 대접할 손님이 따로 있다.

[典據] '見客容以瓢饋飯 見主容以手喫飯' 《旬五志》

나는 바담 풍(風) 해도, 너는 바람 풍 해라.

저는 잘못하면서도 남만 잘하라고 하는 사람을 비웃는 말.

[풀이] 서당에서 나온 말로서 옛날 어떤 훈장이 '바람 풍' 자를 가르치는데 혀가 짧아서 '바담 풍'으로밖에 발음되지 않으므로 학생들도 따라서 '바담 풍' 하고 왼 데서 나온 말.

나는 새도 떨어뜨리고, 닫는 짐승도 못 가게 한다.

권세가 등등하여 모든 일을 마음대로 한다는 뜻.

⇨ 날으는 새도 떨어뜨린다.

나도 덩더쿵, 너도 덩더쿵.

서로 타협하지 않고 저마다 버티고 있다는 말.(※덩더쿵…북을 두들기는 소리.)

나루 건너 배 타기.

① 일의 순서가 뒤바뀌었다는 말. ② 가까운 데 있는 것을 버리고 먼 데 것을 취한다는 뜻.

⇨ 내 건너 배 타기.

[典據] '越津乘船' 《旬五志》《東言考略》《松南雜識》, '未有涉川 而後乘船' 《耳談續纂》

나룻이 석 자라도 먹어야 샌님.

제 아무리 점잖은 샌님이라도 먹지 않을 수 없으니 음식의 중요성을 강조한 말.

⇨ 수염이 댓 자라도 먹어야 양반.

[典據] '三尺髥 食令監' 《洌上方言》, '髥三尺 食令監' 《東言考略》

나 많은 말이 콩 마다할까.

그것을 매우 좋아한다는 뜻.
⇨ 까마귀 고욤 마다할까. "나 한 물은 콩말 댕ᄒᆞ여."《제주도》

나 먹자니 싫고, 개 주자니 아깝다.

나에게는 필요치 않은 것도 막상 남에게 주기는 아깝다는 뜻.
⇨ 저 먹자니 싫고, 남 주자니 아깝다. 나그네 먹던 김칫국도 나 먹자니 더럽고 남 주자니 아깝다.

典據 '吾厭食 與犬惜'《洌上方言》, '我厭其餐 予狗則慳'《耳談續纂》, '吾食厭給大惜'《東言考略》

나무 거울.

모양은 제대로 생겼으나 쓸 수 없는 것을 말한다.

典據 '木鏡'《東言考略》

나무는 큰 나무 덕을 못 보아도, 사람은 큰 사람의 덕을 본다.

큰 나무 밑에 있는 나무는 잘 자라지 못하나 큰 사람 밑에 있으면 그 덕을 보는 것이니, 남의 혜택을 입어 일이 성사되었을 때 하는 말.
⇨ 금강산 그늘이 관동(關東) 팔십 리, 수양산(首陽山) 그늘이 강동(江東) 팔십 리를 간다.

나무에 오르라 하고 흔드는 격.

남을 불행한 구렁으로 끌어 넣는다는 뜻.
⇨ 등루거제(登樓去悌)

典據 '登樓去悌'《松南雜識》, '俾上樹撼之'《東言考略》

나무에 잘 오르는 놈이 떨어지고, 헤엄 잘 치는 놈이 빠져 죽는다.

자기가 가진 재주 때문에 사람은 때로 실수하게 된다는 말.
⇨ 잘 헤는 놈 빠져 죽고, 잘 오르는 놈 떨어져 죽는다. 헤엄 잘 치는 놈 물에 빠져 죽고, 나무에 잘 오르는 놈 나무에서 떨어져 죽는다.

典據 '善攀者落 善泅者溺'《耳談續纂》

나 부를 노래를 사돈집에서 부른다.

내가 하려고 하는 일을 상대편에서 먼저 할 때 쓰는 말.

⇨ 내 할 말을 사돈이 한다. 시어미 부를 노래 며느리 먼저 부른다.

典據 '我歌君唱' 《旬五志》, '我歌將放 婚家先唱' 《耳談續纂》, '我歌 査唱' 《東言考略》

나쁜 사람도 나이를 먹으면 좋게 된다.

나쁜 마음을 가졌던 사람도 늙게 되면 인생무상을 느끼게 되어 나쁜 마음도 얼마쯤은 사라지게 된다는 말.

나이 이길 장사 없다.

아무리 기력이 왕성한 사람도 나이가 들면 체력이 쇠하는 것을 어찌 할 수 없다는 말.

⇨ 백발 막을 장사 없다.

나중 꿀 한 식기(食器) 먹기보다 당장 엿 한 가락이 더 달다.

먼 앞날의 큰 희망보다 당장 눈앞의 작은 이익이 더 요긴하다는 뜻.

⇨ 나중 꿀 한 식기 먹으려고 당장에 엿 한 가락 안 먹을까. 잔칫날 잘 먹으려고 사흘 굶을까.

나중 난 뿔이 우뚝하다.

후배가 선배보다 나을 때 하는 말.

⇨ 뒤에 난 뿔이 우뚝하다. 먼저 난 머리보다 나중 난 뿔이 무섭다. 청출어람(靑出於藍).

典據 '後生角高何特' 《洌上方言》, '後生角兀' 《東言考略》

나한(羅漢)에도 모래 먹는 나한이 있다.

부처님의 제자로서 높이 받드는 나한 중에도 공양을 받지 못하고 모래만 먹는 나한이 있다는 것이니, 높은 지위나 명성이 있는 사람이라도 고생하고 있는 이도 있음을 두고 하는 말.

낙락장송(落落長松)도 근본은 종자(種子).

아무리 훌륭한 인물이나 일도 캐어 보면 처음에는 보잘것없었다는 말.
⇨ 천리 길도 한 걸음부터.

낙숫물이 댓돌을 뚫는다.

꾸준히 노력하면 아무리 어려운 일이라도 이룰 수 있다는 말.
⇨ 무쇠도 갈면 바늘된다.

난리 난 해 과거(科擧)했다.

① 애써 한 일이 보람이 없을 경우에 쓰는 말.
② 제가 한 일을 자랑하나 아무 흔적도 없게 되어 인정할 것이 못 될 때 핀잔 주는 말.

난쟁이 교자군(轎子軍) 참여하듯.

자기 처지나 힘은 돌아보지 않고, 제가 못하는 엉뚱한 일에 참여한다는 말.
⇨ 난쟁이 월천군(越川軍) 즐기듯(※월천군…사람을 업어서 내를 건네 주는 사람.)

날랜 장수 목 베는 칼은 있어도 윤기(倫起) 베는 칼은 없다.

다른 관계는 끊어도 인륜(人倫) 관계는 끊을 수 없다는 말.

날 잡은 놈이 자루 잡은 놈을 당하랴.

월등하게 유리한 조건에 있는 사람과는 경쟁이 안 된다는 말.

남 눈 똥에 주저앉고, 애매한 두꺼비 떡돌에 치인다.

자기 잘못은 없이 남의 잘못으로 화를 당한다는 말.
⇨ 남이 눈 똥에 주저앉는다. 독 틈에 탕관.

남대문 입납(入納).

주소도 모르고 막연히 찾아나설 수도 없는 상태를 말한다.
⇨ 서울 가서 김 서방 찾기.

남 떡 먹는데 팥고물 떨어지는 걱정한다.

남의 일에 쓸데없이 걱정한다는 말.

⇨ 남의 잔치에 감 놓아라 배 놓아라 한다. 닷곱에 참례, 서 홉에 참견. 치마가 열두 폭인가. "놈 떡 먹는데 팍보생이 떨어디는 근심헌다." ≪평안도≫

남산골 샌님이 신청안 고직(庫直)이 시킬 재주는 없어도 뗄 재주는 있다.

무슨 일이나 해줄 수는 없어도 방해하여 못하게는 할 수 있다는 뜻. (※남산골 샌님…옛날 남산골에 살던 가난하고 세력 없는 샌님. 신청안…선혜청(宣惠廳)의 와전된 말로서 옛날 나라에 바치는 진상품(進相品)을 관장하던 곳. 고직이…선혜청의 창고관리를 맡은 하급 관리로서 생기는 뇌물이 많아 먹고 살기가 풍족하였다.)

⇨ 널도깨비가 복은 못 줘도 화는 준다.

남산골 샌님이 역적(逆賊) 바라듯.

불우한 처지에 있는 사람이 늘 불만을 갖고 엉뚱한 일을 바란다는 뜻.

남아 일언(男兒一言)이 중천금(重千金).

남자의 말 한 마디가 천금같이 무겁다는 뜻이니, 말의 중요성을 강조한 말.

|典據| '一言重千金' ≪松南雜識≫

남을 물에 넣으려면 제가 먼저 물에 들어간다.

남을 해치려고 하면 제가 먼저 그만큼의 어려움을 당한다는 말.

⇨ 남 잡으려다 제가 잡힌다. 남 잡이가 제 잡이.

남의 고기 한 점 먹고, 내 고기 열 점 준다.

남에게서 적은 이득을 보려다가 제가 더 큰 손해를 본다는 말.

⇨ 남의 고기 한 점이 내 고기 열 점보다 낫다.

[典據] '他肉一點飯食 己肉十點下' 《東言考略》

남의 눈 속의 티만 보지 말고, 자기 눈 속의 대들보를 보라.

다른 사람의 작은 결점만 크게 보지 말고, 제 큰 허물을 돌아보라는 말.

남의 눈에 눈물 내면, 제 눈에는 피가 난다.

남에게 악한 일을 하면 반드시 저는 그보다 더 큰 죄를 받게 된다는 뜻.
⇨ 남의 눈에서 피 내려면 내 눈에서 고름이 나야 한다.

남의 다리 긁는다.

나를 위해 한 일이 남 좋은 결과가 되었다는 말.
⇨ 남의 발에 감발한다. 남의 버선 신긴다. 남의 다리에 행전(行纏) 친다. 남의 말에 안장 지인다. 헛다리 긁는다.

남의 떡에 설 쉰다.

남의 덕에 일이 이루어졌을 때 하는 말.
⇨ 남의 불에 개 잡는다. 남의 바지 입고 새 베기. 남이 친 장단에 궁둥춤 춘다. 남이 켠 횃불에 조개 잡듯. 남의 팔매에 밤 줍는다. 지나는 불에 밥 익히기.

남의 말 다 들으면 목에 칼 벗을 날이 없다.

남의 말을 다 듣지 말고 가려서 들으라는 뜻.(※칼…형구(刑具)의 하나로 널빤지를 두 쪽으로 내어 목이 들어갈 만하게 판 것.)

남의 말이라면 쌍지팡이 짚고 나선다.

남에게 시비를 잘 걸고 나서는 사람을 말한다.

남의 말하기는 식은 죽 먹기.

남의 잘못을 말하기는 매우 쉽다는 뜻.

[典據] '言他事 食冷粥' 《旬五志》, '言人言 冷粥湌' 《洌上方言》, '他人事 如食冷粥' 《松南雜識》, '談人事 如喫冷粥' 《東言考略》

남의 밥 보고 장 떠먹는다.

남의 것을 공연히 바란다는 뜻.
⇨ 남의 밥 보고 시래깃국 끓인다.

남의 밥에 든 콩이 굵어 보인다.

남의 것은 항상 제 것보다 좋게 보인다는 뜻.
⇨ 남의 고기 한 점이 내 고기 열 점보다 낫다.

남의 싸움에 칼 빼기.

자기에게 아무 관계없는 일에 공연히 흥분하고 나선다는 뜻.

남의 사정 보다가 갈보 난다.

남의 사정을 보고 동정해 주다가 제 몸을 망친다는 말이니, 남의 사정도 분별하여 봐주라는 뜻.
⇨ 사정(私情)이 많으면 한 동리에 시아비가 아홉. 인정에 겨워 동네 시아비가 아홉이다.

남의 속에 있는 글도 배운다.

눈에 안 보이는 남의 속에 있는 글도 배우는데 직접 보고 배우는 것이야 못할 것 없지 않느냐는 뜻.

남의 염병이 내 고뿔만 못하다.

남의 큰 걱정이나 위험도 자기와 관계없는 일이면 대단찮게 여긴다는 말.
⇨ 남의 염병이 내 감기만 못하다.

남의 옷 얻어 입으면 걸레감만 남고, 남의 서방 얻어가면 송장치레만 한다.

남의 것을 얻어 쓰면 말은 좋으나 얼마 쓰지 못한다는 뜻.

남의 일은 오뉴월에도 손이 시리다.

이득 없는 남의 일이란 하기 싫다는 말.

남의 일을 보아 주려거든 삼 년 내보아 줘라.

남의 일을 도와주려면 끝까지 도와주라는 말.

⇨ 남의 일 봐주려면 삼년상(三年喪)까지 봐줘라.

남의 잔치에 감 놓아라 배 놓아라 한다.

쓸데없이 남의 일에 간섭한다는 뜻.

⇨ 남의 장에 감 놓아라 배 놓아라 한다. 닷곱에 참례, 서 홉에 참견. 사돈집 잔치에 감 놓아라 배 놓아라 한다. 시앗 싸움에 요강 장사라. 치마가 열 두폭인가.

[典據] '他人之宴 曰梨曰柹', '他人宴 排柹排梨' ≪東言考略≫

남의 집 금송아지가 우리 집 송아지만 못하다.

좋은 남의 물건보다 나쁜 내 물건이 더 실속 있다는 말.

⇨ 내 돈 서 푼이 남의 돈 사백 냥보다 낫다.

남의 집 머슴과 관장(官長) 살이는 끓던 밥도 두고 간다.

남의 지시를 받는 머슴처럼 관리 역시 위에서 하라는 대로 움직여야 하기 때문에 행동의 자유가 없이 매인 사람의 경우를 두고 하는 말.

남의 집 불 구경 않는 군자(君子) 없다.

구경하는 데는 착하고 어진 사람도 남과 마찬가지라는 뜻.

남의 집 소경은 쓸어나 보는데 우리 집 소경은 쓸어도 못 본다.

남들은 자기 집 사정을 살펴 알려고 하는데 하물며 제 집 사람이 알려고도 하지 않을 때 하는 말.

[典據] '他瞥能視 ≪東言考略≫

남의 집 제사에 절하기.

관계없는 일에 참여하여 헛수고만 한다는 뜻.

⇨ 남의 친환(親患)에 단지(斷指)한다.

남의 흉이 한 가지면 제 흉이 열 가지.

사람은 흔히 남의 흉을 잘 보나 자기 흉은 따지고 보면 그보다 많으니 남의 흉을 보지 말라는 뜻.

⇨ 남의 흉 한 가지면 내 흉이 몇 가지냐. 제 흉 열 가진 놈이 남의 흉 한 가지를 본다.

남이 놓은 것은 소도 못 찾는다.

남이 놓아 둔 물건은 찾기 힘들다는 말.

⇨ "놈 논 건 쇠도 못 춘나." ≪제주도≫

남이야 내 상전(上典)을 두려워할까.

내가 두려워한다고 남도 제게 관계없는 사람을 두려워할 까닭이 없다는 말.

典據 '他不畏之吾上典' ≪東言考略≫

남이 장 간다고 하니 거름 지고 나선다.

주견 없이 남의 행동을 추종한다는 말.

⇨ 남이 은장도(銀粧刀)를 차니 식칼을 낀다. 남이 장에 간다 하니 무릎에 망건 쓰운다.

남자는 배짱, 여자는 절개

미덕으로서 남자는 사물에 대하여 두려움이 없는 담력을, 여자는 세상 남자들에게 농락당하지 않는 깨끗한 절개가 으뜸이라고 하는 말.

남 잡이가 제 잡이.

남을 해치려고 하면 도리어 제가 해침을 당하게 된다는 말.

⇨ 남을 물에 넣으려면 제가 먼저 들어간다. 남 잡으려다 제가 잡힌다.

낡이라도 고목(枯木)되면 오던 새도 아니 온다.

사람이 늙으면 예전에 따르던 사람도 찾아오지 않고, 권좌에서 물러서면 늘 오던 이도 낯도 뵈지 않는다는 뜻.

⇨ 꽃도 십일홍(十日紅)이 되면 오던 봉접(蜂蝶)도 아니 온다. 깊던 물이라도 얕아지면 오던 고기도 아니 온다.

납일(臘日) 전에 눈이 세 번 오면 풍년 든다.

동지(冬至) 지난 셋째 술일(戌日)인 납일 전에 눈이 여러번 많이 오면 그해 농사가 풍년이 들 징조라는 말.

⇨ 납전삼백(臘前三白).

낫 놓고 기역자도 모른다.

무식한 사람을 두고 하는 말.

⇨ 가갸 뒷자도 모른다. 목불식정(目不識丁). 어로불변(魚魯不辨).

낫으로 눈을 가린다.

당치 않은 방법으로 자기 흔적을 감추려 하나 감춰지지 않는다는 뜻.

⇨ 가랑잎으로 하문(下間)을 가린다. 가랑잎으로 눈을 가린다. 손 샅으로 ×가리기.

典據 '以鎌遮眼' ≪旬五志≫≪松南雜識≫

낮 말은 새가 듣고 밤 말은 쥐가 듣는다.

① 아무도 없는 데서도 말조심을 하라는 뜻. ② 아무리 극비에 붙여도 한 말은 반드시 남의 귀에 들어가게 된다는 뜻.

典據 '晝語雀聽 夜語鼠聽' ≪旬五志≫≪松南雜識≫, '晝言雀聽 夜言鼠聆' ≪耳談續纂≫, '晝語鳥聽 夜語鼠聆' ≪東言考略≫

내가 중이 되니 고기가 천하다.

무엇이나 필요하여 애써 구할 때면 귀한 것도 불필요할 때는 흔하다는 말.

↔ 개똥도 약에 쓰려면 없다.

典據 '我爲僧 魚肉賤' ≪東言考略≫

내 것 주고 뺨 맞는다.

이중의 손해를 볼 때 하는 말.

⇨ 내 것 잃고 내 함지박 깨뜨린다. 술 받아 주고 뺨 맞는다. 제 것 주고 뺨 맞는다. "나 것 일코 나 함박 벌른다."《제주도》

내 딸이 고와야 사위를 고른다.

① 자기 조건이 좋아야 남의 것도 자유롭게 선택할 수 있다는 말. ② 제 것은 보잘것없는 것을 가지고 남의 것만 좋은 것을 골라 가지려는 사람을 두고 하는 말.

⇨ 꽃이 좋아야 나비가 모인다. 내 물건이 좋아야 값을 받는다.

典據 '吾女娟 擇婿賢'《洌上方言》, '我有美女 迺擇佳婿'《耳談續纂》, '吾女美後 方擇婿'《東言考略》

내 돈 서 푼은 알고, 남의 돈 칠 푼은 모른다.

제 것은 작은 것도 소중히 여기고, 남의 것은 많은 것도 대수롭지 않게 여긴다는 뜻.

⇨ 남의 돈 천 냥이 내 돈 한 푼만 못하다. 남의 집 금송아지가 우리 집 송아지만 못하다. 내 돈 서 푼이 남의 돈 사백 냥보다 낫다. 아버지 종도 내 종만 못하다.

내리사랑은 있어도 치사랑은 없다.

윗사람이 아랫사람을 사랑하는 일은 있어도 그 반대되는 일을 하기는 어렵다는 뜻.

⇨ 아래 사랑은 있어도 위에 사랑은 없다. 사랑은 내리사랑.

典據 '下愛有 上愛無'《東言考略》

내 말은 남이 하고, 남 말은 내가 한다.

누구나 사람은 제 잘못은 제쳐놓고 남의 말하기를 좋아한다는 말.

내 말이 좋으니 네 말이 좋으니 하여도 달려 보아야 안다.

탁상공론(卓上空論)을 할 것이 아니라 무슨 일이고 실지로 시험해 봐야 확실히 알 수 있다는 말.

내 밑 들어 남 보이기.

자기의 부주의한 언동으로 제 흠을 스스로 드러낸다는 말.
⇨ 제 밑 들어 남 보이기. 제 낯에 침 뱉기.

내 발등의 불을 꺼야 아들 발등의 불을 끈다.

자기 급한 일부터 해치워야 남의 급한 일을 돌본다는 말.
⇨ 내 발등의 불을 꺼야 아비 발등의 불 본다.

典據 '我上之火 兒上之火' ≪旬五志≫, '膚爛之救 吾先兒後' ≪耳談續纂≫

내 배부르니 평안감사(平安監事)가 족하(足下) 같다.

내 배가 부르고 풍족하면 아무리 좋은 것이라도 부럽지 않다는 뜻.
⇨ 내 배부르면 종의 밥 짓지 말라 한다. 상전(上典) 배부르면 종 배고픈 줄 모른다. 제 배가 부르면 종 배고픈 줄 모른다.

典據 '我腹旣飽 不察奴飢' ≪耳談續纂≫

내외간 싸움은 칼로 물 베기.

부부 싸움은 흔히 사소한 데서 발단하는 일이 많고, 또 친밀하기 때문에 일어나기도 하는 일시적 다툼으로 중재가 필요없이 내버려두면 자연히 쉬 화합한다는 말.
⇨ 내외간 싸움은 개 싸움. 부부 싸움은 칼로 물 베기. 양주(兩主) 싸움은 칼로 물 베기.

내 일 바빠 한댁 방아.

제 일이 바쁘므로 제 일 하기 위해 남의 일부터 먼저 해치운다는 말.

풀이 옛날 신라 경덕왕(景德王) 때 진주에서 욱면(郁面)이란 계집종이 있었는데, 제가 하고 싶은 염불을 외기 위하여 주인이 시키는 쌀 찧는 일을 부지런히 해치우고 절로 갔다는 이야기에서 나온 말. ≪三國遺事 卷五≫

典據 '緣我事急 野碓先蹋' 《耳談續纂》, '吾事急露春擣' 《東言考略》

내 절 부처는 내가 위해야 한다.

자기가 모시는 주인은 자기가 잘 섬겨야 한다는 뜻.

⇨ 제 절 부처는 제가 위하랬다.

내 칼도 남의 칼집에 들면 찾기 어렵다.

자기 물건도 남의 손에 들어가면 제 마음대로 할 수 없다는 말.

⇨ 제 칼도 남의 칼집에 들면 찾기 어렵다.

典據 '吾刀入他鞘 難拔' 《旬五志》《松南雜識》, '我刀他鞘 旣揷難掉' 《耳談續纂》, '我刀入他鞘 亦難' 《東言考略》

내 코가 석 자[三尺].

내 사정이 급해서 남의 사정까지 돌볼 수가 없다는 말.

⇨ 오비삼척(吾鼻三尺) 코가 쉰댓 자나 빠졌다.

典據 '吾鼻涕垂三尺' 《旬五志》《松南雜識》, '我涕三尺 何知爾感' 《耳談續纂》, '吾鼻涕三尺曳' 《洌上方言》

내 행세는 개차반에 경계판(警戒板)을 짊어진다.

제 행실은 되지 못하면서 남의 시비만 가려서 따지려 한다는 말. (※개차반…차반은 반찬이니 개가 먹을 언짢은 반찬, 즉 되지 못한 것.)

典據 《草堂問答歌》

냇물은 보이지도 않는데 신발부터 벗는다.

아직 먼 일을 미리부터 서두른다는 뜻.

⇨ 너구리 굴 보고 피물(皮物) 돈 내어쓴다. 떡방아 소리 듣고 김칫국 찾는다. 떡 줄 사람은 꿈도 안 꾸는데 김칫국부터 마신다. 월천군(越川軍) 다리부터 걷는다.

냉수 먹고 이 쑤시기

실속없이 허세를 부린다는 뜻.
⇨ 냉수 먹고 갈비 트림한다. 물 먹은 배만 튀긴다. 진잎 죽 먹고, 잣죽 트림한다.

너구리 굴 보고 피물(皮物) 돈 내어쓴다.

잡기도 전에 가죽 팔아 얻을 돈을 미리 빚내어 쓴다는 말이니 ① 확정되지 않은 일을 가지고 그로부터 나올 이익을 미리 앞당겨 쓰는 것을 비웃는 말. ② 일을 너무 급히 서둘러 한다는 뜻.
⇨ 노루 잡기 전에 골뭇감 마련한다. 땅벌 집 보고 꿀 돈 내어쓴다.

너무 고르다가 눈 먼 사위 얻는다.

무엇을 너무 지나치게 고르면 도리어 나쁜 것을 고르게 된다는 뜻.
⇨ "너미 굴리당 눈 먼 사위 흐다." ≪제주도≫

넉 달 가뭄에도 하루만 더 개었으면 한다.

사람은 일기(日氣)에 대하여 자기 본위로 생각하여 제게 무슨 행사가 있으면 가뭄 끝이라도 비 오는 것을 싫어한다는 말.

네 떡 내 먹었더냐.

제가 일을 저질러 놓고 시침 뗀다는 뜻.
典據 '汝餠吾食乎' ≪東言考略≫

네 병이야 낫든 안 낫든 내 약값이나 내라.

남에게 해준 일이야 어찌 되었든간에 그 일의 대가만을 요구한다는 말.
典據 '爾病瘥否 藥債宜報' ≪耳談續纂 拾遺≫

네 쇠뿔이 아니면 내 담이 무너지랴.

너 때문에 내가 손해를 보았다고 항변하는 말.
⇨ 네 각담 아니면 내 쇠뿔 부러지랴. 네 쇠뿔이 아니면 내 쇠뿔이 부러지랴. 여장절각(汝牆折角).
典據 '非汝牛角 豈毀我牆' ≪旬五志≫ ≪松南雜識≫, '匪爾牛角 我牆何

崩'《耳談續纂》 '非汝牛角 豈毀吾墻'《東言考略》

네 콩이 크니, 내 콩이 크니 한다.

어느 것이 낫고 못함을 분별하기 어려운 것을 가지고 서로 다툴 때 쓰는 말.

⇨ 콩이야 팥이야 한다. 콩 낫네 팥 낫네 한다. 콩팥칠팔한다. 참새가 기니 짧으니 한다.

노갑이을(怒甲移乙).

갑에게 노한 것을 을에게 옮긴다는 말이니, 어떤 일로 노한 화풀이를 엉뚱한 다른 데까지 옮긴다는 뜻.

⇨ 시어머니에게 역정나서 개 배때기 찬다. 종로(鍾路)에서 뺨 맞고 한강에서 눈 흘긴다.

노는 입에 염불(念佛)하기.

아무 일도 하지 않고 노는 것보다 무슨 일이든지 하는 것이 낫다는 말.

⇨ 할 일 없거든 오금을 긁어라. 적적할 때는 내 볼기짝 친다.

노루 꼬리가 길면 얼마나 길까.

제가 재주가 있으면 얼마나 있겠느냐고 보잘것없는 재주를 과신하는 사람을 비웃는 말.

풀이 '獐毛曰長 幾許其長'《耳談續纂 拾遺》

노루 때리던 막대.

어쩌다가 한번 노루를 때려잡은 막대를 가지고 이것만 가지면 언제나 노루를 잡으려니 하고 터무니없는 생각을 한다는 말이니, 요행을 바라는 어리석음, 지난날의 방식을 덮어놓고 지금도 적용하려는 어리석음을 뜻한다.

⇨ 노루 때리던 막대를 세 번이나 국 끓여 먹는다. 노루 친 몽둥이 삼년 우린다.

[풀이] '打獐杖' ≪東言考略≫

노루를 피하니 범이 나온다.

일이 점점 어렵게 되어간다는 뜻.

⇨ 갈수록 태산(泰山). 조약돌을 피하니까 수마석(水磨石)을 만난다.

[풀이] '避獐逢虎' ≪東言考略≫

노루잠에 개꿈이라.

신통찮게 자는 노루잠에 가치 없는 개꿈을 꾸었으니 신통치 않은 일이라는 뜻.

⇨ 돝잠에 개꿈. 쇠살에 말뼈.

노목궤(櫨木櫃).

조금도 융통성이 없는 사람을 말한다.

[풀이] 옛날 어떤 시골에 딸을 사랑하는 늙은이가 있었는데 사위를 고르려고 노목(櫨木)으로 궤짝을 하나 만들어 그 속에 쌀 쉰다섯 말을 넣고 사람들을 모아 말하기를 '누구든지 이 궤의 나무 이름과 이 속에 든 쌀이 얼마인가를 알아맞히는 사람을 내 사위로 삼겠다'고 하였다. 그런데 그 딸이 어떤 바보 장사치에게 몰래 알려 주고 응모케 하여, '노목궤며 그 속에 쌀이 쉰다섯 말이 들어 있습니다.'고 말하게 하였다. 늙은이는 그 대답이 옳다고 그를 사위로 삼았다는 이야기에서 나온 말.

⇨ 춘천(春川) 노목궤(櫨木櫃).

[典據] '櫨木櫃' ≪旬五志≫

노인 부랑한 것, 어린애 입 잰 것.

해롭기만 한, 아무 짝에도 쓸데없는 것을 말한다.

⇨ 계집 입싼 것. 돌담 배부른 것. 맏며느리 손 큰 것. 봄비 잦은 것. 사발 이 빠진 것. 어린애 입 잰 것. 중 술취한 것. 지어미 손 큰 것.

[典據] '老人潑皮 小兒捷口' ≪禅官雜記 卷四≫

노장(老將)은 병담(兵談)을 아니하고, 양고(良賈)는 심장(深藏)한다.

노련한 장군은 병담을 함부로 말하지 않고, 좋은 장사꾼은 물건을 깊이 감춘다는 말이니, 훌륭하고 참된 사람은 그가 가진 지식이나 덕을 경솔히 자랑하지 않는다는 뜻.
⇨ 물은 깊을수록 소리가 없다. 양고심장(良賈深藏).

노적(露積)가리에 불지르고 싸라기 주워 먹는다.

큰 것은 다 없애고 작은 것을 아낄 때 하는 말.
⇨ 노적가리에 불 붙이고 튀각 주워 먹는다. 노적섬에 불 붙여 놓고 박산 주워 먹는다. 배 주고 배 속 얻어먹는다. 집 태우고 못 줍기. 집 태우고 바늘 줍는다.

노처녀가 시집을 가려니 등창이 난다.

오랫동안 벼르던 일이 막상 되려고 하니 뜻하지 않은 일이 생겨 방해가 된다는 뜻.
⇨ 여든 살 난 큰 아기가 시집가려 했더니 차일(遮日)이 없다 한다.

녹비(鹿皮)에 가로 왈(曰) 자.

사슴 가죽에 가로 왈 자를 써서 세로로 당기면 날 일 자가 되고, 가로로 당기면 가로 왈 자가 된다는 말이니, ① 일정한 주견 없이 남의 말만 듣고 이랬다저랬다 행동한다는 뜻. ② 일이 이렇게도 저렇게도 된다는 뜻.
⇨ 귀에 걸면 귀걸이, 코에 걸면 코걸이.

典據 '熟鹿皮大典' ≪旬五志≫ ≪松南雜識≫

농사꾼이 굶어죽어도 종자(種子)는 베고 죽는다.

① 농사꾼은 씨앗을 매우 소중하게 여긴다는 뜻. ② 어리석고 인색한 사람을 두고 하는 말.
⇨ 농사꾼이 굶어도 종자는 베고 죽는다.

| 典據 | '農夫餓死 枕厥種子'《耳談續纂》

농자는 천하지대본(天下之大本)이라.

농업은 한 나라의 근본(기본적 산업)이란 뜻.

| 典據 | '夫食爲人天 農爲國本'《帝範》

놓친 고기가 더 크다.

먼젓것이 더 좋았다고 생각한다는 뜻.

⇨ 나간 머슴이 일을 더 잘했다. 놓친 고기 크게 뵌다.

누가 흥(興)이야 항(恒)이야 하랴.

관계없는 남의 일에 아무도 이래라저래라 시비할 수 없다는 말.

| 풀이 | ① 조선시대 숙종(肅宗) 임금 때에 김수흥(金壽興)과 김수항(金壽恒)의 형제가 대신의 자리에 있게 되었는데, 제가 힘써서 잡은 권세를 남이 뭐라고 감히 흥이야 항이야 하겠느냐는 말에서 나온 말. ② 조선시대 때에 민백흥(閔百興)과 민백항(閔百恒) 형제가 있었는데 형제가 서로 연이어서 강원감사를 지냈다고 한다. 그런데 두 사람이 모두 선정을 베풀었으므로 이에서 나온 말이라고 한다. 《松南雜識》

⇨ 흥이야 항이야.

| 典據 | '興伊恒伊'《松南雜識》

누울 자리 봐가며 발 뻗는다.

다가올 일의 경과를 미리 생각해 가면서 시작한다는 뜻.

⇨ 뒹굴 자리 보고 씨름에 나간다. 이불간 봐가며 발 편다. 이불깃 보아가며 발 뻗는다.

| 典據 | '量吾被 置吾趾'《洌上方言》, '量衾伸足'《旬五志》, '先視爾撝乃展厥足'《耳談續纂》

누워 떡 먹기.

일하기가 매우 쉽다는 뜻.

⇨ 겉보리 돈 삼기. 낭중취물(囊中取物). 누운 소 타기. 땅 짚고 헤엄치기. 무른 땅에 말뚝 박기. 식은 죽 먹기. 이여반장(易如反掌). 주먹으로 물 찧기. 키큰 암소 똥 누듯. 호박에 침 주기.

누워서 침 뱉기.

남을 해치려다가 도리어 제게 해로운 결과가 돌아간다는 뜻.
⇨ 내 얼굴에 침 뱉기. 제 발등에 오줌 누기. 제 낯에 침 뱉기. 하늘 보고 침 뱉기.

누이 좋고 매부 좋다.

피차 서로 좋다는 말.

눈 감으면 코 베어 먹을 세상.

세상 인심이 험악하다는 말.
⇨ 눈 뜨고 코 베어 갈 세상. 눈 뜨고 남의 눈 떼어 먹는 세상.

눈 뜨고 도둑맞는다.

알면서도 할 수 없이 손해를 볼 때 하는 말.

눈 먹던 토끼, 얼음 먹던 토끼가 다 각각.

사람은 자기가 겪어온 경험과 환경에 따라 그 능력과 습성이 제각기 다르다는 뜻.

눈먼 놈이 앞장선다.

못난이가 껍적거리고 남보다 먼저 나선다는 말.

눈먼 말 워낭소리 따라간다.

무식한 사람이 제 주견 없이 남이 하는 대로 좇아서 한다는 말.(※워낭…마소의 귀 밑에서 턱 밑으로 늘여 단 방울.)
⇨ 고마문령(瞽馬聞鈴).

눈먼 소경더러 눈멀었다 하면 성낸다.

누구든지 제 잘못이나 결점을 남이 말하는 것을 싫어한다는 말.

[典據] '瞽非不瞽 謂瞽則怒' ≪耳談續纂≫

눈썹만 뽑아도 똥 나오겠다.

조그만 괴로움도 참지 못하고 쩔쩔맨다는 뜻.

눈엣가시.

몹시 미운 사람을 가리키는 말.

⇨ 안중정(眼中釘).

[典據] '眼中釘' ≪松南雜識≫

눈 위에 서리친다.

엎친 데 덮친 격으로 일이 갈수록 낭패한다는 뜻.

⇨ 뇌성(雷聲)에 벽력(霹靂). 설상가상(雪上加霜). 얼어죽고 데어죽는다. 엎친 놈 위에 덮치기. 엎친 데 덮친다.

눈치가 빠르면 절에 가도 새우젓을 얻어먹는다.

사람이 영리하고 수단만 좋으면 겉으로 내어놓고는 못할 일도 뒷거래를 할 수 있다는 말.

⇨ 눈치가 빠르면 절에 가도 조개젓을 얻어먹는다.

느린 걸음이 잰 걸음.

일을 천천히 해도 정확하게 하여 실수가 없으면 결국 빨리 하는 결과가 된다는 말.

⇨ 드문드문 걸어도 황소 걸음. 띄엄띄엄 걸어도 황소 걸음. 느릿느릿 걸어도 황소 걸음.

느린 소도 성낼 적이 있다.

성미가 느리고 순한 사람도 성내면 무섭다는 뜻.

[典據] '緩牛怒' ≪東言考略≫

늙게 된 서방 만난다.

늙어 갈수록 신세가 더 고달파진다는 뜻.

늙은 나귀 팔려면 잘 꾸며 줘야 한다.

① 노처녀를 시집 보내려면 잘 가꿔 줘야 시집을 가게 된다는 뜻. ② 좋지 못한 물건을 팔려면 겉을 잘 꾸며야 한다는 뜻.

늙은 말 콩 더 달란다고.

사람은 늙어 갈수록 욕심이 더 커진다는 뜻.
⇨ 늙은 소 콩밭으로 간다.
↔ 늙은 말 콩 마다듯.

典據 '老馬在廐 猶不辭豆'《耳談續纂》

늙은이 아이된다.

늙으면 언동이 아이들 같아진다는 뜻.
⇨ 늙으면 아이된다.

늦게 배운 도둑이 날새는 줄 모른다.

늦게 시작한 일에 매우 흥미를 느끼고 골몰하는 사람을 두고 하는 말.
⇨ 늦게 시작한 도둑이 새벽 다 가는 줄 모른다.

늦바람이 곱새를 벗긴다.

늙어서 바람이 나면 걷잡을 수 없다는 말. (※곱새…용마름. 초가지붕 위의 마루에 덮는 것.)
⇨ 늦바람이 용마름 벗긴다.

ㄷ

다 가도 문턱 못 넘기.
마지막 끝맺음을 못하여 헛수고를 했다는 뜻.
⇨ 밤새도록 가도 문 못 들기.

다 된 농사에 낫 들고 덤빈다.
일이 다 끝난 뒤에 쓸데없이 시비를 걸고 덤빈다는 뜻.
⇨ 굿 뒤에 날장구 친다. 굿 뒤에 쌍장구 친다. 굿 마친 뒷장구.

다 된 죽에 코 빠졌다.
다 된 일을 망쳐 놓았다는 뜻.
⇨ 다 된 국에 코 떨어뜨렸다. 다 된 죽에 코 풀기.

|典據| '盡煎粥鼻泗墜' ≪東言考略≫

더러운 부자(富者)가 활수(滑手)한 빈자(貧者)보다 낫다.
인색하더라도 부자는 남에게 베풀 수 있는 여유가 있어 결과적으로 아낌없이 시원스럽게 쓰는 빈자보다 낫다는 말.
⇨ 인색한 부자가 손 쓰는 가난뱅이보다 낫다.

다리 부러진 장수 성(城) 안에서 호령한다.
못난 사람이 집 안에서만 큰소리 친다는 말.
⇨ 방 안에서 호랑이 잡는다. 이불 속에서 활개친다. 이불 안 활개.

다리 아래에서 원을 꾸짖는다.
맞 대놓고는 말 못하고 그 사람이 없는 데서 원망하고 욕한다는 말.

⇨ 다릿목 아래서 원 꾸짖기.

[典據] '橋下咤倅' ≪旬五志≫, '橋下叱倅' ≪松南雜識≫

다 먹은 죽에 코 빠졌다 한다.

처음에는 아쉬워하던 것을 배가 부르니까 불평을 한다는 뜻.

⇨ 말 한 마리 다 먹고 말고기 냄새 난다고 한다. 한 말고기 다 먹고 말 하문(下門) 내 난댄다.

다 밝게 범두와 소리라.

때늦게 행동한다는 뜻.(※범두와 소리…옛날에 순라군(巡邏軍)이 밤에 순회하면서 지르던 소리.

⇨ 늦은 밥 먹고 파장(罷場)간다. 사또 떠난 뒤에 나팔 분다.

다시 긷지 않는다고 이 우물에 똥을 눌까.

① 다시 안 볼 것 같지만 얼마 안 가서 그 사람에게 청할 것이 생긴다는 말. ② 지위가 높아져 다른 곳으로 떠나지만 정든 사람, 정든 고향을 잊어서는 안 된다는 뜻.

⇨ 안 먹겠다 침 뱉은 물 돌아서서 다시 먹는다. 이 샘물에 똥을 누어도 다시 그 우물을 먹는다. 이 샘물 안 먹는다고 똥 누고 가더니 그 물이 맑기도 전에 다시 와서 먹는다.

[典據] '謂不再綆 汗此舊井' ≪耳談續纂≫

다시 보니 수원 나그네.

모르고 있다가 손님 편에서 아는 체하니 그제야 인사한다는 말.

⇨ 알고 보니 수원 손님. 인제 보니 수원 나그네.

[典據] '更見乃水原客' ≪東言考略≫

다 팔아도 내 땅.

어떻게 하든 결국 자기 몫이 된다는 뜻.

단칸방에 새 두고 말할까.

피차 서로 가까운 처지에 비밀이 있을 수 있겠느냐는 뜻.

단단하기만 하면 벽에 물이 괴나.

① 단단한 땅에 물이 괸다지만 벽면에야 괼 수 없듯이, 한 가지 조건만 갖추었다고 일이 되는 것은 아니라는 뜻. ② 너무 아끼고 돈을 모으려는 사람에게 하는 말.

단단한 땅에 물이 괸다.

굳은 땅에 물이 괸다.

단맛, 쓴맛 다 보았다.

세상살이의 즐거움과 괴로움을 모두 겪었다는 말.
⇨ 산전수전(山戰水戰) 다 겪었다. 쓴맛 단맛 다 보았다.

단 솥에 물 붓기.

형세가 이미 기울어져 도와주는 보람이 없을 때 하는 말.

닫는 데 발 내민다.

남이 하는 일에 방해를 한다는 말.
典據 '走前出足' ≪東言考略≫

닫는 말에 채찍질.

어떠한 일을 하는데 더 잘하도록 격려한다는 말.
⇨ 가는 말에도 채를 치랬다. 가는 말에 채찍질. 닫는 말도 채를 치랬다. 닫는 말에 채질한다. 주마가편(走馬加鞭).

닫는 사슴 보고 얻은 토끼를 잃는다.

욕심이 지나치면 도리어 손해를 본다는 말.
⇨ 달아나는 노루 보고 얻은 토끼를 놓쳤다.

달걀도 굴러가다 서는 모가 있다.

모든 일이 지연되다가도 결말이 날 때가 있다는 말.

⇨ 메밀도 굴러가다가 서는 모가 있다.

달걀로 성(城) 치기.

약한 힘으로 강한 것에 대항해도 아무 소용이 없다는 뜻.
⇨ 달걀로 백운대(白雲臺) 치기.

달걀 지고 성 밑으로 못 가겠다.

의심이 많고 필요 이상의 걱정을 하는 사람을 두고 하는 말.
⇨ 곤 달걀 지고 성 밑으로 못 가겠다.

달고 치는데 아니 맞는 장수 있나.

아무리 강력한 자라도 여러 사람이 합세하여 대항하면 무력해진다는 말.
⇨ 매 위에 장사 있나. 몽둥이 세 개 맞아 담 안 넘을 놈 없다.

달기는 엿집 할미 손가락이다.

엿이 달기로서니 엿집 할머니 손가락까지 달 수는 없듯이, 어떤 음식에 맛을 들이면 먹지 못할 것에까지도 현혹된다는 뜻.

달도 차면 기운다.

모든 것이 한번 번성하고 가득 차면 다시 쇠퇴한다는 말.
⇨ 그릇도 차면 넘친다. 봄 꽃도 한때. 열흘 붉은 꽃 없다. 월만즉휴(月滿則虧). 일월은 크고 이월은 작다. 차면 넘친다. 화무십일홍(花無十日紅). 한 달이 크면 한 달이 작다.

달면 삼키고 쓰면 뱉는다.

제게 이로우면 이용하고 필요하지 않을 때는 배척한다는 뜻.
⇨ 감탄고토(甘呑苦吐).
[典據] '昔以甘茹 今乃苦吐' (耳談續纂)

달무리한 지 사흘이면 비가 온다.

달무리가 지면 머지않아 비가 올 징험이라는 뜻.

달 밝은 밤이 흐린 낮만 못하다.

자식이 아무리 효도를 해도 못된 남편만 못하다는 말.

달밤에 삿갓 쓰고 나온다.

미운 사람이 더 미운 짓만 한다는 뜻.
⇨ 못난 색시 달밤에 삿갓 쓰고 나선다.

달아나는 노루 보고 얻은 토끼를 놓쳤다.

욕심을 부리다가 결국 손에 가진 것까지 잃었다는 말이니, 너무 큰 이익만 탐내지 말고 가까운 데에 있는 작은 이익부터 취하라는 뜻.
⇨ 닫는 사슴 보고 얻은 토끼를 잃는다. 멧돝 잡으려다 집돝 잃었다. 혹 떼러 갔다가 혹 붙였다.

[典據] '見奔獐 放獲兎' 《旬五志》, '奔獐顧 放獲兎' 《洌上方言》, '母趁走 釁此落橤' 《耳談續纂》, '走獐落兎' 《東言考略》

달아나면 이밥 준다.

일이 해결될 길이 없을 때는 달아나는 것이 상책이라는 뜻.
(※ 이밥…쌀밥. 이밥이 밥중에서는 제일 좋으므로 하는 말)
⇨ 삼십육계에 줄행랑이 으뜸.

[典據] '走與稻飯' 《旬五志》《松南雜識》

딸은 산적(散炙) 도둑.

딸은 시집간 뒤에도 친정집에 와서 이것저것 집어가므로 하는 말.
⟋ 딸자식은 도둑년이다.

딸의 굿에 가도 전대(纏帶)가 셋.

제 딸을 위하여 하는 굿에 가도 무엇을 담아 올 전대를 셋이나 가지고 가 제 이익을 꾀한다는 말이니, 더구나 남의 이익을 위하여 하는 일이라 해도 제 이익을 바라고 있다는 뜻.
⇨ 딸의 굿에 가도 자루 아홉을 가지고 간다.

딸의 시앗은 바늘 방석에 앉히고, 며느리 시앗은 꽃 방석에 앉힌다.

사위가 첩을 두는 것은 자기 딸이 괴로워할 것이니 싫어하지만, 제 아들 시앗 보는 것은 며느리를 괴롭히는 것이기 때문에 고소하게 여긴다는 뜻.

⇨ 며느리 시앗은 열도 귀엽고, 자기 시앗은 하나도 밉다.

딸의 차반 재 넘어가고 며느리 차반 농 위에 둔다.

먹을 것이 있으면 딸은 제 남편에게 주려고 재 넘어 제 시집으로 가져가고, 며느리도 역시 제 남편 주려고 제 방 농 위에 얹어 둔다는 말이니 부모보다는 제 남편을 더 위한다는 뜻.

딸이 셋이면 문을 열어 놓고 잔다.

딸 많은 집에서 혼인을 치르고 나면 많은 비용이 들어 가산이 다 없어진다는 말.

⇨ 딸 삼 형제 시집 보내면 고무 도둑도 안 든다. 딸 셋을 여의면 기둥 뿌리가 패인다.

딸자식은 도둑년이다.

딸은 길러 시집 보낼 때도 많은 혼수를 해가지고 가고 출가한 후에도 친정에 오기만 하면 무엇이든 가지고 가려고만 한다는 말.

↳ 딸은 산적 도둑.

닭도 제 앞 모이 긁어 먹는다.

제 앞의 일은 제가 처리해야 한다는 말.

⇨ "독도 지앞석 긁어 먹나" 《제주도》

닭 벼슬이 될망정 쇠꼬리는 되지 마라.

작더라도 남의 우두머리가 될지언정 큰 사람의 졸자는 되지 말라는 말.

⇨ 쇠꼬리보다 닭 대가리가 낫다. 용의 꼬리보다 닭의 머리가 낫다.

典據 '寧爲鷄口 勿爲牛後' 《史記》

닭쌈에도 텃세한다.
어디에나 텃세는 있다는 말.
⇨ 개도 텃세한다.

닭 소 보듯, 소 닭 보듯.
별 관심이 없이 빤히 바라본다는 뜻.

닭 손님으로는 아니 간다.
여러 마리의 닭이 있는 닭장에 새로 들어가는 닭처럼 여럿이 못 살게 구는 곳에는 안 간다는 뜻.

닭의 새끼 봉(鳳)이 되랴.
타고난 성품은 어떻게 해도 고칠 수 없다는 뜻.
⇨ 각관 기생 열녀 되랴.

닭이 천이면 봉이 한 마리.
여럿이 모인 데는 반드시 뛰어난 사람도 있다는 말.

닭 잡아 겪을 나그네, 소 잡아 겪는다.
① 처음에 조금 손을 써서 처리할 것을 방치하여 나중에는 더 큰 손실을 본다는 뜻. ② 대단치 않은 사람을 너무 후대한다는 뜻.
⇨ 기와 한 장 아끼다가 대들보 썩인다. 새 잡아 잔치할 것을 소 잡아 잔치한다. 좁쌀만큼 아끼다가 담돌만큼 해 본다. 한 푼 아끼다 백 냥 잃는다. 호미로 막을 것을 가래로 막는다.

닭 잡아먹고 오리 발 내어놓는다.
나쁜 짓을 해놓고 탄로나지 않도록 계교를 꾸민다는 말.

닭 쫓던 개 지붕만 쳐다본다.
한참 애쓰던 일이 실패로 돌아가거나 서로 경쟁하던 상대가 앞서 갈 때 막막하게 되는 것을 말한다.

⇨ 닭 쫓던 개의 상. 축계망리(逐鷄望籬).

[典據] '狗逐鷄屋只睇'《洌上方言》, '赶鷄之犬 徒仰屋鼕'《耳談續纂》, '逐鷄犬瞻籬'《東言考略》

담배 씨로 뒤웅박을 판다.

인색하고 소견이 좁은 사람을 두고 하는 말.

⇨ 좁쌀 영감.

[典據] '莫種眇乎 彫匏庶剖'《耳談續纂 拾遺》

답싸리 밑의 개 팔자.

보잘것없는 사람이 행운을 만나서 팔자 편하게 지낸다는 말.

닷 돈 보고 보리밭에 갔다가 명주 속옷 찢었다.

조그마한 이익을 바라다가 도리어 큰 손해를 보았다는 말.

닷 돈 추렴에 두 돈 오푼 내었나.

여러 사람이 모인데서 제대로 대접을 받지 못했을 경우에 쓰는 말.

⇨ 닷 돈 추렴에 돈 반 냈나.

닷새를 굶어도 풍잠(風簪) 멋으로 굶는다.

자기 체면 때문에 곤란을 무릅쓴다는 말.(※풍잠…망건의 앞이마에 반달 모양으로 된 장식품)

당나귀 못된 것은 생원님만 업신여긴다.

못된 자가 도리어 윗사람을 업신여긴다는 말.

↔ 나귀는 샌님만 섬긴다.

땅벌 집 보고 꿀 돈 내어쓴다.

⤶ 너구리 굴 보고 피물(皮物) 돈 내어쓴다.

당장 먹기엔 곶감이 달다.

당장 좋은 것은 그때뿐이지 참으로 좋고 이로운 것은 못 된다는 뜻.

땅 짚고 헤엄치기

① 일이 매우 하기 쉽다는 뜻. ② 어떤 일이 안전하고 확실하여 틀림이 없다는 말.

⇨ 겉보리 돈 삼기. 누워 떡 먹기. 누운 소 똥 누듯 한다. 누운 소 타기. 수양딸로 며느리삼기. 주먹으로 물 찧기. 호박에 침 주기.

[典據] '據地習汎 更有何憂' ≪耳談續纂 拾遺≫

대가리를 삶으면 귀까지 익는다.

⌐ 머리를 삶으면 귀까지 익는다.

대가리를 잡으려다 겨우 꽁지를 잡는다.

큰 것을 얻으려다 작은 것밖에 못 얻었다는 뜻.

대감 죽은 데는 안 가도 대감 딸 죽은 데는 간다.

세상이란 제 잇속만 차리므로 인심이 너무 야박하다는 말.

⇨ 대감 죽은 데는 안 가도 대감 마누라 죽은 데는 간다. 좌수상사(座首喪事)라. 호장(戶長)댁네 죽은 데는 가도 호장 죽은 데는 가지 않는다.

대 끝에서 삼 년.

어려운 고비에서 참고 견디어 나간다는 뜻.

[典據] '竿頭過三年' ≪旬五志≫, '竹竿頭過三秋' ≪洌上方言≫, '竿頭苟延或至三年' ≪耳談續纂≫, '竹末過三年' ≪松南雜識≫, '竿頭三年活' ≪東言考略≫

대기만성(大器晚成).

큰 인물은 갑자기 이루어지지 않는다는 말.

⇨ 큰 독은 짓기 어렵다.

[典據] '大方無隅 大器晚成' ≪老子≫

때리는 시어미보다 말리는 시누이가 더 밉다.

겉으로는 나를 위해 주는 체하면서도 속으로는 나쁜 마음을 가진 사람이 더 밉다는 말.
⇨ 때리는 사람보다 말리는 놈이 더 밉다.

때린 놈은 다리 못 뻗고 자도, 맞은 놈은 다리 뻗고 잔다.

가해자는 마음이 불안하지만 피해자는 마음이 편하다는 말.
⇨ 때린 놈은 가로 가고, 맞은 놈은 가운데로 간다. 맞은 놈은 펴고 자고, 때린 놈은 오그리고 잔다. 친 사람은 다리를 오그리고 자고, 맞은 사람은 다리를 펴고 잔다.

대문 밖이 저승이라.

사람은 언제 죽을지 모르므로 죽음이 멀리 있는 것이 아니고 가까이 있다는 말.
⇨ 문턱 밑이 저승이라. 저승 길이 대문 밖이라. 저승 길이 멀다더니 대문 앞이 저승이라.

대문이 가문(家門).

가문이 좋은 세도가의 집안은 대문도 큼직한 것을 이르는 말.

대문턱 높은 집에 정강이 높은 며느리 들어온다.

① 일이 우연히 들어맞는다는 뜻. ② 지체 있는 집안에 명문가(名門家)의 며느리가 들어온다는 말.

대부동(大不動)에 곁 낫질이라.

강대한 세력에 약한 힘으로 부질없이 대항한다는 말.(※대부동…매우 큰 아름드리 나무 재목.)
⇨ 참나무에 곁 낫질. 토막나무에 낫걸이.
典據 '大不動 點鎌掛' ≪東言考略≫

대신댁(大臣宅) 송아지 백정 무서운 줄 모른다.

자기 주인의 세력을 믿고 안하무인격인 거만한 행동을 하는 사람을 두고 하는 말.
⇨ 대신댁 송아지 범 무서운 줄 모른다.

대장장이 집에 식칼이 논다.
마땅히 있어야 할 곳에 오히려 없다는 뜻.(※논다…인물이나 물자가 드물고 귀하다.)
⇨ 산 밑 집에 방아공이가 논다.
典據 '鐵冶家世 食刀乏些'《耳談續纂 拾遺》, '冶家無食刀'《東言考略》

대천(大川) 바다도 건너봐야 안다.
일이고 사람이고 실제로 겪어봐야 그 참모습을 알 수 있다는 말.
⇨ 길고 짧은 것은 대어보아야 안다. 깊고 얕은 물은 건너보아야 안다. 물은 건너보아야 알고 사람은 지내보아야 안다. "대천 바당도 건너바사 안다."《제주도》

대추나무에 연 걸리듯.
여러곳에 빚이 많이 걸려 있다는 말.
⇨ 고슴도치 외 걸머지듯. 고슴도치 외 따 지듯.

댓구멍으로 하늘을 본다.
바늘구멍으로 하늘 보기.

더도 말고 덜도 말고 늘 가윗날만 같아라.
가윗날은 추석 명절로서 햇곡식과 햇과일이 풍성하고, 덥지도 춥지도 않은 서늘한 날씨에, 즐거운 놀이로 하루를 보내기 때문에, 항상 가윗날처럼 잘 먹고 잘 입고 잘 놀고 살았으면 하는 말.

더러운 처(妻)와 악한 첩(妾)이 빈 방보다 낫다.
처첩이 아무리 나쁘더라도 방의 잠자리에는 없는 것보다 낫다는 뜻.
⇨ 악처가 효자보다 낫다.

더부살이가 주인 마누라 속곳 베 걱정한다.

남의 집 살이하는 주제에 주인 마누라의 속곳 만들 베를 걱정한다는 말이니 주제넘게 남의 일에 쓸데없는 걱정을 한다는 뜻.

⇨ 더부살이 환자(還子) 걱정. 칠월 더부살이가 주인 마누라 속곳 걱정한다.(※환자…환곡(還穀). 옛날의 사회제도로 봄에 나라에서 대여받은 곡식을 가을에 사창에 도로 바쳤다.)

더운 죽에 혀 데기.

① 대단치 않은 일에 낭패를 보아 얼마 동안 쩔쩔맨다는 말. ② 대단치 않은 어떤 일에 겁을 내어 바싹 덤벼들지 못한다는 말.

[典據] '熱粥接舌' ≪東言考略≫

더위 먹은 소, 달만 보아도 헐떡인다.

어떤 일에 한번 혼이 나면 그와 비슷한 것만 보아도 겁을 낸다는 말.

⇨ 국에 덴 것이 냉수를 불고 먹는다. 국에 덴 놈 물 보고도 분다. 불에 놀란 놈 부지깽이만 보아도 놀란다. 오우천월(吳牛喘月.) 자라 보고 놀란 놈이 소댕 보고도 놀란다. 징갱취회(懲羹吹膾.)

떡가루 두고 떡 못할까.

의당히 할 수 있는 일을 자랑할 때 핀잔 주는 말.

떡 고리에 손 들어간다.

오랫동안 탐내던 것을 마침내 가지게 된다는 말.

떡 다 건지는 며느리 없다.

시집살이하는 며느리가 제 먹기 위해 떡을 좀 남겨 둔다는 말이니 자기 실속은 누구든지 차린다는 뜻.

⇨ "떡 다 건디는 며느리 없다." ≪평안도≫

떡도 떡같이 못해 먹고 찹쌀 한 섬만 다 없어졌다.

많은 비용을 들여 애쓰고도 별 성과를 거두지 못하였다는 말.
⇨ 떡도 떡답게 못해 먹고 생떡국으로 망한다.

떡도 떡이려니와 합이 더 좋다.

① 내용보다 그 겉모양이 더 좋다는 말. ② 내용도 중요하지만 그에 딸린 형식도 중요하다는 말.

典據 '餠固餠矣 盒兮尤美' 《耳談續纂》

떡방아를 찧어도 옳은 방아를 찧어라.

기쁘고 신나는 일을 하여도 차근히 일답게 하라는 말.

떡방아 소리 듣고 김칫국 찾는다.

⌐ 떡 줄 놈은 생각도 않는데 김칫국부터 마신다.

떡 본 김에 제사 지낸다.

필요한 것을 구한 기회에 하고자 하는 일을 해치운다는 말.
⇨ 소매 긴 김에 춤춘다. 엎어진 김에 쉬어간다. 활을 당기어 콧물 씻는다.

떡 삶은 물에 중의(中衣) 데치기.

한가지 일을 하면서 다른 일까지 겸하여 하는 경우나, 버리게 된 물건을 활용하여 쓸 때에 하는 말.
⇨ 떡 삶은 물에 풀한다. 군불에 밥 짓기.

典據 '匏餠之水 烹袴尤美' 《耳談續纂 拾遺》

떡 줄 놈은 생각도 않는데 김칫국부터 마신다.

일에 대한 기대가 너무 앞서거나 되지 않을 일을 바랄 때 하는 말.
⇨ 김칫국부터 마신다. 떡방아 소리 듣고 김칫국 찾는다. 떡 줄 사람에게는 묻지도 않고 김칫국부터 마신다. 떡 줄 사람은 꿈도 안 꾸는데 김칫국부터 마신다. 월천군처럼 다리부터 걷는다. 냇물은 보이지 않는데 신발부터 벗는다.

떨어진 주머니에 어패(御牌) 들었다.

겉보기에는 보잘것없는 이가 실속 있고 알찬 실력을 지니고 있다는 말.
⇨ 베 주머니에 의송(議送) 들었다. 허리띠 속에 상고장(上告狀) 들었다.

덜미에 사잣밥을 짊어졌다.

목숨을 내걸고 위험한 일을 한다는 말.(※사잣밥…초상집에서 초혼(招魂) 때 염라대왕(閻羅大王)의 사자(使者)에게 대접한다고 문 앞에 차려 놓는 밥.)
⇨ 독사(毒蛇) 아감지에 손가락을 넣는다. 사잣밥을 목에 매달고 다닌다. 사잣밥 싸가지고 다닌다.

덟기로 고욤 하나 못 먹으랴.

약간 힘들기로 그만한 일을 못하겠느냐는 뜻.

덤불이 커야 도깨비가 난다.

의지할 바탕이 풍족해야 일이 잘 된다는 뜻.
⇨ 물이 깊어야 고기가 모인다. 산이 깊어야 범이 있다. 숲이 깊어야 도깨비가 나온다.

덩더꿍이 소출.

① 사생아(私生兒)를 비웃는 말. ② 있을 때는 풍성하게 써버려 나중에 매우 어렵게 지낸다는 말.

덮어놓고 열넉 냥 금.

잘 알지도 못하고 판정한다는 말.

떼 꿩에 매 놓기.

매가 아무리 꿩을 잘 잡는다 해도 꿩이 떼지어 있는 곳에 매를 놓으면 이 꿩 저 꿩 잡으려고 왔다갔다하다가 결국 한 마리도 못 잡게 된다는 말이니, 너무 큰 이익, 또는 여러 가지 일을 한꺼번에 하다가는 오히려 소득이 없다는 뜻.

떼놓은 당상(堂上).

확정된 일이니 염려 없다는 뜻.(※당상…조선시대 때 관직으로서 정삼품 이상의 벼슬. 당산관(堂上官).)
⇨ 떼어 둔 당상 좀 먹으랴. 받아 논 밥상.
典據 '摘置玉貫 蠹蝕或憚 ≪耳談續纂 拾遺≫

덴 데 털 안 난다.

화상(火傷)을 당한 데에는 털이 다시 안 나듯이 한번 큰 실패를 하면 재기하기 힘들다는 말.
⇨ "덴 디 껄 아니 돋나." ≪제주도≫

도깨비는 방망이로 떼고, 귀신은 경(經)으로 뗀다.

해로운 자를 물리치는 데는 제각기 특이한 방법이 있다는 말.

도깨비 땅 마련하듯.

무슨 일을 하기는 해도 결국 헛일이 된다는 뜻.
典據 '魍魎量稅' ≪旬五志≫

도끼가 제 자루 못 찍는다.

제 일을 제가 처리하지 못한다는 뜻.
⇨ 무당이 제 굿 못하고 소경이 저 죽는 날 모른다. 식칼이 제 자루를 깎지 못한다. 의사가 제 병 못 고친다. 자루 베는 칼 없다. 중이 제 머리 못 깎는다.

도끼 가진 놈이 바늘 가진 놈을 못 당한다.

도끼는 한번 잘못 휘둘렀다가 살인이라도 날까 보아 격분했다 해도 함부로 쓰지 못하지만 바늘로는 찔렀다 해서 치명상을 입히지 못하므로 결국 바늘 가진 놈이 이긴다는 말이니, 큰 것을 가진 자가 작지만 적절한 것을 가진 자에게 이기지 못한다는 뜻.

도끼는 날을 달아 써도 사람은 죽으면 그만.

물건은 다시 고쳐 쓸 수 있지만 사람의 생명은 그렇게 할 수 없다는 말.
⇨ 도끼는 무디면 갈기나 하지만, 사람은 죽으면 다시 오지 못한다. 도끼라 날 달아 쓸까.

도끼로 제 발등 찍는다.

남을 해치려다가 오히려 제가 해를 입는다는 말.

도끼자루 썩는 줄 모른다.

시간 가는 줄 모른다는 뜻.

풀이 옛날 어느 나무꾼이 나무하러 산에 갔다가 신선(神仙)이 바둑 두는 것을 재미있게 구경하다가 보니, 얼마나 오랜 시간이 흘렀던지 가지고 있던 도끼자루가 썩었더라는 이야기에서 나온 말.
⇨ 신선 놀음에 도끼자루 썩는 줄 모른다.

도둑개가 겻섬에 오른다.

제가 탐내는 것을 할 때는 행동이 매우 민첩하다는 말.

典據 '賊狗糠石' ≪東言考略≫

도둑괭이가 살찌랴.

남의 것을 탐내어 빼앗아 가지는 자는 재물을 별로 모으지 못한다는 말.
⇨ 도둑개 살 안 찐다.

도둑놈더러 인사불성(人事不省)이라 한다.

도둑놈 같은 나쁜 사람에게 인사를 잘 못하는 것쯤은 책망할 여지가 없다는 뜻.

도둑놈 문 열어 준 셈.

스스로 재화(災禍)를 끌어들인 격이라는 말.
⇨ 개문납적(開門納賊). 고양이보고 반찬가게 지켜 달란 셈. 도둑괭이

더러 제물 지키라는 셈. 도둑놈 열쇠 맡긴 셈.

도둑놈은 한 죄, 잃은 놈은 열 죄.

도둑놈은 물건 훔친 죄밖에 없으나 잃은 사람은 문단속을 잘못한 죄, 주변 사람을 의심하는 죄 등 여러 가지 죄를 짓게 된다는 뜻.
⇨ 도둑맞고 죄 된다.

도둑놈이 제 말에 잡힌다.

나쁜 짓을 하고 그것을 숨기려 하나 저도 모르는 사이에 실언을 하여 제 죄를 드러내게 된다는 말.
⇨ 도둑이 제 발 저리다.

도둑맞고 사립문 고친다.

미리 대비하지 않고 일을 당한 뒤 뒤늦게 방비한다는 뜻.
⇨ 도둑 맞고 빈지 고친다. 소 잃고 외양간 고친다.

도둑맞으면 어미 품도 들춰 본다.

물건을 잃게 되면 누구나 다 의심스럽게 생각된다는 뜻.

도둑에도 의리가 있고, 땅꾼에도 꼭지가 있다.

못된 짓을 하는 사람끼리도 의리와 인정이 있다는 말.(※땅꾼…뱀을 잡아 파는 사람.)
⇨ 도둑놈도 인정이 있다.

도둑을 뒤로 잡지 앞으로 잡나.

도둑을 잡으려면 뒷조사를 하여 증거를 잡아야지 의심만으로 누가 훔쳐 갔다고 해서는 안 된다는 말.

典據 '盜以後捉 不以前捉' ≪耳談續纂≫

도둑을 맞으려면 개도 안 짓는다.

뜻밖에 손재(損財)를 당하려면 악운이 겹친다는 말.

도둑의 때는 벗어도 자식의 때는 못 벗는다.

도둑의 누명은 범인이 잡히면 벗을 수 있으나 자식의 잘못은 그 부모가 지지 않을 수 없다는 말.

⇨ "도둑놈 땐 벗곡 ᄀ식의 땐 못 벗나." ≪제주도≫

도둑의 때는 벗어도 화냥의 때는 못 벗는다.

화냥질은 한번 하면 증거를 댈 흔적이 없는 것이기에 도둑의 누명처럼 벗을 수 있는 것이 아니라는 말.(※화냥…남편 아닌 사내와 관계하는 것.)

|典據| '盜冤竟雪 淫誣難減' ≪耳談續纂≫

도둑의 씨가 없다.

도둑은 그 조상적부터 유전되어 오는 것이 아니므로 누구나 악한 마음만 가지면 도둑이 된다는 뜻.

⇨ 오이는 씨가 있어도 도둑은 씨가 없다.

도둑이 매를 든다.

도둑질한 놈이 도리어 매를 들고 주인에게 달려든다는 말이니 거꾸로 된 경우를 말한다.

⇨ 도둑놈이 몽둥이 들고 길 위에 오른다. 도둑이 달릴까 했더니 우뚝 선다. 되 순라(巡邏) 잡다. 되잡아 흥이다. 적반하장(賊反荷杖.)

|典據| '賊反荷杖' ≪旬五志≫ ≪松南雜識≫ ≪東言考略≫

도둑이 제 발 저리다.

죄 지은 자가 폭로될까 두려워 걱정하다가, 도리어 저도 모르는 사이에 그 사실의 꼬리가 잡히게 된다는 뜻.

⇨ 도둑놈이 제 말에 잡힌다. 도둑놈이 제 발자국에 놀란다. 도둑이 도둑이야 한다. 도둑이 포도청 간다. 몽둥이를 들고 포도청 담에 오른다. 불난 데서 불이야 한다.

|典據| '盜之就拿厥足自麻' ≪耳談續纂≫

도둑질은 내가 하고 오라는 네가 져라.

나쁜 일을 해서 얻은 이익은 자기가 차지할 터이니 그 벌은 남보고 받으라는 말이니, 좋지 못한 결과는 남에게 돌려 책임을 지게 한다는 뜻.
(※오라…옛날 죄인을 묶던 포승줄.)
⇨ 김씨가 먹고 이씨가 취한다. 죄는 막동이가 짓고 벼락은 샌님이 맞는다. 콩죽은 내가 먹고 배는 남이 앓는다.
|典據| '도적질은 늬가 하마 오릭는 네가 져라.' ≪春香傳≫

도둑질을 하다 들켜도 발명을 한다.

나쁜 일을 하다가 탄로되어, 변명을 할 때 비웃는 말.
⇨ 처녀가 애를 낳고도 할 말이 있다.

도둑질을 하더라도 사모(紗帽) 바람에 거드럭거린다.

나쁜 짓을 하고도 관리란 유세로 큰 소리를 친다는 말.
⇨ 망나니짓을 하여도 금관자(金貫子) 서슬에 큰 기침한다.

도둑질을 해도 손발이 맞아야 한다.

무슨 일을 하더라도 뜻이 맞아 협조해 주는 이가 있어야 그 일을 이룩할 수 있다는 말.
⇨ 쟁(錚) 북이 맞아야 한다.

도둑질한 사람은 오그리고 자고 도둑맞은 사람은 펴고 잔다.

남에게 못된 짓을 한 사람은 아무래도 마음이 불안하다는 말.
⇨ 때린 놈은 다릴 못 뻗고 자고, 맞은 놈은 다릴 뻗고 잔다. 친 사람은 오그리고 자고, 맞은 사람은 다리를 펴고 잔다.

도래떡이 안팎이 없다.

① 어떤 판단을 내려야 할 때 그 안팎이 두리뭉실하게 애매하여 잘 판단을 내리기 어렵다는 말. ② 되지 못한 자가 서출(庶出)을 더 심히 구별하여 업신여길 때 사람은 매일반인데 뭘 그러느냐고 핀잔 주는 말.

(※도래떡…둥글고 넓적한 떡.)

典據 '餪飩之餠 安有表裏' ≪耳談續纂≫

도련님은 당나귀가 제격이다.

작은 것은 작은 것끼리 격이 맞는다는 말이니, 무엇이나 서로 어울려야 제 격이라는 뜻.

➩ 보리밥에는 고추장이 제격이다.

도련님 풍월(風月)에 염(簾)이 있으랴.

서투른 사람이 하는 일에서 어찌 완전한 것을 바랄 수 있겠느냐는 뜻. (※풍월…음풍농월(吟風弄月) 즉, 한시(漢詩)를 짓고 읊는 것. 簾…한시를 지을 때에 글자 음(音)의 고저(高低)를 맞추는 작시법(作詩法).)

➩ 언문(諺文) 풍월에 염이 있으랴. 서투른 시객(詩客)이 평측(平仄)을 가리랴.

도령 상(喪)에 구방상(九方相.)

격에 맞지 않는다는 말.(※구방상…아홉 개의 방상씨(方相氏) 역신(疫神)을 몰아 낸다하여 장의 행렬 때 선두·좌우에 황금의 네 눈이 있는 방상시 가면을 쓰고 주의현상(朱衣玄裳)을 입고 창과 방패를 들었음.)

➩ 개 발에 편자. 명주 자루에 개똥. 벌거벗고 환도차기. 사모(紗帽)에 영자(纓子). 짚신에 정분(丁粉) 칠하기.

典據 '都令喪 九方相' ≪洌上方言≫

도로아미타불이라.

애써 한 일이 헛일이 되고 말았다는 뜻.

➩ 십 년 공부 나무아미타불.

典據 '還阿彌陀佛' ≪東言考略≫

도마에 오른 고기.

막다른 지경에 이르렀다는 뜻.

⇨ 궤상육(机上肉). 그물에 든 고기. 덫에 치인 범이요 그물에 든 고기라. 독 안에 든 쥐. 물 밖에 난 고기. 산 밖에 난 범이요 물 밖에 난 고기. 조상지어(俎上之魚).

도마 위에 고기가 칼을 무서워하랴.

죽을 지경에 이르는 사람이 무엇이 두렵겠느냐는 뜻.

⇨ 조상육 불외도(俎上肉 不畏刀.)

典據 '俎上肉不畏刀'《旬五志》, '肉登俎 刀不怖'《洌上方言》, '俎上魚 畏刀乎'《東言考略》

도투마리 잘라 넉가래 만들기.

하기 쉬운 일이라는 뜻.(※도투마리…베틀의 날실을 감는 틀. 넉가래…곡식을 한 곳에 모으거나 눈을 칠 때 쓰는 기구.)

⇨ 겉보리 돈삼기. 누운 소 타기. 누워 떡 먹기. 수양딸로 며느리 삼기.

도포(道袍)를 입고 논을 갈아도 제 멋이다.

격에 맞지 않는 일을 하는 것도 저하고 싶어한다는 뜻.(※도포…옛날 보통때의 예복으로 입던 겉옷.)

⇨ 갓 쓰고 박치기해도 제 멋. 동냥자루도 제 맛에 찬다. 오이를 먹어도 제 소청.

⇨ 도포 입고 논 썰기.

독 깰까 봐 쥐를 못 잡는다.

독에 쥐가 들었으나 독을 다쳐 깨질까 봐 쥐를 못 잡듯이, 무엇을 처리하려고 생각하나 그 때문에 다른 일이 그르칠까 봐 못한다는 뜻.

⇨ 독을 보아 쥐를 못 친다. 쥐를 때리려 해도 접시가 아깝다. 욕투서이기기(欲投鼠而忌器).

독불장군(獨不將軍.)

혼자서는 무슨 일이고 하기 어렵다는 뜻.

⇨ 고장난명(孤掌難鳴.) 독장불명(獨掌不鳴).

독장사 경륜(經綸).

헛된 욕망을 꿈꾸다가 손해만 본다는 말.

[풀이] 옛날 어떤 독장사가 독을 지고 팔러 가다가 짐을 받쳐 놓고 쉬는데 홀연히 잠이 들어 꿈을 꾸게 되었다. 꿈에 그는 큰 부자가 되어 좋아서 날뛰다 깨어보니 옆에 있던 독짐이 엎어져 독들이 다 깨어졌더라는 이야기에서 나온 말.

⇨ 독장사 구구.

독장사 구구.

실현될 수 없는 허황한 계산.

⇨ 독장사 경륜. 독장사 구구는 독만 깨뜨린다.

[典據] '甕算' ≪松南雜識≫

독 틈에 탕관(湯罐).

작은 약탕관이 큰 독 틈에 끼여 어쩔 줄 모른다는 말이니, 약자가 강자 사이에 끼여 고초를 겪는다는 말.

⇨ 고래 싸움에 새우 등 터진다. 남 눈 똥에 주저앉고, 애매한 두꺼비 떡 돌에 치운다.

돈 떨어지자 입맛 난다.

무엇이나 뒤가 달리면 아쉬워지고 생각이 더 간절해진다는 말.

⇨ 뒤주 밑이 긁히면 밥맛이 더 난다.

↔ 뜻과 같이 되니까 입맛이 변한다.

돈만 있으면 귀신도 부릴 수 있다.

돈이 있으면 세상에 못할 일이 없다는 말.

⇨ 돈만 있으면 처녀 불알도 산다. 돈이라면 뱃속의 아이도 나온다. 돈이 많으면 두역신(痘疫神)을 부린다. 돈이 있으면 개도 멍첨지라. 돈이

장사. 돈이 제갈양(諸葛亮).
[典據] '有錢 使鬼神'《松南雜識》

돈 모아 줄 생각 말고 자식 글 가르쳐라.

막대한 유산(遺産)을 자식에게 남겨주는 것보다 자식을 훌륭하게 교육시키는 것이 더 낫다는 말.

[典據] 황금 천 냥이 자식 교육만 못하다. '遺子黃金滿籯不如一經'《漢書 韋賢傳》

돈 반 밥 먹고 열네 잎 놓고 사정한다.

빚돈을 갚을 때 대부분을 갚고 조금 남은 것을 사정하면 채권자가 손해를 좀 보더라도 들어 주지 않을 수 없다는 말.

돈 빌려 주면 돈도 잃고 친구도 잃는다.

친한 사이에 돈을 빌렸다가 갚지 못하면 미안해서 그 친구에게 가지 않게 되니, 결국 돈 꾸어 주고 친구까지 잃게 된다는 뜻.

돈 없는 놈이 큰 떡 먼저 든다.

자격을 갖추지 못한 이가 먼저 덤벼들 때 하는 말.
⇨ "돈 웃인 놈이 큰 떡 몬저 들은다."《제주도》

돈에 침 뱉는 놈 없다.

어느 사람이나 돈은 중하게 여긴다는 뜻.
⇨ 돈 마다 하는 놈 못 봤다.

돈은 더럽게 벌어도 깨끗이 쓰면 된다.

천한 일을 해서 번 돈이라도 보람 있게 쓰면 된다는 뜻.
⇨ 개같이 벌어서 정승같이 먹는다. 개처럼 벌어서 정승같이 산다.

돈이 돈을 번다.

밑천이 많아야 큰 이익을 남길 수 있어 돈을 많이 번다는 뜻.

⇨ 다전선고(多錢善賈). 돈이 장사라. 소매가 길면 춤을 잘 추고 돈이 많으면 장사를 잘한다.

돈이라면 뱃속의 아이도 나온다.

돈만 있으면 무슨 일이고 다할 수 있다는 말.

⇨ 돈만 있으면 귀신도 부릴 수 있다.

돈이 많으면 장사를 잘하고, 소매가 길면 춤을 잘 춘다.

무슨 일이나 밑천이 많고 또한 소재가 풍부하면 좋은 성과를 가져온다는 뜻.

⇨ 다전선고. 돈이 돈을 번다. 돈이 장사.

돈이 없으면 적막강산(寂寞江山)이요, 돈이 있으면 금수강산(錦繡江山)이라.

① 돈이 있으면 모든 것이 다 풍족하게 보이고, 돈이 떨어지면 적막하게 보인다는 뜻. ② 경제적으로 풍족해야 삶을 즐길 수 있다는 말.

↳ 금강산도 식후경.

돈이 제갈양(諸葛亮.)

돈만 있으면 무슨 일이나 다 할 수 있다는 말.

⇨ 돈이 장사(壯士).

돌아가 보아도 물방아.

물방아는 아무리 돌아도 제자리에 있듯이 노력을 하여도 별로 발전이 없는 것을 말한다.

⇨ 개미 쳇바퀴 돌듯. 다람쥐 쳇바퀴 돌듯. 돌다 보아도 마름 [菱實].

돌다리도 두들겨 보고 건너라.

아무리 잘 아는 일이라도 차분히 조심하여 든든하게 일하라는 뜻.

⇨ 구운 게도 다리를 떼고 먹는다. 구운 게도 매어 먹어라. 무른 감도 쉬어 가면서 먹어라. 삼 년 벌은 전답도 다시 돌아보고 산다. 아는 길도

물어 가라. 얕은 내도 깊게 건너라.
⇨ 돌다리도 두들겨 보고 지난다.

돌담 배부른 것.

아무 소용이 없고 도리어 해로운 존재라는 뜻.
⇨ 노인 부랑한 것. 봄비 잦은 것. 사발 이 빠진 것. 어린애 입 잰 것. 지어미 손 큰 것.

典據 '腹肥石牆' 《慵齊叢話》, '石墻飽腹' 《稗官雜記》

돌도 십 년을 보고 있으면 구멍이 뚫린다.

무슨 일이나 꾸준히 노력하면 안 되는 일이 없다는 뜻.
↰ 낙숫물이 댓돌을 뚫는다.

돌로 치면 돌로 치고, 떡으로 치면 떡으로 친다.

원수는 원수로 갚고, 은혜는 은혜로 갚게 되니, 남이 나를 대접하는 만큼 나도 남을 대접한다는 말.
⇨ 떡으로 치면 떡으로 치고, 돌로 치면 돌로 친다.

典據 '石擲則石擲 餠擲則餠擲' 《旬五志》, '投石石來 擲餠餠回' 《耳談續纂》

돌아본 마을, 뀌어 본 방귀.

돌아다니며 놀던 사람일수록 잘 놀러가며, 방귀도 뀌어 보기 시작하면 잘 뀐다는 말이니, 무슨 일이나 재미를 붙이면 자꾸 하게 된다는 뜻.(※ 마을…시골에서 동네에 놀러가는 것. 마실.)

돌을 차면 발부리만 아프다.

화난다고 쓸데없이 화풀이를 하면 저만 손해라는 뜻.
⇨ 돌부리를 차면 발부리만 아프다.

典據 '巖怒蹴 傷吾足' 《洌上方言》

돌절구도 밑 빠질 날이 있다.

아무리 단단한 것도 결단이 날 때가 있다는 말.
⇨ 쇠도 녹슬 때가 있다.

돌쩌귀에 녹이 슬지 않는다.

늘 쓰는 물건은 녹슬지 않는 것처럼, 무슨 일이나 쉬지 않고 부지런히 하면 빛이 난다는 뜻.(※돌쩌귀…여닫이 문짝에 다는 쇠붙이.)
⇨ 부지런한 물방아는 얼 새도 없다. 홈통은 썩지 않는다.

동관 삼월(東觀三月)이다.

차림새가 더럽고 지저분한 사람을 가리키는 말.

풀이 옛날 궁중(宮中)의 문고(文庫)인 동관에 오래 전부터 삼월(三月)이라는 궁녀가 있었는데, 낯도 씻지 않고, 옷도 항상 남루하여 이에서 나온 말이라고 한다.

典據 '東觀三月' ≪松南雜識 方言類≫

똥구멍으로 호박씨 깐다.

겉으로는 어수룩해 보이나 속이 음흉하여 딴 짓을 하는 사람을 말한다.
⇨ 뒷구멍으로 호박씨 깐다. 똥구멍으로 수박씨 깐다. 밑구멍으로 노꼰다. 밑구멍으로 숨쉰다. 밑구멍으로 호박씨 깐다.

똥구멍이 찢어지게 가난하다.

매우 가난하다는 뜻.
↳ 가랑이가 찢어지게 가난하다.

동냥도 아니 주고 자루 찢는다.

요구는 안 들어 주고 도리어 방해만 놓는다는 뜻.
⇨ 동냥은 아니 주고 쪽박만 깬다. 동냥자루를 찢는다.

동냥자루도 마주 벌려야 들어간다.

보잘것없는 작은 일이라도 서로 협조해야 일이 쉽다는 뜻.
⇨ "동냥차디도 마주 비여사 들어간다." ≪제주도≫

동냥치가 동냥치 꺼린다.

자기가 요청 또는 부탁하는 일과 같은 내용을 다른 사람이 하면 제 일이 안 될까 봐 꺼린다는 뜻.
⇨ 누걸놈 방앗간 다투듯.

동냥치 첩도 제 멋에 취한다.

남에게 천시받는 일도 제가 하고 싶어서 한다는 뜻.
⇨ 갓 쓰고 박치기해도 제 멋. 도포 입고 논을 갈아도 제 멋이다. 동냥 자루도 제 멋에 찬다. 오이를 거꾸로 먹어도 제 소청.

동냥하려다가 추수(秋收) 못 본다.

작은 이익을 탐내어 다니다가 큰 이익을 놓친다는 말.

동네마다 후레아들 하나씩 있다.

많은 사람이 있는 곳에는 나쁜 놈도 섞여 있다는 말.
[典據] '百家之里 必有悖子' 《耳談續纂》

동네 송아지는 커도 송아지란다.

항상 눈앞에 두고 보면, 자라나고 변하는 것을 알아보기 어렵다는 말.

동녘이 번하니까 다 내 세상인 줄 안다.

세상 물정을 모르고 무슨 일이나 다 제 뜻대로 될 것같이 과대망상하고 있다는 뜻.
⇨ 동녘이 번하니까 세상만 여긴다. 동녘이 훤하면 세상인 줄 안다.

동녘이 훤하면 세상인 줄 안다.

동녘이 훤하게 밝으면 날이 샌 줄 아는 정도의 바보라는 뜻.
↳ 동녘이 번하니까 다 내 세상인 줄 안다.
[典據] '東方開 認世上' 《東言考略》

똥 누고 밑 안 씻은 것 같다.

뒤끝을 맺지 못하여 꺼림칙하다는 말.
⇨ 똥 누고 밑 아니 씻은 것 같다.

똥 누러 갈 적 마음 다르고 올 적 마음 다르다.

사람의 마음은 한결같지 않아서 제가 아쉽고 급할 때는 애써 다니다가 그 일이 끝나면 모르는 체하고 있다는 뜻.
⇨ 뒷간에 갈 적 맘 다르고 올 적 맘 다르다. 여측이심(如厠二心).

典據 '上圂而歸心異去時' ≪耳談續纂≫, '放矢者 去時心來時心判異' ≪東言考略≫

동동 팔월(八月).

팔월은 발을 동동 구를 정도로 분주한 가운데 지나간다는 말.
⇨ 깐깐 오월. 미끈 유월. 어정 칠월. 건들 팔월.

똥 먹던 강아지는 안 들키고 겨 먹던 강아지는 들킨다.

흔히 큰 죄를 지은 사람은 안 들키고, 작은 죄를 지은 사람이 들켜 남의 죄까지 뒤집어쓴다는 말.
⇨ 똥 싼 놈은 달아나고 방귀 뀐 놈이 잡히었다. 등겨 먹던 개는 들키고 쌀 먹던 개는 안 들킨다. 큰 고기는 안 잡히고 송사리만 잡힌다.

동무 따라 강남(江南) 간다.

가고 싶은 마음은 없었으나 친구의 권유에 이끌려 따라 가게 되는 경우를 말한다.
⇨ 권에 못 이겨 방갓 [方笠] 쓴다. 권에 비지떡. 벗따라 강남 간다. 추우강남(追友江南.)

典據 '隨友適江南' ≪旬五志≫≪松南雜識≫, '追友江南往' ≪東言考略≫

동무 몰래 양식(糧食) 내기.

여럿이 추렴을 내어 밥을 지을 때 동무 몰래 쌀을 내면 아무도 쌀 낸 사실을 모른다는 말이니 저는 저대로 비용을 들이고도 방법이 서투르기 때문에 아무런 공적이 나타나지 않는다는 뜻.
⇨ 금의야행(錦衣夜行). 밤에 눈 꿈적이기. 비단옷 입고 밤길 가기. 절 모르고 시주(施主) 하기.

典據 '諱伴出糧' ≪旬五志≫, '諱伴出粮 不算其糧' ≪耳談續纂≫, '諱伴出粮' ≪松南雜識≫, '同謀不知出粮食' ≪東言考略≫

동무 사나워 뺨 맞는다.

나쁜 친구를 사귀면 그 친구의 나쁜 짓에 대한 공동 책임으로 억울하게 봉변을 당한다는 말.
⇨ 죄 지은 놈 옆에 있다가 뺨 맞는다.

동문서답

물음과 전혀 다른 엉뚱한 대답을 한다는 말.

典據 '問東答西' ≪松南雜識≫

똥 묻은 개가 겨 묻은 개 나무란다.

제게는 큰 흉이 있는 사람이 도리어 작은 흉 가진 이를 조롱한다는 말.
⇨ 가랑잎이 솔잎더러 바스락거린다고 한다. 가마 밑이 노구솥 밑을 검다 한다. 그슬린 돼지가 달아맨 돼지 타령한다. 뒷간 기둥이 물방앗간 기둥을 더럽다 한다. 똥 묻은 접시가 재 묻은 접시를 흉본다. 매달린 개가 누워 있는 개를 웃는다. 쌍 언청이가 외 언청이 타령한다. 숯이 검정 나무란다. 외눈박이가 두눈박이 나무란다. 헛청 기둥이 칙간 기둥 흉본다.

똥벌레가 제 몸 더러운 줄 모른다.

사람은 자기 자신의 추한 점이나 결점을 모른다는 말.

똥 싼 놈은 달아나고 방귀 뀐 놈이 잡히었다.

↳ 똥 먹던 강아지는 안 들키고, 겨 먹던 강아지는 들킨다.

똥 싼 놈이 성낸다.

잘못은 제가 저질러 놓고 오히려 남에게 화를 낸다는 말.

⇨ 방귀 뀌고 성낸다.

똥 싼 주제에 매화 타령한다.

잘못하고도 뉘우치지 못하고 비위 좋게 행동하는 사람을 비웃는 말.

동생 줄 것은 없어도 도둑 줄 것은 있다.

가난하여 남에게 줄 만한 것은 없지만 도둑이 가져갈 만한 것은 있다는 말.

| 典據 | '無贈弟物 有贈盜物' ≪耳談續纂≫

동서(同壻) 시집살이는 오뉴월에 서릿발 친다.

여자의 시집살이 중에서도 동서 밑에서 지내는 시집살이가 가장 어렵다는 말.

동아 속 썩는 것은 밭임자도 모른다.

아무리 가까이 지내는 사이라도 남의 속 걱정까지 알 수는 없다는 말.

동여맨 놈이 푼다.

처음에 일을 시작한 사람이 그 일을 끝맺게 된다는 말.
⇨ 맺은 놈이 푼다. 결자해지(結者解之).

| 典據 | '結者解之' ≪旬五志≫

똥은 건드릴수록 구린내만 난다.

악한 사람하고는 접촉할수록 불쾌한 일이 생긴다는 말.
⇨ 똥은 칠수록 튀어오른다. 북은 칠수록 소리가 난다.

똥은 말라도 구리다.

한번 옳지 못한 일을 하고도 쉽게 그 잘못을 뉘우치지 못하고 여전히 비위 좋게 행동하는 사람을 비웃는 말.
⇨ 제 버릇 개 줄까.

똥이 무서워 피하나, 더러워서 피하지.

나쁜 사람을 상대하지 않는 것은 무서워서가 아니라 악한 꼴이 보기 싫어서 라는 말.

⇨ 개똥이 무서워 피하나 더러워 피하지. 똥이 무서워 피하랴.

동정 못 다는 며느리 맹물 발라 머리 빗는다.

일은 할 줄 모르면서 맵시만 내는 얄미운 사람을 비웃는 말.(※동정…옷깃 뒤에 덧대는 흰 헝겊 오리.)

⇨ 부뚜막 땜질 못하는 며느리 이마의 털만 뽑는다.

동지(冬至)때 개딸기.

철이 지나 도저히 구할 수 없는 것을 바란다는 뜻.

동지 섣달에 베지기 적삼.

철에 맞지 않는 옷이라는 말이니, 격식에서 벗어났다는 뜻.

⇨ 오뉴월 양천(陽天)에 솜바지 저고리.

[典據] '동지 섣달에 베지기 적삼, 오뉴월 양천에 솜바지 저고리.' 《꼭두각시 인형극 극본》

동헌(東軒)에서 원님 칭찬한다.

제 집에서 제 자랑하는 격이란 말.(※동헌…원님이 일보던 청사.)

[典據] '衙中譽倅' 《旬五志》

돝 팔아 한 냥, 개 팔아 닷 돈 하니 양반인가.

양반을 비웃는 말.

⇨ 개 팔아 두 냥 반. 양반인가, 두 냥 양반인가. "돗 풀아 혼냥 개 풀아 닷 돈 ᄒ니 양반인가?"《제주도》

똬리로 샅 가리기.

가장 요긴한 데는 덮지 못하고 가린다는 뜻.(※똬리…또아리의 준말. 물동이 따위를 일 때 머위에 고이는 물건.)

돼지가 깃을 물어들이면 비가 온다.

① 일기(日記)에 대한 징험을 나타낸 말. ② 미련한 사람의 직감에 사실에 들어맞았을 때 하는 말.

돼지 값은 칠 푼이요, 나무 값은 서 돈이라.

배보다 배꼽이 더 크다는 격으로, 주된 비용보다 부차적인 비용이 더 들 때 하는 말.
➪ 한 냥짜리 장설에 고추장이 아홉 돈 어치라. 한 푼짜리 푸닥거리에 두부가 오 푼.

돼지 우리에 주석 자물쇠.

격에 맞지 않게 치장을 한다는 말.
➪ 가게 기둥에 입춘. 개 발에 놋대갈. 개 발에 편자. 개에게 호패(號牌). 거적문에 돌쩌귀. 돼지우리에 주석 장식. 방갓에 쇄자질. 사모에 영자. 삿갓에 쇄자질. 짚신에 국화(菊花) 그리기. 짚신에 정분 칠하기. 조리에 옻칠한다. 홑중의에 겹말.

되 글을 가지고 말 글로 써먹는다.

조금 배운 글을 가지고 효과적으로 크게 써먹는다는 말.

되놈이 김 풍헌(金風憲)을 아나.

김풍헌은 그 면(面) 사람이면 모를 사람이 없겠지만 되놈이야 알 까닭이 없다는 말이니, 지위 있는 사람을 몰라보는 사람을 탓하여서 하는 말.(※풍헌…지금의 면장(面長)과 비슷한 직책.)
➪ 되놈이 김 풍헌을 안다더냐.

되는 집에는 가지 낢에 수박이 열린다.

운수 좋은 집에는 저절로 좋은 일이 생긴다는 말.

되로 주고 말로 받는다.

주기는 조금 주고 그 대가는 훨씬 많이 받는다는 말.
➪ 한 되 주고 한 섬 받는다.

| 典據 | '始用升授 酒以斗受' ≪耳談續纂≫

되면 더 되고 싶다.

① 무슨 일 또는 지위가 나아지면 그에 만족치 않고 더 잘 되고 싶어진다는 말. ② 사람의 욕심은 끝이 없다는 말.

⇨ 득롱망촉(得隴望蜀). 말 타면 경마 잡히고 싶다. 말 타면 종 두고 싶다. 바다는 메워도 사람의 욕심은 못 채운다.

되모시가 처녀냐, 숫처녀가 처녀지.

숫처녀가 아닌 사람이 처녀 행세를 하는 것을 비웃는 말.(※되모시…이혼하고 처녀 행세를 하는 여자.)

되 순라(巡邏) 잡다.

도둑이 도리어 순라꾼을 잡는다는 말이니 죄 지은 놈이 도리어 치죄(治罪)하러 나선다는 뜻.(※순라…순라꾼. 밤에 도둑과 화재를 예방하기 위하여 사람의 통행을 감시하는 군졸.)

⇨ 도둑이 매를 든다. 되잡아 흥이다. 적반하장.

되지 못한 풍잠(風簪)이 갓 밖에 어른거린다.

좋지 못한 것이 흔히 잘 튀어나온다는 말.(※풍잠…망건의 앞이마에 대는 장식품.)

될 성부른 나무는 떡잎부터 알아본다.

장래가 유망한 것은 시초부터 다르다는 뜻.

⇨ 열매될 꽃은 첫 삼월부터 안다. 용될 고기는 모이 철부터 안다. 잘 자랄 나무는 떡잎부터 알아본다. 푸성귀는 떡잎부터 알고, 사람은 어렸을 때부터 안다.

두꺼비 씨름 누가 질지 누가 이길지.

서로 다투지만 승부의 결말이 나기 어렵다는 말.

⇨ 막동이 씨름하듯. 두꺼비 씨름 같다.

풀이 '蟾三角觝 疇勝疇底' ≪耳談續纂 拾遺≫

두더지 혼인(婚姻).

제 분수에 넘치는 엉뚱한 희망을 가진다는 말.

풀이 옛날 두더지가 혼인하려고 가장 높은 하늘에게 청혼하자 하늘은 해와 달이 없으면 내 덕을 나타내지 못한다고 사양하였다. 그리하여 해와 달에게 청혼하니, 구름이 나를 가리니 내 위에 구름이 있다고 하였다. 구름에게 가서 다시 청하니 구름은 바람이 있어 내가 흩어지니 바람이 내 위에 있다고 하므로 다시 바람에게 구혼하였다. 바람은 구름은 흩어지게 할 수 있으나 밭에 우뚝 선 석불(石佛)은 넘어뜨리지 못한다 하였다. 석불에게 구혼하니 바람은 두려워하지 않으나 오직 두더지가 내 발밑을 뚫으면 내가 넘어질 것이니 나보다 낫다고 하므로, 두더지는 마침내 같은 두더지와 혼인하였다는 이야기에서 나온 말.

⇨ '鼴鼠婚' ≪旬五志≫, '土鼠婚' ≪東言考略≫

두 동서 사이에 산 쇠다리라.

동서간 사이가 흔히 좋지 않다는 말.

두루 춘풍(春風)

두루두루 봄바람이 분다는 말이니, 언제 누구를 만나도 좋게 대해 주는 사람을 가리키는 말.

⇨ 사시춘풍(四時春風).

典據 '四面春風' ≪東言考略≫

두부 먹다 이 빠진다.

방심하는 데서 뜻밖의 실수를 한다는 말.

⇨ 방바닥에서 낙상한다. 장판방에서 자빠진다. 평지에서 낙상. 홍시(紅柿) 먹다 이 빠진다.

두불 자손 더 귀엽다.

아들보다 손자가 더 귀엽다는 말.
⇨ "두불 ᄌ손 더 아깝다."≪제주도≫

두 소경 한 막대 짚고 걷는다.

어리석은 두 사람이 같은 잘못을 저지를 때에 하는 말.
⇨ "두 쇠경 훈막댕이 짚언 걸엄서라."≪제주도≫

두 손뼉이 맞아야 소리가 난다.

서로 손이 맞아야 일을 할 수 있다는 말.
⇨ 도둑질도 손이 맞아야 한다. 두 손뼉이 울어야 소리가 난다. 백지장도 맞들어야 가볍다.

두 손에 떡.

두 가지 일 중에 어느 것을 먼저 해야 될지 모를 때를 말한다.
⇨ 양수집병(兩手執餠).

|典據| '兩手執餠'≪旬五志≫≪松南雜識≫≪東言考略≫

두 절 개 같다.

① 돌봐 줄 사람이 많아서 서로 미루다가 한 군데의 도움도 못 받는다는 말. ② 마음의 결정을 못 내려 갈팡질팡하다가 아무 일도 이루지 못한다는 뜻.
⇨ 상하사불급(上下寺不及). 주인 많은 나그네 밥 굶는다. 주인 많은 나그네 조석이 간 데 없다.

|풀이| 옛날 충주(忠州)에 윗절과 아랫절이 있어 개 한 마리를 길렀는데 개가 아랫절에 가면 윗절에서 밥을 준 줄 알고 주지 않았으며, 윗절에 가면 아랫절에서 주었겠지 하고 주지 않아 결국 개는 밥을 굶게 되었다는 이야기에서 나온 말.

|典據| '上下寺不及'≪松南雜識≫, '二寺狗'≪東言考略≫

뚝배기보다 장맛.

겉에 비하여 내용이 좋다는 말.
⇨ 꾸러미에 단 장 들었다. 뚝배기 봐선 장맛이 달다. 장독보다 장맛이 좋다. 질병에도 감홍로(甘紅露). 짚깨애리 단 장 들었다.
↔ 겉 볼 안이라.

둔한 말이 열 수레를 끈다.

재주 없는 사람도 열심히 노력하면 훌륭한 사람에게 미칠 수 있다는 말.
⇨ 노마십가(駑馬十駕).

[典據] '驥一日而千里 駑馬十駕 則亦及之矣' ≪荀子의 勸學篇≫

둘이 먹다가 하나가 죽어도 모르겠다.

음식이 매우 맛있다는 말.
⇨ 나무 칼로 귀를 베어도 모르겠다.

둘째며느리 삼아 보아야 맏며느리 착한 줄 안다.

모든 것을 비교해 봐야 그 진가를 안다는 말.

둥둥하면 굿만 여긴다.

① 너무 속단(速斷)한다는 말. ② 경거망동(輕擧妄動)한다는 말.
⇨ 덩덩하니 굿만 여겨. 덩덩하니까 문너머 굿인 줄 아느냐. 쿵그렁하면 굿만 여기고 선산 무당이 춤춘다.

[典據] '鼕鼕認神事' ≪東言考略≫

둥우리의 찰밥도 쏟치겠다.

① 쏟아지지 않을 그릇에 담은 찰밥도 쏟겠다는 것이니, 복없는 사람은 좋은 수를 만나도 보존하지 못한다는 뜻. ② 행동이 경솔한 사람을 말한다.
⇨ 구럭의 게도 놔주겠다. 용수에 담은 찰밥도 엎지르겠다.

[典據] '筥有穄飯 尙或覆之' ≪耳談續纂≫

뛰는 놈 위에 나는 놈 있다.

잘난 체해도 그보다 더 나은 사람이 많으니 자만심을 갖지 말라고 경계하는 말.
⇨ 뛰는 놈이 있으면 나는 놈이 있다.

뒤로 오는 호랑이는 속여도 앞으로 오는 팔자는 못 속인다.

사람의 운명은 제 마음대로 할 수 없다는 뜻.

뒤에 난 뿔이 우뚝하다.

후진이 선배보다 훌륭하게 된 때에 하는 말.
⇨ 나중 난 뿔이 우뚝하다. 먼저 난 머리보다 나중 난 뿔이 무섭다. 후생목(後生木)이 우뚝하다.

典據 '後生角 高何特' ≪洌上方言≫

뒤에 볼 나무는 그루를 돋우어라.

키워서 장래에 덕을 볼 나무는 미리 잘 가꾸라는 말.
⇨ 뒤에 볼 나무는 뿌리를 높이 잘라라.

典據 '後見之木 間斫其根' ≪旬五志≫, '後見之木 高斫其根' ≪松南雜識≫

뒤웅박 차고 바람 잡는다.

주둥이가 좁은 뒤웅박을 가지고 바람을 잡는다는 말이니 허무맹랑한 말을 하고 돌아다니는 사람을 비웃는 말.

典據 '佩圓瓠捕風' ≪東言考略≫, '捕風捉影' ≪松南雜識≫

뒤주 밑이 긁히면 밥맛이 더 난다.

무엇이나 없어져 가는 것을 보면 그에 대한 생각이 간절하고 집착이 강해진다는 뜻.
⇨ 돈 떨어지자 입맛 난다.

뒷간 개구리한테 하문(下問)을 물렸다.

창피한 일을 당하고도 남에게 말 못할 경우라는 뜻.

⇨ 뒷간 쥐에게 하문을 물렀다.

뒷간과 사돈은 멀어야 한다.

뒷간은 가까우면 더러운 냄새가 나고 사돈집은 가까우면 말이 많으니 서로 멀리 떨어져 있는 것이 좋다는 말.
⇨ 사돈집과 뒷간은 멀어야 한다.

[典據] '厠間査家 遠愈好' ≪東言考略≫

뒷간에 갈 적 말 다르고 올 적 말 다르다.

↳ 똥 누러 갈 적 마음 다르고 올 적 마음 다르다.

뒷구멍으로 호박씨 깐다.

똥구멍으로 호박씨 깐다.

뒷집 짓고 앞집 뜯어 내란다.

① 제게 불리하다 하여 저보다 먼저 한 사람의 일을 못하게 한다는 뜻.
② 사리 판단은 하지 않고 제 욕심만 차리는 사람을 두고 하는 말.

뒹굴 자리 보고 씨름에 나간다.

무슨 일을 하기 전에 제 능력을 따져 보고 시작한다는 말.
⇨ 누울 자리 봐가며 발 뻗는다. 뻗을 데를 요량하고 눕는다. 이불 간 봐가며 발 편다. 이불깃 보아 가며 발 뻗는다.

뜨거운 국에 맛 모른다.

급한 일을 당하면 정확한 판단을 못한다는 말.
⇨ 끓는 국에 맛 모른다.

뜨고도 못 보는 당달봉사.

무식하여 전혀 글을 못 본다는 뜻.
⇨ 눈뜬 장님.

드는 돌에 낯 붉는다.

무거운 돌을 들면 힘이 들어 얼굴이 붉어지는 것과 같이, 무슨 일이나 결과에는 그 원인이 있다는 말.
⇨ 거석이홍안(擧石而紅顔). 드는 돌이 있어야 낯이 붉다. 아니 땐 굴뚝에 연기 나랴.

[典據] '擧石紅顔' 《東言考略》

드는 줄은 몰라도 나는 줄은 안다.

느는 표적은 나지 않아도 줄어드는 것은 곧 알 수 있다는 말.

드러난 상놈이 울 막고 살랴.

아무것도 없는 것을 세상이 다 아는데, 숨기고 남부끄럽게 여길 것이 아니라는 뜻.

드문드문 걸어도 황소 걸음.

속도는 느리지만 일은 착실히 해나간다는 말.
⇨ 느릿느릿 걸어도 황소 걸음. 띄엄띄엄 걸어도 황소 걸음.

[典據] '緩驅緩驅 牡牛之步' 《耳談續纂》

든 거지, 난 부자.

집안 살림은 거지꼴이면서, 밖으로는 부자같이 보이는 사람을 말한다.
⇨ 든 거지, 난 부자. 든 거지. 내빈외부(內貧外富).
↔ 든 부자, 난 거지.

든 버릇, 난 버릇.

후천적으로 든 버릇이 선천적으로 타고 난 버릇처럼 되어 버렸다는 말.

뜬 쇠도 달면 어렵다.

성질이 온화하고 착한 사람도 한번 노하면 무섭다는 뜻.
⇨ 뜬 솥도 달면 힘들다.

[典據] '懶鐵爍爛則難' 《東言考略》

듣기 좋은 노래도 장 들으면 싫다.

아무리 좋은 것이라도 늘 하면 싫증이 난다는 말.

⇨ 듣기 좋은 육자배기도 한 번 두 번. 듣기 좋은 이야기도 늘 들으면 싫다. 맛있는 음식도 늘 먹으면 싫다.

典據 '歌曲雖豔 恒聽是厭'《耳談續纂》, '艷歌每唱厭'《東言考略》

들어서 죽 쑨 놈은 나가도 죽 쑨다.

① 집에서 늘 일하던 사람은 다른 곳에 가도 일만 하게 된다는 뜻. ② 제 버릇은 어디 가나 버리지 못한다는 뜻.

⇨ 집에서 새는 바가지 들에 가도 샌다.

들어온 놈이 동네 팔아먹는다.

중간에 뛰어든 놈이 전체에 누를 끼친다는 말.

들으면 병이요, 안 들으면 약이다.

들어서 근심될 일이라면 차라리 듣지 않는 것이 낫다는 말.

典據 '聞則疾 不聞藥'《洌上方言》, '聞則是病 不聞是藥'《耳談續纂》

들은 말 들은 데 버리고, 본 말 본 데 버려라.

남에게서 말을 들으면 그 자리에서 버리고, 못 볼 것을 봤으면 본 그 자리에서 잊어버리라는 말이니, 듣고 본 것을 남에게 경솔히 옮기지 말라는 뜻.

⇨ "들은 말 들은 디 버리곡, 본 말 본 디 버리라."《제주도》

들 적 며느리, 날 적 송아지.

태어날 때 송아지는 일할 운명을 타고났듯이, 며느리도 출가하면 일만 하고 산다는 뜻.

등겨 먹던 개가 말경에는 쌀을 먹는다.

처음에는 나쁜 짓을 조금씩 하다가도 재미가 붙으면 점점 더 크게 한다는 뜻.
⇨ 개가 겨를 먹다가 말경 쌀을 먹는다. 바늘 도둑이 소 도둑된다.

등겨 먹던 개는 들키고 쌀 먹던 개는 안 들킨다.

↖ 똥 먹던 강아지는 안 들키고 겨 먹던 강아지는 들킨다.

등 따시면 배 부르다.

① 등이 따뜻하게 옷을 잘 입는 사람이면 먹을 것도 풍족한 사람이라는 말. ② 추운 겨울날 따뜻한 방에 누워 있으면 먹지 않아도 배고픈 줄 모른다는 말.

등 시린 절 받기 싫다.

자기가 푸대접한 사람에게 후한 대접을 받는 것은 그리 기분 좋은 일이 아니라는 말.

[典據] '受背害拜' ≪東言考略≫

등이 더우랴, 배가 부르랴.

의식(衣食)이 생기지 않을 일을 해서 무엇하겠느냐는 뜻.

[典據] '배부르고 등 더운 게 이 세상의 제일이지.' ≪春香傳≫

등잔 밑이 어둡다.

가까운 데서 생긴 일을 오히려 먼 데서 일어난 일보다 잘 모른다는 말.
⇨ 등하불명(燈下不明). 도회 소식을 들으려면 시골로 가거라. 두메 앉은 이방(吏房)이 조정(朝廷) 일 알듯. 법 밑에 법 모른다.
↔ 등잔 뒤가 밝다.

[典據] '燈下不明' ≪東言考略≫

등 치고 간 내먹는다.

겉으로는 위해 주는 척하면서도 속으로는 해를 끼친다는 뜻.
⇨ 등 치고 간 낸다. 등 치고 배 문지른다.

디딜방아 삼 년에 엉덩이 춤만 배웠다.

디딜방아질을 오래 하게 되면 엉덩이 춤도 추게 된다는 뜻.

띠풀을 뽑으면 다른 풀도 뽑힌다.

나쁜 놈을 잡다 보면 선한 사람에게도 피해를 줄 수 있다는 뜻.(拔茅連茹)

띄엄띄엄 걸어도 황소 걸음이다.

느리기는 하지만 틀림없고 확실하다는 뜻.

ㅁ

마디에 옹이.
나무마디 있는 데 옹이까지 있다는 말이니, 어려운 일이 겹쳤다는 뜻.
⇨ 달걀에 유골(遺骨). 고비에 인삼. 기침에 재채기. 하품에 딸꾹질.

마루 넘은 수레 내려가기.
고개 마루를 넘어선 수레처럼 일이 쉽게 잘 되어 갈 때, 또는 걷잡을 수 없이 빠른 형세를 말한다.

마른 나무에 물 내기.
분명히 없는데 내놓으라고 억지를 쓴다는 말.
⇨ 마른 낡에 물 날까.
[典據] '乾木水生'《旬五志》《東言考略》, '乾木生水'《松南雜識》

마른 하늘에 벼락 맞는다.
뜻밖에 큰 재앙을 당한다는 말.
⇨ 마른 날에 벼락 맞는다. 청천벽력(靑天霹靂).

마름쇠도 삼킬 놈.
싸움터에서 쓰는 마름쇠까지도 삼키겠다는 것이니 남의 것이라면 무엇이나 빼앗아가는 사람을 말한다.(※마름쇠…마름(菱實)과 같이 끝이 뾰족한 네 발을 가진 무쇠덩이(鐵錐)로 진지(陣地) 전면에 던져 두어 적의 전진을 막는 데 쓰였음.)
⇨ 공것이라면 양잿물도 마신다. 공것이라면 비상도 마신다. 공짜라면

당나귀도 잡아먹는다.

마방(馬房) 집이 망하려면 당나귀만 들어온다.

마방 집에 죽을 먹는 말이 안 들어오고 날것만 먹는 당나귀만 들어온다는 말이니, 달갑잖은 사람만 찾아온다는 뜻.(※마방 집…마구간을 지어 놓고 말을 재우고 먹이는 것을 업으로 하는 집.)

⇨ 객주(客主)가 망하려니 짚단만 들어온다. 마판이 안 되려면 당나귀 새끼만 모여든다. 어장(漁場)이 안 되려면 해파리만 쓸어온다. 여각(旅閣)이 망하려면 당나귀만 든다.

마소의 새끼는 시골로 보내고, 사람의 새끼는 서울로 보내라.

마소는 먹이가 풍부한 시골로 보내고, 사람은 견문이 많아 배울 것이 많은 도회지로 보내야 잘 될 수 있다는 말.

⇨ 사람은 낳으면 서울로 보내고 우마(牛馬)는 낳으면 상산(上山)에 두라. 사람의 새끼는 서울로, 마소의 새끼는 제주도로 보내라.

마음씨가 고우면 옷 앞섶이 아문다.

아름다운 마음씨를 가지고 있으면 그의 겉모양에도 나타난다는 말.
⇨ "ᄆᆞ음새가 고민 옷 앞섶이 아믄다." 《제주도》

마음을 잘 가지면 죽어도 옳은 귀신이 된다.

착한 마음을 지니고 살면, 죽어서 귀신이 되어도 옳은 귀신이 된다는 말.
⇨ 마음 한번 잘 먹으면 북두칠성이 굽어 보신다.

마음이 풀어지면 하는 일이 가볍다.

화가 풀리고 걱정이 없어지면 일도 힘들지 않고 쉽게 된다는 뜻.
⇨ "무심이 풀어지만 ᄒᆞ는 일이 개볍다."《제주도》

마치가 가벼우면 못이 솟는다.

윗사람이 엄하지 않으면 아랫사람이 잘 복종하지 않고 반항한다는 말.
⇨ 방망이가 가벼우면 주름이 잡힌다.

> 典據 '椎輕釘聳' ≪旬五志≫

마파람에 곡식이 혀를 빼물고 자란다.

가을이 오려고 서풍(西風)이 불기 시작하면 곡식들이 놀랄 만큼 빨리 자란다는 뜻.

막간 어미 애 핑계.

시키는 일을 다른 핑계대고 안 하는 사람을 두고 하는 말.

막다른 골목이 되면 돌아선다.

안 되는 일도 막판에 다다르면 차츰 되기 시작한다는 말.

막막조(邈邈調).

성미가 급하고 고집이 센 사람을 가리켜 하는 말.(※막막조…마지막 끝맺는 곡조로서 급하고 센 곡조.)

> 典據 '子絃에 犭調 올라 막막조 쇠온 말이.'≪靑丘永言≫

만석중이를 놀린다.

남을 몹시 놀린다는 말.

> 풀이 만석중은 인형극(人形劇) ≪만석중 놀이≫에 나오는 주인공인 주인 이름으로 한자로 曼釋僧, 忘石僧이라고 썼다. 이 놀이는 음력 사월 초파일 석가탄일에 축하 여흥으로 하던 놀이로서, 이 놀이의 발생에 대하여서 전설이 있다. 즉 삼십 년 동안 불도(佛道)를 닦아 생불(生佛)이라고 추앙되어 오던 지족선사(知足禪師)는 제(齋)를 올리는 신도들로부터 받은 쌀이 많아서 '만석(萬石) 중'이란 별명이 붙었는데, 그는 송도(松都) 명기 황진이의 유혹에 빠져 들어가게 되어 하루 아침에 오랫동안 쌓아올린 수도(修道)가 허물어져서 파계(破戒)하고 말았으므로, 이를 풍자하기 위하여서 이 놀이가 생겼다고 전한다.

말 가는 데 소 간다.

재빠른 이가 비록 앞서 가지만, 노력하면 늦게 가는 이도 따라갈 수 있다는 말.

[典據] '馬往處 牛亦往'≪旬五志≫, '馬行處 牛亦去'≪洌上方言≫, '馬往 牛亦往'≪東言考略≫

말게 실었던 것을 벼룩 등에 실을까.

약한 사람, 무능력한 사람에게는 너무 큰 짐(일)을 지게 할 수 없다는 말.

[典據] '馹馬所載 難任蚤背'≪耳談續纂≫

말고기를 다 먹고 무슨 냄새가 난다고 한다.

아쉬워할 때는 언젠데 배가 차니까 배부른 소리를 하느냐고 비웃는 말.
⇨ 말 한 마리 다 먹고 말고기 냄새가 난다고 한다. 한 말고기 다 먹고 말 하문(下問)내 난댄다.

[典據] '馬肉盡食 何生臭'≪東言考略≫

말도 사촌까지 상피(相避)를 본다.

동물인 말도 가까운 친족 사이에는 상간(相姦)하지 않는데 사람이 가까운 일가끼리 상간하였느냐고 욕하는 말.(※상피…가까운 친척 남녀가 서로 간통하는 일.)
⇨ 말도 상피를 본다. "물도 칠판춘을 굴린다."≪제주도≫

말똥도 모르고 마의(馬醫) 노릇한다.

아무것도 모르면서 그 일을 맡고 있는 자를 두고 하는 말.
⇨ 맥도 모르고 침통 흔든다. 자 눈도 모르고 조복(朝服) 마른다. 적도 모르고 가지 딴다. 쥐 밑도 모르고 은서피(銀鼠皮) 값을 친다.

말똥에 굴러도 이승이 좋다.

아무리 고생을 하고 천하게 살더라도 죽는 것보다는 낫다는 말.
⇨ 개똥 밭에 굴러도 이승이 좋다. 거꾸로 매달아도 사는 세상이 낫다. 땡감을 따먹어도 이승이 좋다. 산 개가 죽은 정승보다 낫다. 죽은 석숭

(石崇)이 산 개만 못하다. 죽은 정승이 산 개만 못하다.(※석숭(石崇)…중국 진(晉)나라 때의 유명한 대부호.)

[典據] '雖臥馬糞 此生可願' ≪耳談續纂≫, '轉糞世樂' ≪松南雜識≫

말 많은 집은 장맛도 쓰다.

① 말 많은 집안은 살림이 잘 안 된다는 뜻. ② 말 많은 사람이 실상은 좋지 못하다는 뜻.

▷ 말 단 집에 장 단 법 없다. 말 단 집의 장이 곤다.

[典據] '言甘家 醬不甘' ≪旬五志≫≪東言考略≫, '甘言之家 致味不嘉' ≪耳談續纂≫, '甘言家醬不甘' ≪松南雜識≫

말 말 끝에 단 장 달란다.

여러 가지 말로써 상대방의 마음을 사놓고 제 욕구를 말한다는 뜻.

[典據] '言言端 乞甘醬' ≪東言考略≫

말 속에 말 들었다.

말 속에 다른 뜻의 말이 들었다는 말.

▷ 언중유골(言中有骨).

말 안 하면 귀신도 모른다.

무슨 일이든 말을 해야 안다는 뜻.

▷ 벙어리 속은 그 어미도 모른다.

말은 보태고 떡은 뗀다.

말은 이 사람 저 사람에게 옮겨갈수록 없는 말도 보태게 되고, 먹는 음식은 돌아가는 동안에 덜어내게 된다는 말.

▷ 말은 보태고 봉송(封送)은 던다. 말은 할수록 늘고 되질은 할수록 준다. 음식은 갈수록 줄고 말은 갈수록 는다. "떡 간디 떡 떼어 먹곡, 말 간디 말 붙은다." ≪제주도≫

말은 할수록 늘고, 되질은 할수록 준다.

ᄂ 말은 보태고 떡은 뗀다.

말은 해야 맛이고 고기는 씹어야 맛이다.

① 말은 하는 데 묘미가 있고, 음식은 씹는 데 참맛이 있다는 뜻. ② 할 말은 해야 된다는 뜻.

⇨ "말은 ᄀ라 맛, 괴긴 씹어 맛." ≪제주도≫

말이 많으면 쓸 말이 적다.

말이 많으면 실언(失言)하기 쉬워 될수록 적게 하는 것이 좋다는 말.

⇨ 말이 많으면 실언이 많다. 말이 앞서지, 일이 앞서는 사람 본 일 없다.

말이 아니면 갚지 마라.

말답지 않으면 맞서 상대하지 말라는 뜻.

(※갚다… 맞서다, 겨누다의 옛말. 보기: '並書는 골바쓸시라.' ≪訓民正音≫, '天人世間에 골비 리 업스샷다 하더라.' ≪月印釋譜≫)

말 잃고 외양간 고친다.

ᄂ 도둑 맞고 사립문 고친다. 말 죽이고 외양간 고친다. 소 잃고 외양간 고친다.

| 典據 | '失馬治廐' ≪旬五志≫, '旣喪其馬 乃葺厥廐' ≪耳談續纂≫

말 타면 경마 잡히고 싶다.

사람의 욕심은 끝이 없다는 말.

⇨ 되면 더 되고 싶다. 바다는 메워도 사람의 욕심은 못 채운다. 말 타면 종 두고 싶다. 득롱망촉(得隴望蜀).

| 典據 | '騎馬欲率奴' ≪旬五志≫ ≪松南雜識≫, '旣乘其馬又思牽者' ≪耳談續纂≫, '乘馬欲有牽' ≪東言考略≫

말 태우고 버선 깁는다.

장가 보내려고 말을 태워 놓고, 그제야 신랑의 버선을 깁는다는 말이니, 미리 준비해 놓지 않고 임박해서야 일을 한다는 뜻.

말 한 마디에 천 냥 빚 갚는다.

말 재주가 좋으면 큰 빚도 갚을 수 있다는 말이니, 세상살이에 있어 언변(言辯)의 중요성을 나타낸 말.
⇨ 말만 잘하면 천 냥 빚도 가린다. 천 냥 빚도 말로 갚는다.

맛없는 국이 뜨겁기만 하다.

못된 사람이 오히려 까다롭게 군다는 뜻.
⇨ 못된 음식이 뜨겁기만 하다. 일가 못된 것이 항렬만 높다.

맛 좋고 값싼 갈치 자반.

한 가지 일에서 두 가지 이익을 얻을 때 하는 말.
⇨ 일거양득(一擧兩得).

망건(網巾) 쓰고 세수한다.

일의 순서가 뒤바뀌었다는 뜻.
⇨ 탕건(宕巾) 쓰고 세수한다. 도랑 치고 가재 잡는다.

[典據] '先網巾 後洗手' 《旬五志》

망건 쓰자 파장(罷場)된다.

그 준비를 하다가 때를 놓쳐 목적을 이루지 못하게 될 때 하는 말.
⇨ 망치 깎자 도둑이 뛴다.

망나니짓을 하여도 금관자(金貫子) 서슬에 큰 기침한다.

못된 짓을 하고도 벼슬아치라는 위세로 남을 호령하고 포악한 짓을 한다는 뜻.(※금관자 …금으로 만든 망건. 당줄을 꿰는 고리.)
⇨ 도둑질을 하여도 사모 바람에 거드럭거린다.

망신하려면 아버지 이름자도 안 나온다.

아는 것도 잊고 생각이 나지 않아 실수한다는 말이니, 실수를 하려면 쉬운 일도 잘 기억이 안 난다는 뜻.

⇨ 망신살이 뻗친다.

망치로 얻어맞은 놈 홍두깨로 친다.

복수란 언제나 제가 받은 피해보다 더 무섭게 한다는 뜻.

맞기 싫은 매는 맞아도, 먹기 싫은 음식은 못 먹는다.

음식이란 먹기 싫으면 아무리 먹으려 해도 먹을 수 없다는 말.

매 끝에 정이 든다.

싸운 뒤에 오히려 정이 드는 수가 많다는 말.

매도 먼저 맞는 놈이 낫다.

이왕 당해야 할 일이라면 남보다 먼저 겪는 것이 낫다는 말.
⇨ 바람도 올 바람이 낫다.

매를 꿩으로 보았다.

나쁜 사람을 좋은 사람으로 잘못 보았다는 말.
⇨ 소리개를 매로 보았다.

매 위에 장사 없다.

매질하는데 굴복하지 않을 사람이 없다는 말.
⇨ 달고 치는데 아니 맞는 장수 있나. 몽둥이 세 개 맞아 담 안 넘을 놈 없다.

맨 입에 앞 교군(轎軍) 서라 한다.

아무것도 안 먹은 사람에게 더 힘드는 일을 시킨다는 말이니, 고달픈 사람에게 더 고된 일을 시킨다는 뜻.(※교군…사람이 타는 가마를 메는 사람.)

맺은 놈이 푼다.

↳ 동여맨 놈이 푼다.

머리 검은 짐승은 남의 공은 모른다.

사람은 짐승보다 더 남의 은공을 모르고 지내는 일이 많다는 뜻.(※머리 검은 짐승…사람)

⇨ 검은 머리 가진 짐승은 구제 마라. 머리 검은 고양이 귀치 마라.

머리는 끝부터 가르고, 말은 밑부터 한다.

말은 처음부터 차근차근 말하지 않으면 무슨 말인지 잘 모른다는 뜻.

머리를 삶으면 귀까지 익는다.

① 한 가지 일을 하면 거기 딸린 다른 일도 해결된다는 뜻. ② 그 우두머리를 잡으면 졸자도 자수한다는 말.

| 典據 | '烹頭耳熟' 《旬五志》《東言考略》《松南雜識》

머리 없는 놈 댕기 치레하듯.

속이 빈 사람이 겉치장은 그럴 듯하게 꾸민다는 말.

⇨ 당나귀 귀 치레. 더벅머리 댕기 치레하듯. 파리한 강아지 꽁지 치레하듯.

머리털을 베어 신을 삼는다.

반드시 은혜를 갚는다는 말.

⇨ 결초보은(結草報恩).

머슴보고 속곳 묻는다.

① 아무 관계도 없는 사람에게 엉뚱하게 물어 봐도 알 까닭이 없다는 뜻. ② 생소한 사람에게 내밀한 일을 말한다는 뜻.

먹기는 발장(撥長)이 먹고 뛰기는 말더러 뛰란다.

이익은 제가 다 차지하고 일은 남보고 하란다는 뜻.(※발장…나라의 공문서를 나르는 파발꾼의 우두머리.)

⇨ 먹기는 배디가 먹고 뛰기는 파발말이 뛴다. 먹기는 파발이 먹고 뛰

기는 역마(驛馬)가 뛴다. 먹기는 홍중군(洪中軍)이 먹고 뛰기는 파발말이 뛴다. 재주는 곰이 넘고 돈은 되놈이 번다.

典據 '撥長食之 爾馬奚馳' ≪耳談續纂 拾遺≫

먹기는 아귀(餓鬼)같이 먹고, 일은 장승같이 한다.

먹기는 많이 하나 일은 조금도 하지 않는 사람을 두고 하는 말.(※아귀…주린 귀신. 장승…나무에 사람의 얼굴을 새겨 길가에 세운 푯말.)

먹는 개도 아니 때린다.

음식을 먹을 때는 아무리 잘못이 있다 해도 벌을 주지 않는다는 말.
⇨ 밥 먹는 것은 개도 안 때린다.

먹는 떡에도 소를 박으라 한다.

곧 먹어 없어질 떡에도 소를 박는다는 말이니, 아무리 간단하게 처리될 일이라도 이왕이면 모양 있게 잘하라는 뜻.
⇨ 먹는 떡에도 살을 박으라 한다.

먹는 데는 남이요, 궂은 일엔 일가다.

좋은 일이 있을 때는 일가라도 찾아오지 않다가 궂은 일이 생기면 찾아와서 일가라고 간청한다는 말.
⇨ 좋은 일에는 남이요, 궂은 일에는 일가라.

먹는 속은 꽹매기 속이다.

먹는 것을 잘 알고 잘 찾아 먹는 사람을 말한다. 꽹매기는 꽹과리(小金)의 사투리로, 소리가 야물고 높으며 농악에 있어서 주도적 역할을 하므로 이에 비유하여 하는 말.

먹는 죄는 없다.

굶주린 사람이 남의 음식을 좀 훔쳐먹었다 해도 그 죄는 그리 대단치 않다는 말.
⇨ 먹은 죄는 꿀종지로 하나.

먹돌도 뚫으면 굵이 난다.

쉬지 않고 꾸준히 노력하면 무슨 일이고 성취할 수 있다는 말.(먹돌…제주도 방언으로서 물가에 있는 돌.)

⇨ "먹돌도 만람시민 궁기 난다." ≪제주도≫

먹을 가까이 하면 검어진다.

못된 사람과 같이 어울려 다니면 그와 같은 좋지 못한 행실이 물든다는 말.

⇨ 근묵자흑(近墨者黑).

典據 '近墨者黑' ≪松南雜識≫

먹지도 못하는 제사에 절만 죽도록 한다.

아무 소득도 없이 헛수고만 한다는 뜻.

⇨ 먹을 것 없는 제사에 절만 많다. 못 먹는 잔치에 갓만 부순다. 얻어먹지 못하는 제사에 갓 망건 부순다.

먹지 못할 풀이 오월에야 겨우 난다.

되지 못한 자가 아주 된 체한다는 뜻.

먹지 않는 씨아에서 소리만 난다.

① 못된 자가 큰 소리는 더한다는 뜻. ② 아무 일도 안 하는 자가 하는 체하고 떠벌리기만 한다는 뜻.(※씨아…목화씨 베는 기구.)

⇨ 들지 않는 솜틀은 소리만 요란하다. 못 먹는 씨아가 소리만 난다.

먹지 않는 종, 투기(妬忌) 없는 아내.

실제 이치와 반대되는 일이라는 뜻.

⇨ 길쌈 잘하는 첩(妾). 불 아니 때도 절로 익는 술. 술 샘 나는 주전자. 양을 보째 낳는 암소. 여물 안 먹고 잘 걷는 말.

典據 '不食奴 不妬妻' ≪東言考略≫

먼 데 단 냉이보다 가까운 데 쓴 냉이.

먼 데 있는 좋은 물건 또는 사람보다 가까운 데 있는 그만 못한 것이 이용하기에 더 편리하다는 뜻.
⇨ 먼 사촌보다 가까운 이웃이 낫다.

먼 사촌보다 가까운 이웃이 낫다.

남이지만 이웃에 사는 사람은 평시나 위급한 때나 도와줄 수 있어 먼 데 사는 친척보다 더 낫다는 말.
⇨ 이웃 사촌. 먼 일가보다 가까운 이웃이 낫다.

典據 '遠族不如近隣'《東言考略》, '遠族近隣'《旬五志》, '遠眷黨 近里隣'《松南雜識》

먼저 꼬리 친 개, 나중 먹는다.

먼저 일을 서두른 사람이 뒤떨어지는 것을 말한다.
⇨ 꼬리 먼저 친 개가 밥은 나중 먹는다. 먼저 배 탄 놈, 나중 내린다.

典據 '先掉尾 後知味'《洌上方言》

먼저 먹은 후 답답이라.

남보다 먼저 먹고 나서, 남이 먹을 때는 먹는 것만 바라보고 있는 것을 말한다.

멋에 치어 중 서방질한다.

너무 멋부리고 쏘다니다가 제 몸을 망치게 된다는 말.

멀면 정도 멀어진다.

사람은 친한 사이라도 멀리 떨어져 살면 접촉할 기회가 자연히 적어져 정도 멀어지게 된다는 뜻.

메고 나면 상두꾼, 들고 나면 초롱꾼.

내 형편이 이쯤 되었으니 어떠한 천한 일이라도 부끄러워서 하지 못할 게 없다는 뜻.(※상두꾼…상여를 메는 사람. ※초롱꾼… 장가가는 행렬 앞에서 초롱을 들고 가는 사람.)

⇨ 메고 난 상두꾼.

메뚜기도 오뉴월이 한철.

① 제때를 만나 바빠 날뛰는 사람을 가리킨 말. ② 모든 것이 전성기는 짧아 한철밖에 없다는 뜻.

메밀떡 굿에 쌍장고(雙長鼓) 치랴.

겨우 메밀떡을 해놓고 하는 굿에 격에 맞지 않게 쌍장고까지 친다는 말이니, 실력이 모자라는 처지에 주제넘은 일을 한다는 말.

[典據] '木麥餠 兩缶'《旬五志》, '木麥餠 二缶鳴'《冽上方言》, '蕎餠賽祖 安用二鼓'《耳談續纂》, '木麥餠 二長鼓'《東言考略》

멧돝 잡으러 갔다가 집돝 잃었다.

먼 데 것을 탐내고 손을 뻗었다가 가까운 데 것을 잃었다는 말.

⇨ 게도 구럭도 다 잃었다. 달아나는 노루 보고 얻은 토끼 놓았다. 혹 떼러 갔다가 혹 붙였다.

[典據] '捉山猪 失家猪'《旬五志》《松南雜識》, '獲山猪 失家猪'《冽上方言》, '逐彼山豕 幷失家豨'《耳談續纂》, '山猪捕 家猪失'《東言考略》

며느리가 미우면 발뒤축이 달걀 같단다.

흠 잡을 것이 없으면 억지 허물을 만든다는 뜻.

⇨ 며느리가 미우면 손자까지 밉다. 발뒤축이 달걀 같다. 흉이 없으면 며느리 다리가 희단다.

며느리 늙어 시어미된다.

시집살이를 심하게 겪은 며느리가 시어머니가 되면 그 전 생각은 않고 더 심하게 시어머니 티를 한다는 뜻.

⇨ 며느리 자라 시어미되니 시어미 티 더한다. 아이 자라 어른된다.

[典據] '婦老爲姑 靡不效尤'《耳談續纂》

며느리 사랑은 시아버지, 사위 사랑은 장모.

며느리는 흔히 시아버지에게 귀여움을 받고, 사위는 흔히 장모에게 귀여움을 받는다는 말.
⇨ 사위 사랑은 장모, 며느리 사랑은 시아버지. 장모는 사위가 곰보라도 이뻐하고 시아버지는 며느리가 뻐드렁니에 애꾸라도 이뻐한다.

며느리 시앗은 열도 귀엽고, 자기 시앗은 하나도 밉다.

흔히 아들이 첩을 얻는 것은 좋아하면서도 제 남편이 첩을 얻게 되면 미워한다는 말.(※시앗…남편의 첩.)

명주 옷은 사촌까지 덥다.

친척이나 가까운 사람이 부귀한 몸이 되면 그 주변 사람까지 혜택을 입게 된다는 말.
⇨ 명주 옷은 육촌까지 따습다.

명주 자루에 개똥.

겉보기는 훌륭하나 속에 든 것은 형편없다는 말.
⇨ 명주 전대에 개똥 들었다.

典據 '錦褓裏犬矢' 《東言考略》

명태 한 마리 놓고 딴전 본다.

겉에 벌여 놓고 있는 일보다 딴 벌이 하는 일이 있다는 뜻.

모기 밑구멍에 당나귀 신(腎)이 당할까.

작은 것 속에 큰 것은 못 넣는다는 뜻.

모기 보고 칼 빼기.

조그만 일에 공연히 발끈 성내는 소견 좁은 사람을 두고 하는 말.
⇨ 견문발검(見蚊拔劍). 노승발검(怒蠅拔劍). 모기 보고 환도(環刀) 빼기. 중을 보고 칼을 뽑는다.

典據 '見蚊拔劍' 《松南雜識》, '怒蠅拔劍' 《東言考略》

모난 돌이 정 맞는다.

① 성질이 둥글지 못하고 모가 난 사람은 남에게 미움을 받는다는 뜻.
② 너무 뛰어난 사람은 남에게 미움을 산다는 뜻.
⇨ 곧은 나무 먼저 꺾인다. 높은 가지가 부러지기 쉽다.

[典據] '欒欒者 石銛者 多觸' 《耳談續纂》

모둔 유월.

오월 달은 해가 길어, 더디 감을 나타낸 말.(※모둔…헤프지 않다의 방언.)
⇨ 간간 오월. 미끈 유월.

모래로 방천(防川)한다.

어설픈 일로 헛수고만 하게 된다는 뜻.
⇨ 모래 위에 물 쏟은 격. 사상누각(砂上樓閣).

모로 가도 서울만 가면 된다.

방법이야 어떻든 목적만 달성하면 된다는 뜻.
⇨ 모로 가나 기어 가나 서울 남대문만 가면 그만이다.

[典據] '橫步行好去京'《洌上方言》, '斜行抵京'《東言考略》

모로 던져 마름쇠.

아무렇게나 하여도 된다는 말. (※마름쇠…무기의 일종으로 마름같이 뾰족한 쇠가 네 군데 돋친 쇠뭉치로 인마(人馬)의 전진을 막는 데 쓰였음.)

[典據] '网投無空俱疾蔾鐵'《耳談續纂》, '投亦疾蔾鐵'《旬五志》, '投亦菱鐵'《東言考略》

모사(謀事)는 재인(在人)이요, 성사(成事)는 재천(在天)이라.

일은 사람이 꾸미지만 그 일이 이루어지느냐, 못 이루어지느냐는 하늘(운)에 달렸다는 말.

모진 놈 옆에 있다가 벼락 맞는다.

나쁜 사람과 가까이하면 화를 입는다는 말.
⇨ 악방봉뢰(惡傍逢雷).

모처럼 능참봉(陵參奉)을 하니까 한 달에 거동이 스물아홉 번.

① 모처럼 바라던 일이 되니까 어렵고 까다로운 일만 생겨 실속이 없다는 뜻. ② 일이 뜻대로 안 되려면 아무리 해도 잘 안 된다는 뜻.(※능참봉… 능을 맡아 보던 종9품 벼슬)
⇨ 능참봉을 하니까 거동이 한 달에 스물아홉 번. 여든에 능참봉을 하니 한 달에 거동이 스물아홉 번. 칠십에 능참봉을 하니 하루에 거동이 열아홉 번.

모처럼 태수(太守)가 되니 턱이 떨어져.

뜻하던 일이 오랜만에 이루어지니 복이 없게 헛일이 되었다는 말.(※태수…신라때의 지방관리)
⇨ 태수되자 턱 떨어져. 재주를 다 배우니 눈이 어둡다. 기성안혼(技成眼昏).

목구멍이 포도청(捕盜廳).

입에 풀칠을 하기 위해서는 어떤 짓이나 하게 된다는 뜻.
⇨ 가난이 도적. 가난이 죄다. 구복(口腹)이 원수.

목마른 놈이 우물 판다.

↖ 갑갑한 놈이 송사(訟事)한다.

목수 많은 집이 기울어진다.

참견하는 사람이 많으면 일이 잘 안 된다는 뜻.
⇨ 목수가 많으면 집을 무너뜨린다. 사공 많은 배 산으로 올라간다. 상좌중이 많으면 가마솥을 깨뜨린다. 한 집에 감투장이 셋이 변. 작사도방에 삼 년 불성이라(作舍道傍 三年不成).

목잔 좀 불량해도 이태 존대.

목자(木子) 즉 이(李)씨 성을 가진 사람은 국성(國姓)이라 하여 이태나 존대를 한다는 뜻. 조선시대 때 이씨성을 가진 이를 높여서 한 말.

못난 색시 달밤에 삿갓 쓰고 나선다.

미운 사람이 점점 더 보기 싫은 짓만 한다는 말.

⇨ 달밤에 삿갓 쓰고 나선다. 못생긴 며느리 제삿날 병난다. 미운 강아지 우쭐거리면서 똥 싼다. 미운 벌레 모로 간다. 미운 중놈이 고깔을 모로 쓰고 이래도 밉소 한다. 예쁘지 않은 며느리 삿갓 쓰고 어스름 달밤에 나선다.

|典據| '醜女月夜 戴笠奚迋' ≪耳談續纂 拾遺≫

못된 나무에 열매가 많다.

쓸데없는 못된 것이 오히려 번성하다는 말.

⇨ 못된 소나무에 솔방울만 많다. 못된 일가 항렬만 높다.

|典據| '不食木 多着實' ≪洌上方言≫

못된 바람은 수구문(水口門)으로 들어온다.

① 못된 짓은 언제나 말썽꾸러기가 저지른다는 뜻. ② 잘못한 일은 언제나 자기에게 돌린다고 항변하는 말.(※수구문…광희문(光熙門)의 속칭으로, 옛날 서울의 시체는 모두 수구문으로 내다 버렸기 때문에 악취가 들어 왔음.)

⇨ 못된 바람은 동대문 구멍으로 들어온다.

못된 송아지 엉덩이에 뿔 난다.

되지 못한 자가 건방지고 나쁜 짓을 한다는 뜻.

⇨ 못된 벌레 장판방에서 모로 긴다. 못 먹는 버섯은 삼월달부터 난다. 송아지 못된 것이 엉덩이에 뿔 난다. 엉덩이에 뿔이 났다. 열무김치 맛도 안 들어서 군둥내부터 난다.

못된 일가가 항렬만 높다.

① 별로 신통찮은 일가가 항렬만 높아 거북하기만 하다는 말. ② 되지 못한 것일수록 번성하기만 한다는 뜻.
⇨ 일가 못된 것이 항렬만 높다. 못된 나무에 열매가 많다.

못 입어 잘난 놈 없고, 잘 입어 못난 놈 없다.

옷차림의 중요성을 나타낸 말.
⇨ 잘 먹고 잘 입어 못난 놈 없다. 못난 놈 잡아들이라면 없는 놈 잡아 간다. 미련한 놈 잡아들이라면 가난한 놈 잡아들인다.

못할 말 하면 제 자손에 앙얼 간다.

남의 가슴에 못을 박을 못할 말을 하면 자기 자손에게까지 신벌을 받게 된다는 말.(※앙얼…신불(神佛)의 벌.)
⇨ "못홀말 ᄒ민 제 ᄌ손에 앙알 간다." ≪제주도≫

몽둥이 들고 포도청 담에 오른다.

제가 지은 죄를 숨기려고 남보다 먼저 나서서 떠든다는 뜻.
⇨ 도둑이 제 발이 저린다. 도둑이 포도청 간다. 도둑이 도둑이야 한다. 불난 데서 불이야 한다.

무는 말 있는 데 차는 말 있다.

나쁜 사람이 있는 데는 그와 비슷한 패거리가 모인다는 뜻.
典據 '噬馬廐踶馬入' ≪東言考略≫

무는 호랑이는 뿔이 없다.

모든 것을 완전히 다 갖출 수는 없다는 말.
典據 '噬虎無角' ≪東言考略≫

무당이 제 굿 못하고 소경이 저 죽을 날 모른다.

제가 제 일을 처리하기는 힘들다는 말.
⇨ 도끼가 제 자루 못 찍는다. 무당이 제 굿 못한다. 봉사 제 점 못 친다. 소경이 제 죽을 날 모른다. 식칼이 제 자루를 깎지 못한다. 의사가

제 병 못 고친다. 자루 베는 칼 없다.

[典據] '巫不自祈 瞽昧終期' 《耳談續纂》, '巫不能渠神事' 《東言考略》

무른 땅에 말뚝 박기.

① 일하기가 쉽다는 말. ② 세도 있는 자 또는 힘 센 자가 약한 사람을 억누를 경우를 말한다.

⇨ 무른 땅에 낢을 박고 제 고리에 말뚝 치기.

[典據] '軟地揷杙' 《旬五志》

무소식이 희소식이라.

객지에 가 있는 사람이 아무 소식도 전해 주지 않는 것은 어떤 사고나 실패가 없다는 증거이므로 오히려 희소식이라는 뜻.

무쇠도 갈면 바늘된다.

꾸준히 노력하면 아무리 어려운 일도 이룰 수 있다는 말.

⇨ "무쇠도 굴암시민 바농된다." 《제주도》. 낙수물이 댓돌을 뚫는다.

무쇠 두멍을 쓰고 소(沼)에 가 빠졌다.

남에게 나쁜 짓을 한 사람은 저 스스로가 수렁 속에 빠져든다는 뜻.(※ 두멍…큰 솥.)

[典據] '蒙此鐵鑄 入于潭水' 《耳談續纂》

묵은 거지보다 햇거지가 더 어렵다.

무슨 일이고 경험이 많아 듬직하고 참을성 있는 사람보다 생소한 사람이 다루기 더 어렵다는 말.

문(門) 바른 집은 써도 입바른 집은 못 쓴다.

입바른 말을 잘하는 집은 시비를 너무 가려서 남의 원망을 사게 된다는 뜻.

문선왕(文宣王) 끼고 송사(訟事)한다.

남이 반대하지 못할 유력한 사람을 내세워 일을 한다는 뜻.(※문선왕…

공자의 시호)

문전(門前) 나그네 흔연(欣然) 대접.
누구라도 자기를 찾아온 사람이면 친절히 대접해야 한다는 말.

문틈으로 보나 열고 보나 보기는 일반.
남이 모르게 하나 알게 하나 하기는 일반이라는 말.

물건을 모르거든 금 보고 사라.
좋은 물건을 사려면 비싼 것을 사면 틀림없다는 말.
⇨ 물건을 모르거든 값을 더 주라.

물 덤벙 술 덤벙.
일정한 주견 없이 덤벙대는 사람을 두고 하는 말.
⇨ 술 덤벙 물 덤벙.

물러도 준치, 썩어도 생치.
비록 물렀어도 준치(䱢魚)는 준치고, 썩었어도 생치(生雉)라고 부르니, 지조가 있는 사람은 아무리 어렵더라도 절개를 지키고 훌륭한 사람은 죽더라도 이름을 남긴다는 말.
⇨ 노닥노닥 기워도 마누라 장옷. 노닥노닥 해도 비단일세. 썩어도 준치.

물 먹은 배만 튀긴다.
⤷ 냉수 먹고 이 쑤시기.

물 본 기러기 산 넘어가랴.
그리운 이를 보고도 그대로 지나쳐 가버릴 리야 없다는 말.
⇨ 꽃 본 나비 담 넘어가랴. 물 본 기러기 어옹(漁翁)을 두려워할까.

물에 빠지면 지푸라기도 잡는다.
사람이 위급한 일을 당하면 보잘것없는 이에게라도 의지하려 한다는 말.

물에 빠진 놈 건져 놓으니까 내 봇짐 내라 한다.

남에게 신세를 지고 그것을 갚기는커녕 도리어 그 은인을 원망한다는 말.
⇨ 물에 빠진 놈 건져 놓으니까 보퉁이를 찾는다. 물에 빠진 놈 건져내니까 망건 값 달란다.

물은 건너 보아야 알고 사람은 지내 보아야 안다.

사람은 겉으로만 보아서 그 속을 잘 알 수 없으므로 실제로 겪어 봐야 바로 안다는 말.
⇨ 길고 짧은 것은 대어 보아야 안다. 깊고 얕은 것은 건너 보아야 안다. 대천(大川) 바다도 건너 보아야 안다.

물은 트는 대로 흐른다.

사람은 가르치는 대로 따라 교화(敎化)되고, 일은 사람이 주선하는 대로 된다는 뜻.

물이 깊어야 고기가 모인다.

자기 덕이 커야 남이 많이 따른다는 뜻.
⇨ 산이 깊어야 범이 있다.

물이 깊을수록 소리가 없다.

덕망이 높고 생각이 깊은 사람일수록 잘난 체하거나 아는 체 떠벌이지 않는다는 말.
⇨ 노장(老將)은 병담(兵談)을 아니하고 양고(良賈)는 심장(深藏)한다.

물이 아니면 건너지 말고, 인정(人情)이 아니면 사귀지 마라.

사람을 사귈 때 인정으로 사귀지, 잇속이나 다른 목적으로 교제할 것이 아니라는 뜻.

물장수 삼 년에 궁둥이짓만 남았다.

오랫동안 애쓴 것이 보람이 없이 되고 남은 것도 변변치 않다는 말.

⇨ 물장수 삼 년에 남은 것은 물고리뿐. 남산골 생원이 망하여도 걸음 걷는 보수는 남는다. 놀던 계집이 결단 나도 엉덩이짓은 남는다.

미끈 유월

↳ 깐깐 오월. 어정 칠월. 동동 팔월.

미운 강아지 보리 멍석에 똥싼다.

↳ 못난 색시 달밤에 삿갓 쓰고 나선다.

미운 놈 떡 하나 더 준다.

미운 사람일수록 더 잘 대우해 주어 호감을 갖도록 한다는 뜻.
⇨ 미운 사람에게는 쫓아가 인사한다. 미운 아이 먼저 품어라. 미운 자식 밥 많이 먹인다.

미운 파리 치려다 고운 파리 상한다.

좋지 않은 사람을 벌주려다 도리어 좋은 사람이 화를 입게 된다는 뜻.
⇨ 미운 파리 잡으려다 고운 파리 잡는다. 미운 풀이 죽으면 고운 풀도 죽는다.

典據 '打憎蠅 傷美蠅' 《旬五志》《松南雜識》《洌上方言》《東言考略》

미친 체하고 떡 목판에 엎어진다.

사리를 잘 알면서도 모르는 체하고 사욕(私慾)을 채운다는 뜻.
⇨ 밉다고 차버리면 떡고리에 자빠진다.

믿는 낡에 곰이 핀다.

믿고 있던 사람이 뜻밖에 실패하여 그에 실망한다는 말.(※곰…곰팡이)
⇨ 믿던 돌에 발 찍힌다. 믿는 도끼에 발등 찍힌다. 믿었던 돌에 발등 찍힌다. 아는 도끼에 발등 찍힌다.

典據 '恃爲良材 乃發黴苔' 《耳談續纂》

믿는 도끼에 발등 찍힌다.

믿고 있던 일 또는 사람에게 도리어 해를 입었을 때 하는 말.
⇨ 믿는 나무에 곰이 핀다.

典據 '知斧斫足'《旬五志》, '慣熟之斧 乃傷蹶跗'《耳談續纂 拾遺》, '知斧足斫'《東言考略》

밀가루 장사하면 바람이 불고, 소금 장사하면 비가 온다.

안 되는 놈은 자빠져도 코 깬다는 격으로 일마다 공교롭게 안 된다는 말.

밑구멍으로 호박씨 깐다.

겉으로는 어수룩한 체해도 속으로는 맹랑하게 어지러운 행실을 한다는 뜻.
⇨ 밑구멍으로 노 꼰다.

밑 빠진 솥에 물 붓기.

아무리 노력하고 애써도 보람이 나타나지 않는 경우에 하는 말.
⇨ 밑 빠진 가마에 물 붓기. 밑 없는 독에 물 붓기. 시루에 물 퍼붓기. 한강투석(漢江投石).

밑알을 넣어야 알을 내어 먹는다.

무슨 일이나 자본을 들여야 이득이 돌아온다는 말.

ㅂ

바꾼 것이 떡 군 것만 못하다.
바꾼 것이 바꾸지 않는 것만 못하다는 뜻.
풀이 '바꾼'의 발음이 '밥군'과 비슷하기 때문에 생긴 말.
⇨ 밥 군 것이 떡 군 것보다 못하다.

바늘 가는 데 실 간다.
항상 따라다닌다는 뜻.
⇨ 구름 가는 데 비 간다. 범 가는 데 바람 간다. 봉 가는 데 황이 간다. 용 가는 데 구름 간다.

바늘 구멍으로 하늘 보기.
견문이 좁은 사람을 말한다.
⇨ 댓구멍으로 하늘 보기. 좌정관천(座井觀天). 우물 안 개구리.

바늘 구멍으로 황소 바람 들어온다.
추울 때에는 아무리 작은 문 구멍으로 새어들어오는 바람도 몹시 차다는 뜻.

바늘 도둑이 소 도둑된다.
처음에는 작은 잘못을 저지른 사람이 나중에는 점점 더 큰 일까지 하게 된다는 뜻.
典據 '針賊大牛賊' 《東言考略》, '竊鍼不休 終必竊牛' 《耳談續纂》, '鍼者偸賊大牛' 《洌上方言》

바늘보다 실이 굵다.

작아야 할 것이 크고, 커야 할 것이 작다는 것이니 본말전도(本末顚倒)의 뜻.

⇨ 배보다 배꼽이 더 크다. 얼굴보다 코가 더 크다. 눈보다 동자가 더 크다. 발보다 발바닥이 더 크다.

바다는 메워도 사람의 욕심은 못 메운다(못 채운다).

사람의 욕심은 한이 없어 채울 수 없다는 뜻.

⇨ 되면 더 되고 싶다. 말 타면 경마 잡히고 싶다. 득롱망촉 (得隴望蜀).

바닷가 개는 호랑이 무서운 줄 모른다.

바닷가에 사는 개는 호랑이를 모르기 때문에 무서워하지 않는다는 말이니 아무리 무서운 것도 그것을 모르는 이에게는 무서운 것이 되지 않는다는 뜻.

⇨ 되놈이 김풍헌(金風憲) 아나.

바람도 지난 바람이 낫다.

사람은 무엇이나 지나간 것을 더 좋게 여긴다는 뜻.

⇨ 놓친 고기가 더 크다.

바람벽에 돌 붙나 보지.

바람벽에 돌이 붙어 있을 리 없는 것처럼, 되지 않을 일은 처음부터 단념하는 것이 좋다는 뜻.(※바람벽…흙으로 바른 벽.)

바람 부는 날 가루 팔러 가듯.

기회를 타지 못하고 일을 한다는 뜻.

바람 부는 대로 돛을 단다.

① 세상 형편 돌아가는 대로 따른다는 뜻. ② 뚜렷한 지조 없이 세상 일이 되어가는 대로 따라서 움직이는 사람을 말한다.

⇨ 바람 따라 돛을 단다. 바람 부는 대로, 물결 치는 대로.

바람이 불다 불다 그친다.

① 어떤 불행이나 재앙도 결국에는 그친다는 뜻. ② 화를 내며 펄펄 뛰는 사람도 가만 두면 제 풀에 조용해진다는 뜻.

바람이 불어야 배가 가지.

일은 때가 잘 맞아 나가야 쉬 이룰 수 있다는 말.
⇨ 물이 나야 배가 오지.

바보는 약으로 못 고친다.

어리석고 못난 사람은 인력으로 고칠 수 없다는 말.

바쁘게 찧는 방아에도 손 놀 틈이 있다.

아무리 바삐 찧는 방아라도 손 놀 틈이 있는 것처럼 일이 아무리 바쁠 때라도 틈을 낼 수 있다는 말.
⇨ 사침에도 용수 있다. 새우 찧는 절구에 손 들어갈 때 있다.

바위를 차면 제 발부리만 아프다.

① 일시적 흥분을 참지 못하여 일을 저지르면 자기만 손해라는 뜻. ② 자기와 겨룰 수 없는 큰 상대와 겨룬다면 제게만 해롭다는 말.
⇨ 돌(또는 돌부리)을 차면 제 발부리만 아프다.

바지랑대로 하늘 재기.

도저히 불가능한 일을 비유할 때 하는 말.(※바지랑대…빨랫줄을 받치는 장대.)
⇨ 장대로 하늘 재기. 손가락으로 하늘 찌르기.

박달나무도 좀이 쓴다.

똑똑하고 야무진 사람도 때로는 실수(또는 실패)할 때가 있다는 말.

박쥐 구실.

자기의 이익만을 취하여 이랬다 저랬다 하는 사람을 비유하는 말.
⇨ 박쥐의 두 마음.

典據 '蝙蝠之役' 《旬五志》《松南雜識》《芝峰類說》

반달 같은 딸 있으면 온달 같은 사위삼겠다.

내가 가진 것이 좋아야 얻는 것도 좋다는 말.
⇨ 내 딸이 고와야 사위를 고른다. 내 물건이 좋아야 값을 받는다.

반편이 명산(名山) 폐묘(廢墓)한다.

무슨 일에 능숙하지도 못하고 잘 알지도 못하는 이가 도리어 잘 아는 체하다가 명산을 모르고 묘를 폐하는 것처럼 일을 크게 그르친다는 말.
⇨ 반 풍수(風水) 집안 망친다. 선무당이 사람 죽인다.

받아 논 당상(堂上).

작정한 일이 확실하여 아주 틀림이 없다는 뜻.(※당상…당상관(堂上官). 정삼품(正三品) 이상의 벼슬아치.)
⇨ 받아 논 밥상.

발가락의 티눈만큼도 안 여긴다.

업신여김이 매우 심하다는 뜻.

발등에 불이 떨어졌다.

갑자기 피할 수 없는 급한 일이 닥쳐왔다는 뜻.

발 벗고 나선다.

잘 걷기 위하여 발을 벗었다는 것이니, 남의 일을 위하여 적극 애쓴다는 말.

발보다 발바닥이 더 크다.

⌒ 배보다 배꼽이 더 크다.

발 없는 말이 천리 간다.

말은 퍼지기 쉬운 것이니 말조심을 하라는 말.
▷ 무족지언이 비천리(無足之言飛千里). 낮 말은 새가 듣고 밤말은 쥐가 듣는다. 한번 한 말은 어디든지 날아간다.

[典據] '발 없는 말이 천리를 가고 싸고 싼 향내도 난다.' ≪春香傳≫

밤 말은 쥐가 듣고 낮 말은 새가 듣는다.

말은 한번 하기만 하면 새어나가 퍼지는 것이니 말조심하라는 말.
▷ 발 없는 말이 천리를 간다.

밤새도록 물레질만 한다.

속셈은 딴 데 있으면서도 그와 관계없는 딴 수작만 하고 있다는 말.(※ 물레질…물레로써 솜을 실로 뽑는 일.)

밤새도록 울다가 누구 초상이냐고.

무슨 영문인지도 모르고 그 일에 참여하고 있는 어리석음을 이르는 말.
▷ 밤새도록 통곡해도 어느 마누라 초상인지 모른다. 밤새도록 울다가 누가 죽었느냐고.

[典據] '旣終夜哭 問誰不祿' ≪耳談續纂≫

밤에 보아도 낫자루, 낮에 보아도 밤나무.

무슨 물건이건 그 본색은 감추지 못한다는 말.

밤 자고 나서 문안하기.

다 지난 일을 가지고 새삼스럽게 말한다는 뜻.

밤 잔 원수 없고 날 샌 은혜 없다.

원한이나 남에게 진 신세나 은혜도 다 때가 지나면 잊게 된다는 말.
▷ 밤 잔 원수 없다. 날 샌 은혜 없다.

[典據] '經夜無怨 曆日無恩' ≪耳談續纂≫

밥 군 것이 떡 군 것보다 못하다.

↳ 바꾼 것이 떡 군 것만 못하다.

밥 그릇이 높으니까 생일만큼 여긴다.
조금 우대를 해주니까 큰 영광으로 생각하는 사람을 비웃는 말.

밥 먹는 것은 개도 안 때린다.
아무리 큰 잘못이 있어도 음식을 먹을 때는 때리지도 꾸짖지도 말라는 뜻.

밥 빌어다가 죽을 쑤어 먹을 놈.
게으르고 어리석은 사람을 두고 하는 말.

밥 위에 떡.
그만해도 흡족한데 더 주어서 그 이상 바랄 것이 없는 것을 이르는 말.
↳ 금상첨화(錦上添花).

밥은 열 곳에 가 먹어도 잠은 한 곳에서 자랬다.
① 사람은 거처가 일정해야 된다는 말. ② 일은 가리지 않고 해도 여자의 잠자리는 일정한 곳에서 자야 된다는 말.

밥풀로 새 잡기.
도저히 불가능한 일이라는 뜻.

방귀가 잦으면 똥이 나온다.
무슨 일이고 그 징조가 자주 보이면 결국은 그 일이 일어난다는 뜻.
↳ 번개가 잦으면 천둥이 친다. 초시(初試)가 잦으면 급제(及第)한다.

방귀 뀌고 성낸다.
제가 잘못해 놓고 도리어 성을 낸다는 말.
↳ 똥 싸고 성낸다.

방귀 길나자 보리 양식 떨어진다.
일이 공교롭게도 서로 빗나가 낭패를 보게 되었다는 뜻.

⇨ 입맛 나자 노자(路資) 떨어진다. 호사다마(好事多魔).

방둥이 부러진 소, 사돈 아니면 못 팔아 먹는다.

흠이 있는 물건을 잘 아는 사람에게 팔면서 하는 말.(※방둥이…짐승의 엉덩이.)

방망이로 맞고 홍두깨로 때린다.

앙갚음은 제가 받은 것보다 더 크게 한다는 말.
⇨ 되로 주고 말로 받는다.

방앗공이는 제 산 밑에서 팔아 먹으랬다.

물건은 산출되는 본바닥에서 팔아야 실수가 없다는 말. (※ 방앗공이…방아확 속에 든 물건을 내리찧는 몽둥이)

방에 가면 더 먹을까, 부엌에 가면 더 먹을까.

자기 이익만 찾아 헤매는 사람을 말한다.
⇨ 이 장 떡이 더 큰가, 저 장 떡이 더 큰가.

방위(方位)보아 똥눈다.

① 잘 살펴서 경우에 맞는 처사를 한다는 뜻. ② 사람을 보아 그에 알맞게 응대한다는 뜻.

밭 장자(長者)는 있어도 논 장자는 없다.

밭농사에서 얻는 수익이 논농사에서 얻는 수익보다 낫다는 말.

밭 팔아 논 살 때는 이밥 먹자고 하였지.

① 지금까지 하던 일을 그만두고 다른 일을 새로 시작한 것은 좀더 나을까 하여 했는데 별 신통한 일이 없었다는 뜻. ② 본 남편과 이혼하고 개가(改嫁)하였지만 그 남편마저 별 수 없어 실망하였을 때 쓰는 말.

典據 '賣田買畓 欲喫稻飯' ≪旬五志≫

배고픈 놈더러 요기시키란다.

주어야 할 사람에게 도리어 달라고 한다는 뜻.

⇨ 시장한 사람더러 요기시키라 한다.

배고픈 호랑이가 원님을 알아보랴.

가난하고 굶주리면 인사 체면을 돌아볼 겨를이 없다는 말.

⇨ 새벽 호랑이가 중이나 개를 헤아리지 않는다.

배 먹고 이 닦기.

배도 먹고 배 속으로 이도 닦았으니 한 가지 일로써 두 가지 이익을 보았을 때 하는 말.

⇨ 배도 먹고 배 속으로 이 닦는다. 일거양득.

典據 '啖梨之美 兼以灌齒'≪耳談續纂≫, '洗踏足白'≪松南雜識≫

배보다 배꼽이 더 크다.

이치에 어그러진 것을 뜻하는 말.

⇨ 바늘보다 실이 더 크다. 산보다 골이 더 크다. 얼굴보다 코가 더 크다.

배 썩은 것은 딸 주고, 밤 썩은 것은 며느리 준다.

배는 썩은 것도 그대로 먹을 수 있으니까 딸을 주고, 밤 썩은 것은 못 먹을 것이니까 며느리에게 준다는 말이니, 며느리보다 딸을 더 소중히 여긴다는 뜻.

⇨ 가을 볕에는 딸을 쬐고 봄 볕에는 며느리를 쬐인다. 죽 먹은 설거지는 딸을 시키고 비빔 그릇 설거지는 며느리 시킨다.

典據 '梨腐予女 栗朽予婦'≪耳談續纂≫

배 안엣 조부(祖父)는 있어도 배 안엣 형은 없다.

자기보다 나이 적은 사람이 할아버지 뻘이 되는 수는 있으나, 나이 어린 사람이 형이 되는 일은 없다는 말.

배워야 면장을 한다.

남의 윗자리에 서려면 배워야 한다는 말.

배 주고 배속 빌어먹는다.

제것 주고 구걸한다는 뜻이니, 큰 이익은 남에게 주고 작은 이익을 얻을 때 하는 말.

배지 않은 아이 낳으라고 한다.

무리한 요구를 한다는 뜻.

[典據] '不孕兒强産' ≪東言考略≫

백 년을 다 살아야 삼만육천 일.

아무리 오래 산다고 해도 사람의 일생이란 짧다는 말.

백년하청(百年河淸)을 기다린다.

되지도 않을 일을 기다린다는 뜻.

[풀이] 하청(河淸)의 하(河)는 황하(黃河)를 말하는 것이니, 누런 탁류가 천 년에 한 번 맑는다는 말이 있다. '丹丘千年一燒 黃河千年一淸' ≪拾遺記≫

백 번 듣는 것이 한 번 보는 것만 못하다.

실지로 한 번 보는 것이 간접으로 백 번 듣는 것보다 확실하다는 뜻.
⇨ 백문이 불여일견(百聞不如一見).

[典據] '百聞不如一見' ≪漢書≫

백 일 장마에도 하루만 더 왔으면 한다.

① 자기 이익 때문에 자기 본위로 이야기하는 것을 말한다. ② 모든 것이 없어지면 서운하다는 말.
⇨ 오뉴월 불도 쬐다 나면 섭섭하다.

백정이 버들잎 물고 죽는다.

사람은 자기가 하던 짓을 버리지 못한다는 말.(※백정…옛날의 천민계급으로 버들 가지로 고리나 키를 만들어 팔았음.)

백지장도 맞들면 낫다.

아무리 쉬운 일이라도 힘을 합치면 낫다는 말.
⇨ 초지(草紙)장도 맞들면 낫다. 종이도 네 귀를 들어야 바르다.
典據 '紙丈對擧輕' ≪東言考略≫

밴 아이 사내 아니면 계집이지.

앞으로 할 일이 둘 중의 어느 하나라고 할 때 쓰는 말.
⇨ 밴 아이 아들 아니면 딸이지.

뱁새가 황새를 따라가려면 다리가 찢어진다.

제 힘에 겨운 일을 억지로 하다가는 도리어 화를 당한다는 뜻.(※뱁새…몸이 작고 다리가 짧은 새.)
⇨ 짝새(또는 촉새)가 황새 걸음하면 다리가 찢어진다.

뱁새는 작아도 알만 잘 낳는다.

작다고 제 구실 못하라는 법은 없다는 뜻.
⇨ 제비는 작아도 강남 간다. 참새는 작아도 알만 잘 낳는다.

뺨 맞는 데 구레나룻이 한 부조.

아무 소용없는 물건도 쓰일 때가 있다는 말.

뺨 맞을 놈이 여기 때려라 저기 때려라 한다.

벌을 받을 놈이 도리어 큰 소리친다는 뜻.

버들가지 바람에 꺾일까.

가망 없는 일을 바란다는 뜻.
⇨ 오뉴월 황소 불알 떨어지기. 오뉴월 쇠불알 떨어지기를 기다린다.

버릇 배우라니까 과부집 문고리 빼들고 엿장수 부른다.

행실을 고치라니까 오히려 더 못된 짓만 하고 돌아다닌다는 뜻.

버선 목이라 뒤집어 보이나.

남에게 의심을 받아도 변명할 도리가 없을 때 쓰는 말.

번개가 잦으면 천둥을 친다.

↳ 방귀가 잦으면 똥이 나온다.

[典據] '電光索索 霹靂之兆' ≪耳談續纂≫

번갯불에 담뱃불 붙이겠다.

성질이 몹시 급하여 무엇이든지 당장에 그 일을 처리해 버리려고 하는 사람을 두고 하는 말.

⇨ 번갯불에 콩 볶아 먹겠다. 비 틈으로 빠져 나가겠다.

벌거벗고 환도(環刀) 차기.

격에 어울리지 않고 어색한 짓을 한다는 말.

⇨ 갓 쓰고 자전거 탄다. 꾀벗고 돈 한 잎 찬다. 벌거벗고 전통(箭筒)찰까. 속곳 벗고 은가락지 낀다. 속저고리 벗고 은반지. 적삼 벗고 은가락지 낀다. 짚신 감발에 사립(紗笠) 쓰고 간다.

[典據] '赤脫佩劍' ≪東言考略≫

범 굴에 들어가야 범을 잡는다.

어떤 목적을 이루려면 그만큼 위험을 무릅쓰고 노력해야 한다는 뜻.

⇨ 범 굴에 들어가야 범 새끼를 잡는다. 산에 가야 범을 잡는다.

범도 새끼 둔 골을 두남 둔다.

누구나 자기 자식은 사랑하고 소중히 여긴다는 뜻.(※두남 둔다…소중히 여긴다.)

⇨ 호랑이도 자식 난 골에는 두남 둔다. 고슴도치도 제 새끼는 함함하다고 한다.

[典據] '養雛之谷 虎亦顧' ≪旬五志≫≪松南雜識≫, '留子之谷 虎亦顧腹'

≪耳談續纂≫, '虎亦顧 養雛谷' ≪東言考略≫

범도 제 소리하면 오고, 사람도 제 말하면 온다.
마침 화제에 오른 사람이 그 자리에 나타났을 때 하는 말.
⇨ 호랑이도 제 말하면 나온다. 시골 놈 제 말하면 온다.
典據 '談虎虎至 談人人至' ≪耳談續纂≫

범도 죽을 때는 제 집을 찾는다.
누구나 죽을 때는 자기가 난 고향을 그리워한다는 뜻.
⇨ 호랑이도 죽을 때는 제 집을 찾는다.

범 모르는 하룻강아지.
철없이 무서운 줄 모르고 함부로 덤벼드는 것을 말한다.
⇨ 하룻강아지 범 무서운 줄 모른다.

범 무서워 산에 못 가랴.
마음에 꺼림칙하더라도 해야 할 일은 해야 한다는 뜻.
⇨ 구더기 무서워 장 못 담을까.

범 아가리에 날고기 넣은 셈.
욕심쟁이에게 간 물건은 도로 찾지 못한다는 뜻.
⇨ 호랑이에게 개 빌린 격. 고양이에게 반찬 지켜 달라는 격.

범 없는 골에는 토끼가 스승이라.
훌륭한 사람이 없는 곳에서 못난 사람이 잘난 체하는 것을 비웃는 말.
⇨ 혼자 사는 동네 면장이 구장이다. 무호동중에이작호(無虎洞中 狸作虎).
典據 '谷無虎 先生兎' ≪洌上方言≫

범에게 물려가도 정신을 차려라.
아무리 위기에 처해도 정신을 차리면 살아날 길이 있다는 말.
⇨ 범에게 열두 번 물려가도 정신을 차려라. 호랑이에게 물려가도 정신

만 차리면 산다.

범은 그려도 뼈다귀는 못 그린다.

겉모양은 볼 수 있지만 속 내용은 모른다는 말.

⇨ 범을 그려 뼈를 그리기 어렵고, 사람을 사귀어 그 마음을 알기 어렵다.

범을 길러 화를 받는다.

화근(禍根)을 길러서 스스로 걱정거리를 산다는 뜻.

⇨ 양호우환(養虎憂患).

典據 '범을 길러 화를 받는다는 말이 과연 이와 같도다.' ≪仁顯王后傳≫

범의 차반.

없을 때는 굶더라도 있을 때는 있는 대로 다 먹어치우는 사람을 두고 하는 말.

典據 '虎茶飯' ≪東言考略≫

범 잡아먹는 담비가 있다.

↰ 기는 놈 위에 나는 놈이 있다.

법 모르는 관리가 볼기로 위세 부린다.

실력이 없는 사람이 공연히 직권을 남용하여 사람을 괴롭히는 것으로서 일을 얼버무린다는 뜻.

법은 멀고 주먹은 가깝다.

일의 옳고 그름을 따지기 전에 완력부터 쓴다는 뜻.

⇨ 주먹은 가깝고 법은 멀다.

벗 따라 강남 간다.

↰ 동무 따라 강남 간다. 추우강남(追友江南). 권에 못 이겨 방갓 쓴다.

典據 '追友江南往' ≪東言考略≫

벗 줄 것은 없어도 도둑 줄 것은 있다.

① 가난하여 남을 도와줄 물건은 없어도, 도둑 맞을 것은 있다는 뜻. ② 자기에게 가까운 사람에게는 인색한 이가 도리어 남에게 빼앗긴다는 말.
⇨ 동생 줄 것은 없어도 도둑 줄 것은 있다. 쥐 줄 것은 없어도 도둑 줄 것은 있다.

[典據] '給友之物無 賊持之物有' ≪東言考略≫

벙어리 냉가슴 앓듯.

남에게 말 못할 사정이 있어 저 혼자 마음속으로 애태우는 것을 두고 하는 말.

벙어리 두 몫 떠들어댄다.

모자라는 사람일수록 더 떠들썩하게 말이 많다는 뜻.

벙어리 서방질을 해도 제 속이 있다.

어리석은 이가 무슨 일을 저질러도 제 딴에는 속셈이 있어 하는 짓이라는 뜻.
⇨ 처녀가 한증을 해도 제 매련은 있다.

벙어리 속은 그 어미도 모른다.

말하지 않으면 그 내용은 아무도 모른다는 뜻.
⇨ 말 안 하면 귀신도 모른다.

베는 석 자라도 틀은 틀대로 해야 된다.

적거나 급한 일이라 하여 기본 원칙을 무시할 수는 없다는 말.
⇨ 석 자 베를 짜도 베틀 벌리기는 일반.

베돌던 닭도 때가 되면 홰 안에 찾아든다.

한데 어울리지 않고 따로 돌던 사람도 언젠가는 다시 돌아올 때가 있다는 말.

베어도 움돋이.

아무리 없애려 해도 자꾸 생겨난다는 말.

벼룩도 낯짝이 있다.

너무나도 뻔뻔스러운 사람을 보고 하는 말.
⇨ 빈대도 콧등이 있다.

벼룩의 간을 내어먹는다.

매우 적은 이익을 억지 수단을 써서 착취한다는 뜻.
⇨ 모기 다리의 피를 뺀다.

|典據| '蚤腸出食' ≪東言考略≫

벼룩의 등에 육간대청(六間大廳)을 짓겠다.

도량이 좁고 하는 짓이 답답한 사람을 두고 하는 말.
⇨ 부시통에 연풍대(宴豊臺) 하겠다.

벼르던 애기 눈이 먼다.

벼르던 일이 오히려 낭패되기 쉽다는 말.
⇨ 욕교반졸(欲巧反拙).

벼르던 제사에 물도 못 떠놓는다.

① 오랫동안 잘하려고 벼르고 기대하는 일은 도리어 더 못하게 되는 수가 많다는 뜻. ② 계획이 많으면 아무 일도 못한다는 말.

벼슬은 높이고 뜻은 낮추어라.

지위가 높을수록 마음을 낮추어 먹고 겸손해야 한다는 뜻.

|典據| '位思其崇 志思其恭' ≪耳談續纂≫

벽을 치면 대들보가 울린다.

암시만 해도 곧 눈치를 채고 알아듣는다는 뜻.
⇨ 변죽을 치면 복판이 운다. 기둥을 치면 대들보가 운다.

병든 놈 두고 약 지러 갔더니 약국도 두건을 썼더란다.

일이 급하고 요긴할 때면 찾는 것이 어긋나기 쉽다는 뜻.(※두건…상제가 머리에 쓰는 건.)

병신 고운 데 없다.

몸이 병신이면 마음씨까지도 바르지 못하다는 뜻.

병신 달밤에 체조한다.

못난 자가 더욱더 미운 짓만 한다는 뜻.

⇨ 미운 벌레 모로 긴다. 예쁘지 않은 며느리 삿갓 쓰고 어스름 달밤에 나선다.

병신이 육갑(六甲)한다.

되지 못한 자가 가끔 엉뚱한 짓을 할 때 하는 말.(※육갑(六甲)…육십갑자.)

병신 자식이 효도한다.

별로 대단치 않게 여기던 것이 도리어 제구실을 할 때 하는 말.

⇨ 눈 먼 자식이 효자 노릇한다. 굽은 나무가 선산을 지킨다. 나갔던 며느리 효도한다.

[典據] '彼眇者子乃孝厥妣' ≪耳談續纂≫

병 주고 약 준다.

일이 안 되도록 방해하여 놓고 도와주는 체한다는 뜻.

⇨ 사람 죽여 놓고 초상 치러 주기.

보기 좋은 떡이 먹기도 좋다.

겉모양이 좋으면 내용도 좋다는 뜻.

[典據] '觀美之餌 啖之亦美' ≪耳談續纂≫

보기 좋은 음식 별 수 없다.

겉 모양은 좋으면서 그 내용은 신통치 못하다는 뜻.

보리 누름에 선 늙은이 얼어죽는다.

따뜻해야 할 계절이 도리어 춥게 느껴지는 때에 쓰는 말.
⇨ 꽃샘에 선 늙은이 얼어죽는다.

보리로 담은 술 보리 냄새가 안 빠진다.

제 본성은 그대로 지닌다는 뜻.
⇨ 보리 술이 제 맛 있다.

보리밥알로 잉어 낚는다.

적은 자본으로 많은 이익을 얻었을 때 하는 말.
⇨ 곤지 주고 잉어 낚는다.

보자보자 하니까 얻어온 장 한 번 더 뜬다.

좀 나아질까 하였더니 더 못된 일을 저지른다는 말.

보채는 아이 젖 준다.

무슨 일이나 조르는 사람에게 더 잘해 주게 된다는 말.
⇨ 보채는 아이 밥 한 술 더 준다.

복 없는 처녀는 봉놋방에 가 누워도 고자 곁에 눕는다.

운수 나쁜 사람은 하는 일마다 불운이 닥쳐온다는 말.(※봉놋방…머슴들이 모여 자는 방.)
⇨ 계란에도 뼈가 있다. 복 없는 봉사 괘문(卦文)을 배워 놓으면 감기 앓는 놈도 없다. 능참봉을 하니까 거동이 한 달에 스물아홉 번.

복은 쌍으로 안 오고 화는 홀로 안 온다.

기쁜 일은 겹쳐 오지 않고, 화는 연거푸 닥쳐온다는 뜻.

볶은 콩도 골라 먹는다.

사람은 무엇이나 골라 갖는다는 뜻.

봄 꽃도 한때.

부귀나 영화도 한때의 일로 오래 계속되지 못한다는 뜻.

⇨ 화무십일홍(花無十日紅). 열흘 붉은 꽃 없다. 한 달이 크면 한 달이 작다.

봄 꿩이 제 바람에 놀란다.

제가 한 일에 제가 놀란다는 뜻.

⇨ 노루가 제 방귀에 놀란다.

봄 꿩이 제 울음에 죽는다.

제 허물을 제가 드러내어 화를 당한다는 말.

典據 '哀彼春雉 自鳴以死《耳談續纂》, '春山雉 以鳴死《洌上方言》, '春雉自鳴《東言考略》

봄 사돈은 꿈에도 보기 무섭다.

한창 어려운 봄철에는 가장 어려운 손님인 사돈을 대접하기 곤란함을 이르는 말.

봄에 깐 병아리 가을에 와서 세어 본다.

이해 타산에 어수룩함을 말한다.

봄 첫 갑자일(甲子日)에 비가 오면 백리중(百里中)이 가물다.

봄철 들어 첫번째 맞는 갑자날에 비가 오면 오랫동안 가물 징조라는 말.

봇짐 내어주며 앉으라 한다.

속으로는 싫어하면서도 겉으로는 좋아하는 체하는 것을 말함.

⇨ 봇짐 내어주며 하룻밤 더 묵으라 한다.

봉 가는 데 황이 간다.

(※ 봉황(鳳凰)…성인(聖人)이 태어나면 난다는 상상의 새의 자웅(雌雄))

⇨ 바늘 가는 데 실 간다. 범 가는 데 바람 간다. 용 가는 데 구름 간다.

봉사가 개천을 나무란다.

⌐ 소경이 개천을 나무란다.

봉사 기름 값 물어 주기.

자기에게 관계되지 않는 돈을 억울하게 물게 될 때 하는 말.
⇨ 중이 회(膾) 값 물어 준다.

봉사 단청(丹靑) 구경.

그 참모습을 모르고 만다는 뜻.
⇨ 봉사 굿 보기.

[典據] '盲玩丹靑' ≪旬五志≫

봉사 문고리 잡기.

⌐ 소경이 문 걸쇠. 맹자정문(盲者正門).

봉사 제 점 못한다.

⌐ 중이 제 머리 못 깎는다. 식칼이 제 자루를 깎지 못한다. 의사가 제 병 못 고친다.

부귀빈천(富貴貧賤)이 물레바퀴 돌듯한다.

사람의 운명은 쉴새 없이 바뀐다는 뜻.
⇨ 사람 팔자 시간 문제. 음지가 양지되고 양지가 음지된다.

부뚜막 땜질 못하는 며느리, 이마의 털만 뽑는다.

일은 못하는 주제에 맵시만 내는 사람을 말함.
⇨ 동정 못 다는 며느리, 맹물 발라 머리 빗는다. "구막 매질 못하는 며느리, 이마의 털만 뽑는다."≪평안도≫

부뚜막의 소금도 집어넣어야 짜다.

아무리 쉬운 일이라도 하지 않으면 소용없다는 말.
⇨ 구슬이 서 말이라도 꿰어야 보배. 가마 속의 콩도 삶아야 먹는다.

[典據] '竈上鹽 執入後鹹' ≪東言考略≫

부러진 칼자루에 옻칠하기.
쓸데없는 헛일을 한다는 뜻.

뿌리 깊은 나무는 가뭄 타지 않는다.
무엇이든 근원이 깊고 든든하면 고난을 이겨낼 수 있다는 말.
➪ 샘이 깊은 물은 가뭄을 아니 탄다.

뿌리 없는 나무에 잎이 필까.
원인이 없이 결과가 있을 수 없다는 말.
➪ 아니 땐 굴뚝에 연기 날까.

부모가 반 팔자.
어떤 부모에게서 태어나느냐 하는 것이 사람의 운명을 결정하는 중요한 요소라는 뜻.

부모가 착해야 효자가 난다.
부모가 착해야 아들도 따라서 착하게 된다는 뜻.
➪ 부모가 온 효자가 되어야 자식이 반 효자. 윗물이 맑아야 아랫물이 맑다.

부모 속에는 부처가 들어 있고 자식 속에는 앙칼이 들어 있다.
부모는 자식을 무한히 사랑하나 아들은 불효할 뿐이라는 뜻.

부부 싸움은 칼로 물 베기.
부부 사이의 싸움은 쉬 화합한다는 말.
➪ 내외간 싸움은 개 싸움.

[典據] '夫婦戰 水割刀' ≪東言考略≫

부아 돋은 날 의붓아비 온다.
화를 낼 일이 겹친다는 뜻.

부앗김에 서방질한다.
　⤷ 홧김에 화냥질한다.

부엉이 셈 치기.
계산이 분명치 않은 사람을 두고 하는 말.
[典據] '鶹鶹計數'《旬五志》《松南雜識》

부엌에 가면 더 먹을까, 방에 가면 더 먹을까.
여기가 나을까, 저기가 나을까 하고 망설인다는 말.
⇨ 이 장 떡이 더 클까, 저 장 떡이 더 클까.

부엌에서 숟가락 얻었다.
대단찮은 일을 하고 큰 자랑을 하는 것을 비웃는 말.
　⤷ 살강 밑에서 숟가락 얻었다.
[典據] '饌廚之下 得匙何者'《耳談續纂》

부자는 망해도 삼 년 먹을 것이 있다.
부자이던 사람은 망했다 해도 얼마 동안은 그럭저럭 살아 나갈 수 있다는 뜻.
⇨ 큰 집은 기울어도 삼 년 간다.

부잣집 외상보다 거지 맞돈이 좋다.
장사에는 아무리 튼튼한 자리의 외상이라도 맞돈보다는 못하다는 뜻.

부자 하나면 세 동네가 망한다.
어떤 큰 일을 하나 이루려면 많은 희생이 있게 된다는 뜻.

부조는 않더라도 제상이나 치지 마라.
도와주지는 못할망정 일을 방해하지 말라는 뜻.
⇨ 동냥은 못 주나 쪽박이나 깨지 마라.

부지런한 물레방아는 얼 새도 없다.
무슨 일이고 부지런히 하면 실수가 없고 성사가 된다는 뜻.
⇨ 부지런한 이는 앓을 틈도 없다.

부처님 공양 말고 배고픈 사람 밥 먹여라.
부처님에게 정성을 들여 복을 구하기보다 실지로 덕을 쌓는 것이 낫다는 말.

부처님 살찌고 마르기는 석수(石手)에게 달렸다.
일이 잘되고 못 되는 것은 그 일을 맡은 사람에게 달렸다는 뜻.

부처님에게 생선 방어 토막 훔쳐먹었다고 한다.
당치도 않은 말이라고 제 무죄를 변명하는 말.

부처 밑을 기울이면 삼거웃이 드러난다.
아무리 점잖은 사람이라도 내면을 들추면 지저분한 일이 없지 않다는 뜻.(※삼거웃…마(麻)를 삼다가 거기서 떨어진 부스러기.)
典據 '刮佛本麻滓出'《旬五志》, '佛底刮麻毛發'《洌上方言》, '佛底麻去兀露'《東言考略》

부처 위해 불공하나, 제 몸 위해 불공하지.
무슨 일이나 결국은 제게 이로운 일을 위하여 하는 것이라는 뜻.

북두칠성이 앵돌아졌네.
북두칠성의 위치가 획 돌아갔다 함이니 일이 낭패되었다는 뜻.

북어 뜯고 손가락 빤다.
작은 이익까지 추구하나 별 소득이 없다는 말.

북어 한 마리 주고 제사 엎는다.
보잘것없는 것을 주고는 큰 손해를 끼친다는 뜻.

북은 칠수록 소리난다.

하면 할수록 그만큼 손해만 커진다는 말.
⇨ 똥은 건드릴수록 구린내만 난다.

불 난 강변에 덴 소 날뛰듯 한다.

갑자기 급한 일을 당하여 어쩔 줄 모르는 사람을 두고 하는 말.
[典據] '火燒江邊 爛牛奔' ≪東言考略≫

불난 끝은 있어도 물난 끝은 없다.

화재는 가재를 다소 얼마라도 건질 수 있으나, 수재는 가재가 몽땅 떠내려가 버려 그 피해가 더 크다는 뜻.
⇨ 가물 끝은 있어도 장마 끝은 없다.

불난 데 부채질한다.

① 남의 안 되는 일에 더 안 되도록 심술을 부린다는 뜻. ② 화난 사람을 더 노하게 한다는 뜻.
⇨ 불난 데 풀무질한다. 불붙는 데 키질한다. 울려는 아이 뺨 치기.

불면 날까, 쥐면 꺼질까.

어린 자녀를 매우 애지중지하는 것을 말함.
[典據] '吹之恐飛 執之恐陷' ≪旬五志≫, '吹恐飛 執恐虧' ≪洌上方言≫, '吹之恐飛 執之恐陷' ≪松南雜識≫

불 안 땐 굴뚝에 연기날까.

무슨 소문이 있는 것은 반드시 그 원인이 있기 때문이라는 뜻.
[典據] '不燃之堗 烟不生' ≪旬五志≫, '堗不燃 不生烟' ≪洌上方言≫, '不燃堗 烟何生' ≪東言考略≫

비는 장수 목 벨 수 없다.

자기의 잘못을 뉘우치고 빌면 아무리 큰 잘못이라도 용서하게 된다는 말.

⇨ 비는 데는 무쇠도 녹는다. 귀신도 빌면 듣는다.

비단 대단(大緞) 곱다 해도 말같이 고운 것은 없다.

비단이 아무리 곱다 해도 아름다운 마음씨에서 우러나오는 말처럼 고운 것은 없다는 뜻.

비단옷 입고 밤길 걷기.

애쓰고도 아무 보람이 없는 일을 하였을 때 하는 말.
⇨ 금의야행(錦衣夜行). 동무 몰래 양식 낸다. 어둔 밤에 눈 꿈적이기. 절 모르고 시주하기.

비둘기는 몸은 나무에 있어도 마음은 콩밭에 있다.

먹을 것 있는 데만 정신을 쓰고 다른 일에는 정신이 없다는 뜻.
⇨ 비둘기는 콩밭에만 마음이 있다.

비렁뱅이가 하늘을 불쌍히 여긴다.

쓸데없는 걱정을 한다는 뜻.

典據 '乞人憐天' 《旬五志》《松南雜識》

비온 뒤에 땅이 굳어진다.

풍파를 겪은 뒤에 일이 더 단단하게 마무리된다는 뜻.

비지 먹은 배는 약과도 싫다 한다.

비록 좋지 않은 음식이나마 배불리 먹으면 좋은 음식이라도 싫다는 뜻.

典據 '腹飽豆粕 粗粇厭嚼' 《耳談續纂》

빈 수레가 더 요란하다.

지식이 없고 교양이 부족한 사람이 더 아는 체하고 떠든다는 뜻.

빌어는 먹어도 다리 아래 소리하기는 싫다.

아무리 어려운 경우에도 사정해 가며 빌기는 싫다는 뜻.
⇨ 빌어 먹어도 절하고 싶지 않다.

[典據] '雖乞食 厭拜謁' ≪洌上方言≫, '誰則乞伈 猶然恥拜' ≪耳談續纂≫

빗자루 든 놈 보고 마당 쓸라고 한다.

제 스스로 하려는 사람에게 그 일을 시킬 때 하는 말.

빚값에 계집 뺏기.

핑계삼아 무도한 짓을 하는 심술쟁이 짓을 말함.
➪ 논두렁에 구멍 뚫기. 우는 아이 뺨 때리기. 아이 밴 계집 배 차기. 우물 밑에 똥 누어 놓기. 애호박에 말뚝 박기.

빚 보증하는 자식 낳지도 마라.

까딱하면 돈 한 푼 안 써보고 빚돈을 대신 갚아 줘야 하므로 경계하여 하는 말.
➪ 빚 보인(保人) 하는 자식은 낳지도 마라.

빚 주고 뺨 맞는다.

남에게 잘해 주고 오히려 욕을 당할 때 쓰는 말.
[典據] '給債逢批頰' ≪旬五志≫, '債旣給逢批頰' ≪洌上方言≫, '給債逢頰' ≪東言考略≫

빚진 죄인.

빚쟁이 앞에서 빚진 사람이 기가 죽은 모양을 말한다.
➪ 빚진 종.

빛 좋은 개살구.

겉모양은 좋으나 실속이 없다는 뜻.
➪ 붉고 쓴 장. 허울 좋은 하눌타리.

ㅅ

싸고 싼 사향(麝香)도 냄새난다.
숨기려고 몹시 애써도 숨길 수 없는 경우에 하는 말.
⇨ 싸고 싼 향내도 난다.

사공이 많으면 배가 산으로 올라간다.
무슨 일을 할 때 간섭하는 사람이 많으면 일이 잘 안 된다는 뜻.
⇨ 사공 많은 배 산으로 올라간다. 목수 많은 집이 기울어진다.

사귀어야 절교(絕交)하지.
사귀기도 전에 절교할 수 없듯이 서로 관계가 없으면 의를 상하지도 않는다는 뜻.
典據 '本不結交 安有絕交'《耳談續纂》

사나운 개 콧등 아물 틈 없다.
사나운 사람은 항상 상처를 입고 있어 온전한 날이 없다는 말.
⇨ 사나운 개 입 성할 날 없다.
典據 '可憎之犬 鼻不離癬'《耳談續纂》, '憎犬 鼻無完時'《東言考略》

사나운 말에는 별난 길마 지운다.
성격이 거칠고 행실이 사나운 사람은 특별한 제재를 받게 된다는 뜻.
⇨ "간지난 물에 초난 질매 지운다."《제주도》

사냥 가는 데 총 안 가지고 가는 것 같다.
무슨 일을 하러 갈 때 가장 요긴한 물건을 빠뜨리고 간다는 뜻.

⇨ 장가 들러 가는 놈이 불알 떼어 놓고 간다. 장사 지내러 가는 놈이 시체 두고 간다. 혼인 집에서 신랑 잃어버렸다.

사당 치레하다가 신주 개 물려 보낸다.

겉만 애써 꾸미려다가 정작 중요한 내용을 잃어버린다는 뜻.
⇨ 치장 차리다가 신주 개 물려 보낸다.

사또 떠난 뒤에 나팔 분다.

기회를 놓치고 난 다음에야 일을 시작한다는 말. (※사또…어사또[御使道]의 준말. 옛날 어사또가 길을 가려면 행차 앞에서 가며 나팔을 불어 행인들을 비키게 했다.)
⇨ 행차 뒤에 나팔. 굿 마친 뒷장구. 여드레 병풍친다. 열흘날 잔치에 열하룻날 병풍 친다.

사돈네 남의 말한다.

제 일을 놔두고 남의 일에 말참견한다는 뜻.
⇨ 사돈네 남 나무란다. 사돈네 논 산다.

사돈도 이럴 사돈 다르고 저럴 사돈 다르다.

같은 경우라도 사람에 따라 대접이 달라야 할 때를 말한다.
⇨ 사돈도 이럴 사돈 저럴 사돈 있다. 이렇게 대접할 손님이 있고, 저렇게 대접할 손님이 따로 있다. "사둔도 영 홀 사둔 다르곡 정 홀 사둔 다르다."《제주도》

사돈 밤 바래기.

사돈은 가장 어려운 손님이므로 밤에 귀가할 때 바래다주는데, 이편에서는 저 집에, 저 집에서는 다시 이 집으로 서로 바래다주다 보면 밤을 새우게 된다는 말.

사돈의 잔치에 중이 참여한다.

아무 상관없는 남의 일에 끼어든다는 말.

⇨ 봉치에 포도군사(捕盜軍士). 시앗 싸움에 요강 장사.

[典據] '査頓宴 儈客' ≪旬五志≫

사돈의 팔촌

자기와 아무 상관이 없는 남이라는 뜻

[典據] '査頓八寸' ≪東言考略≫

사돈집과 뒷간은 멀수록 좋다.

↖ 뒷간과 사돈집은 멀수록 좋다.

사돈집과 짐바린 골라야 좋다.

마소의 짐바리가 양쪽의 짐 무게가 고르게 균형이 잡혀야 좋듯이, 사돈끼리도 가문이나 재산 정도가 서로 비등해야 좋다는 말.

⇨ "사둔칩광 짐파린 골라사 존나." ≪제주도≫

사돈집 잔치에 감 놓아라 배 놓아라 한다.

저와 아무 관계없는 남의 일에 간섭한다는 말.

⇨ 남의 잔치에 감 놓아라 배 놓아라 한다. 남의 장에 감 놓아라 배 놓아라 한다. 닷곱에 참례, 서홉에 참견. 시앗 싸움에 요강 장사라. 오지랖이 넓다. 치마가 열두 폭인가. 사돈의 잔치에 중이 참여한다.

[典據] '姻家宴 柿梨擅' ≪洌上方言≫

싸라기 쌀 한 말에 칠푼 오리라도 오리 없어 못 먹더라.

아무리 적은 돈이라도 소중히 여겨 아껴 쓰라는 말.

⇨ "무곡쑬 흔 말에 칠푼 오리라도 오리 웃엉 못 먹더라." ≪제주도≫

사람과 쪽박은 있는 대로 쓴다.

살림살이를 하는 데 있어 쪽박이 있는 대로 다 쓰이듯이, 사람도 제각기 쓸모가 다 있다는 말.

⇨ 개천에 내다버릴 종 없다. "사름과 족박은 신대로 씬다." ≪제주도≫

사람에 버릴 사람이 없으면 물건에 버릴 물건 없다.

사람 살 곳은 골골이 있다.

이 세상은 어디에 가나 서로 도와주는 풍속이 있어 살아갈 수 있다는 말.
⇨ 사람 살 곳은 가는 곳마다 있다. 인간도처유청산(人間到處有靑山).
활인불(活人佛)이 골마다 난다.

사람에 버릴 사람이 없으면 물건에 버릴 물건 없다.

무슨 물건이든 두어 두면 쓰일 때가 있다는 말.
⇨ 사람과 쪽박은 있는 대로 쓴다.

사람은 구하면 앙분을 하고, 짐승은 구하면 은혜를 한다.

사람은 은혜를 잊는 수가 많으므로 그런 사람은 짐승만 못하다고 비유한 말.
⇨ 검은 머리 가진 짐승은 구제 마라. 머리 검은 고양이 귀치 마라. 머리 검은 짐승은 남의 공을 모른다.

사람은 낳으면 서울에 보내고, 우마는 낳으면 상산(上山)에 두라.

⌜ 사람의 새끼는 서울로 보내고, 마소의 새끼는 제주로 보내라.

사람은 늙어지고, 시집은 젊어진다.

시집살이는 늙어도 점점 어려운 경우가 있다는 말.

사람은 잡기(雜技)를 해보아야 마음을 안다.

사람의 본성은 투기성이 있는 놀음을 같이 해봐야 잘 나타나서 그 사람의 참된 모습을 안다는 말.

사람은 죽으면 이름을 남기고, 범은 죽으면 가죽을 남긴다.

사람은 생전에 좋은 일을 하여 후세에 명예로운 이름을 남겨야 한다는 뜻.
⇨ 인사유명 호사유피(人死遺名 虎死遺皮).

典據 '豹死留皮 人死留名' ≪五代史記 王彦章傳≫

사람은 헌 사람이 좋고, 옷은 새 옷이 좋다.

⌐ 옷은 새 옷이 좋고, 사람은 옛 사람이 좋다.

사람의 새끼는 서울로 보내고, 마소의 새끼는 제주로 보내라.

사람은 서울에서 자라야, 듣고 보는 것이 많아서 견식을 넓히고 또 출세할 기회도 많다는 말.

⇨ 마소의 새끼는 시골로, 사람의 새끼는 서울로, 사람은 낳으면 서울로 보내고 우마는 낳으면 상산에 두라.

사람이면 사람인가, 사람이라야 사람이지.

사람은 사람의 탈을 쓰는 것뿐만 아니라 사람다운 일을 해야 참다운 사람이라는 뜻.

사람 죽여 놓고 초상 치러 주기.

제가 잘못을 저질러 놓고 나서 도와준다는 말.

⇨ 병 주고 약 주기.

사랑은 내리 사랑.

윗사람이 아랫사람을 사랑하기는 예사지만 그 반대 현상은 드물다는 뜻.
⇨ 내리사랑은 있어도 치사랑은 없다. 아래 사랑은 있어도 위 사랑은 없다.

싸리밭에 개 팔자.

남부럽지 않은, 편안한 상팔자라는 뜻.
⇨ 댑싸리 밑의 개 팔자. 음지陰地의 개 팔자. 풍년 개 팔자.

사모(紗帽) 바람에 거드럭거린다.

벼슬하는 유세로 못된 짓을 하면서도 도리어 큰 소리한다는 뜻.(※사모…관복을 입을 때 쓰던 비단으로 짠 모자, 즉 벼슬아치의 관모(官帽)).
⇨ 금관자(金貫子) 서슬에 큰 기침한다.

사모에 갓끈이라.

제격에 어울리지 않는다는 뜻.

⇨ 사모에 영자(纓子). 방갓[方笠]에 쇄자질. 삿갓에 쇄자질.(※쇄자…갓·탕건 등의 먼지를 터는 솔.)

사십에 첫 버선.

↖ 갓마흔에 첫 버선이라.

싸움은 말리고 흥정은 붙이랬다.

좋지 않은 일은 중지시키고, 좋은 일은 권장하라는 뜻.

⇨ 싸움은 말리고 불은 끄랬다.

[典據] '勸賣買 鬪則解' ≪洌上方言≫

사위가 고우면 요강 분지를 쓴다.

사위는 처가에 가면 후한 대접을 받는다는 뜻.

⇨ "사우레 고우믄 오강 분디를 쓴다."≪평안도≫

사위가 무던하면 개 구유를 씻는다.

처가에 가면 극진한 대우를 받는 사위지만, 까다롭지 않은 성격을 가진 사위는 개 밥통을 씻을 만큼 무던하게 스스럼없이 지낸다는 말.

사위는 백 년 손이요, 며느리는 종신(終身) 식구라.

사위나 며느리는 모두 남의 자식이지만 며느리는 제 집 사람이 되어 스스럼없으나, 사위는 정분이 두터우면서도 끝내 손님처럼 어렵다는 말.

⇨ 사위는 백년지객(百年之客)이라.

사위도 반 자식이라.

사위도 가끔 자식 구실을 할 때가 있으므로 하는 말.

↔ 사위 자식 개 자식.

사위 사랑은 장모, 며느리 사랑은 시아버지.

ᄂ 며느리 사랑은 시아버지, 사위 사랑은 장모.

사위 자식 개 자식.

사위는 결국 장인·장모에게 자식 맞잡이가 될 수 없는, 끝내 남의 자식이라는 뜻.

사위 × 보니 외손자 볼까 싶지 않다.

일의 시초를 보니 잘 되기는 글렀다는 뜻.

사자 없는 산에 토끼가 대장 노릇한다.

ᄂ 범 없는 골에는 토끼가 스승이라.

싸전에 가서 밥 달라 한다.

성미가 매우 급한 사람을 두고 하는 말.
⇨ 우물에 가서 숭늉 달라겠다. 콩밭에 가서 두부 찾는다.

사정이 많으면 한 동리에 시아비가 아홉.

① 지나치게 남의 사정만 봐주다가 도리어 제 신세를 망치게 된다는 말.
② 정조 관념이 희박한 여자를 두고 하는 말.
⇨ 남의 사정 보다가 갈보 난다. 인정에 겨워, 동네 시아비가 아홉이라.

사주(四柱)에 없는 관(冠)을 쓰면 이마가 벗어진다.

제 분수에 넘치는 일을 하게 되면 도리어 괴롭다는 말.

사촌네 집도 부엌부터 들여다본다.

아무리 친한 사이라도 당길 욕심이 있어 주기만 바란다는 말.
⇨ 사촌 영장(永葬)도 부엌부터 들여다보아야 한다.

사촌이 땅을 사면 배가 아프다.

사람은 남이 잘 되는 것을 공연히 시기한다는 말.
⇨ 사촌이 땅을 샀나. 배가 아프게.

사침에도 용수 있다.

아무리 바쁘더라도 틈을 내려면 낼 수 있다는 말.(※사침…사침대. 베틀의 베개미 옆에서 날 사이를 띄어 주는 두 개의 나무.)
⇨ 바쁘게 찧는 방아에도 손 놀 틈이 있다. 새우 찧는 절구에 손 들어갈 때 있다.

사후 술 석 잔 말고 생전에 한 잔 술이 달다.

죽은 뒤에 아무리 잘하여도 소용이 없으니 생전에 적은 대접이나마 잘하라는 뜻.
⇨ 죽어 석 잔 술이 살아 한 잔 술만 못하다.

사후(死後) 약방문(藥方文).

이미 일이 다 끝났으므로 아무 소용이 없다는 말.
⇨ 사후 청심환(淸心丸). 상여 뒤에 약방문. 성복(成服) 뒤에 약방문.

사흘 굶어 도둑질 아니할 놈 없다.

착한 사람이라도 몹시 궁핍하게 되면 옳지 못한 짓도 저지르게 된다는 뜻.
⇨ 사흘 굶어 담 아니 넘을 놈 없다. 열흘 굶어 군자(君子) 없다.

  典據 '人飢三日 無計不出' ≪耳談續纂≫

사흘 굶으면 양식 지고 오는 놈 있다.

사람이 매우 지내기 어렵게 되면 뚫리는 일이 생겨 굶어죽는 일은 없다는 뜻.
⇨ 굶어죽기는 정승하기보다 어렵다. 궁즉통(窮則通). 가난이 질기다. 산 사람 목구멍에 거미줄 치랴. 산 입에 거미줄 치랴. 세 끼를 굶으면 쌀 가지고 오는 놈 있다.

사흘 굶은 범이 원님을 안다더냐.

사람도 몹시 굶주리면 아무것도 가릴 것이 없게 된다는 말.
⇨ 새벽 호랑이 중이나 개를 헤아리지 않는다. 새벽 호랑이 쥐나 개나

모기나 하루살이나 하는 판. 호랑이가 굶으면 환관(宦官)도 먹는다.

사흘 길에 하루쯤 가서 열흘씩 눕는다.

① 일을 급히 하려고 서두르면 도리어 일이 더디게 된다는 뜻. ② 게으른 사람이 일을 늑장 부려 하다가 일이 안 될 때 하는 말.

典據 '三日之程 一日往十日臥'《旬五志》《松南雜識》

사흘 길 하루도 아니 가서.

일이 첫 시작부터 탈이 생겨, 앞으로 해야 할 일이 까마득하다는 뜻.
⇨ 열흘 길 하루도 아니 가서.

典據 '三日程 如未一日行'《東言考略》, '三日程 一日未行'《熱河日記 渡江錄》

삭은 바자 구멍에 노란 개 주둥이.

남의 말하는 사이에 끼어 들어와서 쓸데없이 참견을 하는 사람을 비웃어서 하는 말.(※바자…대・수수깡・싸리 등으로 엮어 만든 울타리.)
⇨ 다 삭은 바자 틈에 노랑 개 주둥이같이. 남의 잔치에 감 놓아라 배 놓아라. 남의 장에 감 놓아라 배 놓아라 한다. 닷곱에 참례, 서 홉에 참견. 사돈집 잔치에 감 놓아라 배 놓아라 한다. 산신(山神) 제물에 메뚜기 뛰어들듯. 시앗 싸움에 요강 장사라. 오지랖이 넓다. 치마가 열 두 폭인가.

산 개가 죽은 정승(政丞)보다 낫다.

아무리 구차하고 천한 신세라도 죽는 것보다는 사는 것이 낫다는 말.
⇨ 개똥에 굴러도 이승이 좋다. 거꾸로 매달아도 이승이 좋다. 말똥에 굴러도 이승이 좋다. 땡감을 따먹어도 이승이 좋다. 소여(小輿) 대여(大輿)에 죽어 가는 것이 헌옷 입고 볕에 앉았는 것만 못하다. 죽은 석숭(石崇)보다 산 돼지가 낫다. 죽은 정승이 산 개만 못하다.

싼 것이 비지떡.

값싼 물건이 항상 품질이 좋지 않다는 말.
⇨ 값싼 것이 비지떡.

산골 부자가 해변 개보다 못하다.

바닷가에는 고기가 흔하여 개도 항상 고기를 먹을 수 있으나, 산골에는 고기가 귀하여 부잣집이라도 고기 먹기는 쉽지 않다는 뜻.

산 김(金)가 셋이 죽은 최(崔)가 하나를 못 당한다.

김씨 성을 가진 사람은 흔히 성격이 관후(寬厚)하고, 최씨 성을 가진 이는 단단하고 매섭다 하여 하는 말.
⇨ 죽은 최가 하나가 산 김가 셋을 당한다.

산 닭 주고 죽은 닭 바꾸기도 어렵다.

보통때는 흔하던 물건도 필요해서 구하면 구하기 어렵다는 말.
⇨ 개똥도 약에 쓰려면 없다. 까마귀 똥도 약이라니까 물에 깔긴다. 하던 지랄도 멍석 펴놓으면 안 한다.

[典據] '給生鷄 換死鷄 亦難' 《東言考略》

산 밑 집에 방앗공이가 논다.

① 마땅히 있어야 할 곳에 오히려 없다는 말. ② 산지(産地)가 다른 고장보다 그 물건이 귀할 때 하는 말.(※논다… 귀하다.)

[典據] '山下卜宅 春杵難獲' 《耳談續纂》, '山底杵貴' 《旬五志》 《松南雜識》, '山下住貴杵臼' 《冽上方言》

산 밖에 난 범이요, 물 밖에 난 고기.

사경(死境)에 가까운 위기에 처하게 되었다는 뜻.
⇨ 그물에 걸리 고기라. 그물에 든 고기. 낚시바늘에 걸린 생선. 덫에 치인 범이요, 그물에 걸린 고기라. 도마에 오른 고기. 독 안에 든 쥐. 물 밖에 난 고기. 푸줏간에 든 소.

산 사람의 목구멍에 거미줄 치랴.

사람은 아무리 가난하여도 입에 풀칠해 나갈 수 있다는 말.
➪ 산 사람의 입에 납 거미줄 칠까. 굶어죽기는 정승하기보다 어렵다. 사흘 굶으면 양식 지고 오는 놈 있다. 산 입에 거미줄 치랴.
　典據　'活人之啜 蛛不布網' ≪耳談續纂≫

산 속에 있는 열 놈의 도둑은 잡아도 제 맘 속에 있는 한 놈의 도둑은 못 잡는다.

제 마음속에 있는 옳지 못한 생각은 스스로 고치기 어렵다는 뜻.

산에 들어가 호랑이를 피하랴.

이미 앞에 닥친 위험은 도저히 못 피한다는 뜻.
　典據　'入山忌虎' ≪旬五志≫, '入山欲避虎' ≪東言考略≫

산엘 가야 꿩을 잡고, 바다엘 가야 고길 잡는다.

일을 하려면 먼저 그 일의 목적지에 가야 일이 된다는 말.
➪ 산에 가야 범을 잡지. "산일 가사 꿩 잡곡, 바당엘 가사 개길 잡나." ≪제주도≫

산은 오를수록 높고, 물은 건널수록 깊다.

갈수록 점점 더 어려운 일이 생긴다는 말.
➪ 갈수록 태산이라. 가도록 심산(深山)이라. 산 넘어 산이라. 재는 넘을수록 높고, 내는 건널수록 깊다.

산이 깊어야 범이 있다.

자기에게 덕망이 있고 생각이 깊어야 사람이 따른다는 뜻.
➪ 덤불이 커야 도깨비가 난다. 물이 깊어야 고기가 모인다. 숲이 깊어야 도깨비가 나온다.

산이 커야 골이 깊지.

사람됨이 훌륭해야 생각도 깊다는 말.

⇨ 산이 높아야 골이 깊지. 산이 커야 굴이 크다. 산이 커야 그늘이 크다.

산전 수전(山戰水戰) 다 겪었다.

백전노장(百戰老將)이 산과 물에서의 싸움을 다 겪었다는 말이니 세상의 여러 가지 일을 다 겪어 무슨 일에나 정통하고 노련하다는 뜻.

⇨ 단맛 쓴맛 다 보았다. 백전노장.

산중(山中) 놈은 도끼질, 야지(野地) 놈은 괭이질.

산 속에 사는 나무꾼은 도끼질에 능숙하고, 들에 사는 농사꾼은 괭이질에 능숙하듯이, 사람은 환경에 따라 제가 하는 일에는 제각기 능통하다는 뜻.

산 진 거북이요, 돌 진 가재라.

그 배경이 든든하여 큰 세력을 믿고 버티는 자를 가리키는 말.

산 호랑이 눈썹도 그리울 게 없다.

무엇이고 없는 것이 없이 다 갖추어 있어 부족함이 없다는 말.

⇨ 고양이 뿔도 있다. 집에 가면 금송아지가 있다.

살강 밑에서 숟가락 얻었다.

↶ 부엌에서 숟가락 얻었다. "살래강 아래서 촉수가락 봉근다."《제주도》

| 典據 | '饌廚之下 得匙何者'《耳談續纂》

쌀 광에서 인심 난다.

자기가 넉넉해야 남에게 인심을 쓰고 도와줄 수 있다는 말.

⇨ 쌀 독에서 인심 난다.

살림에는 눈이 보배.

살림살이를 알뜰히 잘하려면 하나하나 보살피고, 또 남이 잘하는 것을 보고 본받아야 한다는 뜻.

살아 생이별은 생초목에 불붙는다.

생이별은 참으로 쓰라리고 안타깝다는 뜻.

⇨ 생초목에 불붙는다.

典據 '스라 싱니별은 싱쵸목의 불이로다.' 《春香傳》

살은 쏘고 주워도 말은 하고 못 줍는다.

말은 화살과 달라 한번 한 후면 다시 거둘 수 없으니 말조심하라는 뜻.

⇨ 쌀은 쏟고 주워도 말은 하고 못 줍는다. 좁은 입으로 말하고 넓은 치맛자락으로 못 막는다.

살찐 놈 따라 붓는다.

① 남이 하는 대로 맹종하는 자를 비웃는 말. ② 가난한 사람이 부자의 사치를 흉내낸다는 뜻.

典據 '效彼肥狀 倩人膨脹 《耳談續纂 拾遺》

삼각산(三角山) 바람이 오르락내리락.

출입이 잦으며, 또 조심성 없이 드나들 때 하는 말.

⇨ 삼각산 풍류(風流).

典據 '三角山風流 或上或下' 《東言考略》

삼간(三間) 집이 다 타도 빈대 타죽는 것만 재미있다.

큰 손해를 보더라도 지긋지긋하던 대상이 없어지는 것이 속시원하다는 말.

⇨ 삼간 초가 다 타도 빈대 죽어 좋다. 초당 삼간 다 타도 빈대 죽는 것만 시원하다.

삼경에 만난 액(厄)이라.

밤중에 뜻밖에 만난 액이라는 말이니, 아무 일 없으리라 안심하고 있을 때 뜻밖의 악운이 닥쳐 왔다는 말.

⇨ 자다가 벼락 맞는다. 자다가 생병 앓는 것 같다.

[典據] '三更厄' ≪東言考略≫

삼남(三南)이 풍년이면 천하는 굶주리지 않는다.

충청도·전라도·경상도 땅은 곡식이 많이 나므로, 이곳에 풍년이 들면 우리나라는 굶주리지 않는다는 말.

삼 년 가뭄에는 살아도 석 달 장마에는 못 산다.

가물 때는 그래도 견디어 나갈 만해도 장마에는 무겁고 구중중하여 견디기 어렵다는 말.
⇨ 칠 년 가뭄에는 살아도 석 달 장마에는 못 산다.

삼 년 가뭄에 하루 쓸 날 없다.

오랫동안 날씨가 좋다가도 무슨 행사가 있어 날씨가 좋기를 바라는 날은 비가 온다는 뜻.
⇨ 칠 년 가뭄에 하루 쓸 날 없다.

삼 년 구병(救病)에 불효 난다.

오랜 병환이 계속되면 아무리 정성들여 구환(救患)을 해도 어쩌다가 조금만 성의가 부족하면 불효 소리를 듣게 된다는 말로, 오랜 간병에 한결같이 정성을 다하기 어렵다는 뜻.
⇨ 잔 병에 효자 없다. 긴 병에 효자 없다.

[典據] '三年救病 呈不孝狀' ≪東言考略≫

삼 년 먹여 기른 개가 주인 발등을 문다.

오래 공들여 보살펴 준 사람이 은공을 잊고 도리어 손해를 끼친다는 뜻.
⇨ 기르던 개에게 다리를 물린 셈. 내 밥 먹은 개가 발뒤축을 문다. 내 밥 준 개 내 발등 문다. 아는 도끼에 발등 찍힌다.

삼 년을 결은 노망태기.

노끈으로 망태기 하나 만드는 데 삼 년이나 걸렸다는 말이니, 오랫동안 공들여 이룬 것이라는 뜻.

삼밭의 쑥대.

쑥이 삼밭에서 자라면 삼을 닮아 곧게 자란다는 말이니, 사람도 좋은 환경, 좋은 사람과 같이 지내면 그 영향을 받아 좋게 된다는 뜻.
⇨ 마중지봉(麻中之蓬).

삼사월에 낳은 애기 저녁에 인사한다.

삼사월은 하루 해가 몹시 길다는 말.
⇨ "삼ᄉ월에 나은 애기 ᄌ녁이 인ᄉ혼다." ≪제주도≫

삼십육계에 줄행랑이 으뜸.

싸움에 졌을 때는 아무 계책도 부리지 말고 도망가는 것이 병법상(兵法上) 상책이라는 말이니, 곤란할 때는 도망하여 화를 피하는 것이 가장 좋다는 뜻.
⇨ 달아나면 이밥 준다. 줄행랑친다.
典據 '三十六計 走爲上計' ≪晋書 王敬則傳≫

삼정승(三政丞)을 사귀지 말고 내 한 몸을 조심하여라.

권세 있는 사람과 사귀어 그의 도움을 받으려고 애쓰지 말고, 제 할 일이나 성실히 하라는 말. (※삼정승…문무백관 중의 으뜸가는 벼슬로서 임금을 보좌하던 영의정·좌의정·우의정의 세 정승.)
⇨ 막교삼공(莫交三公). 삼정승 부러워 말고 내 한 몸을 튼튼히 가지라. 열 사람 형리를 사귀지 말고 한 가지 죄를 범하지 마라.
典據 '莫交三公 愼吾身' ≪旬五志≫, '勿見三公 護我一躬' ≪耳談續纂≫, '三政丞勿交 愼吾身' ≪東言考略≫, '莫交公 愼吾躬' ≪洌上方言≫

쌈짓돈이 주머닛돈.

한 가족끼리의 재산은 누구의 것이라는 구별없이 다 한 재산이라는 말.

삼현육각(三絃六角) 잡히고 시집 간 사람 잘 산 데 없다.

시집갈 때 호화롭게 잔치를 하고 많은 혼수를 해간 사람이 별로 잘 사는 사람이 드물다는 말.
⇨ 얼레빗・참빗 품에 품고 가도, 제 복 있으면 잘 산다. 이고 지고 가도 제 복 없으면 못 산다.

삿갓에 쇄자(刷子)질.
↶ 사모에 갓 끈이라.

상감님 망건 사러 가는 돈도 써야만 하겠다.
나중에는 삼수갑산(三水甲山)을 갈지라도 우선 급하니 어떤 돈이건 당장에 써야 하겠다는 말.
⇨ 나라 상감님 망건 값도 쓴다.

상두 술에 낯 내기.
남의 장사집 술을 가지고 제 생색을 낸다는 말이니, 남의 것을 가지고 제가 인심을 쓸 때 하는 말.
⇨ 곗 술에 낯 내기. 계주생면(契酒生面). 상두 쌀에 낯 내기.

상시(常時)에 먹은 맘이 취중에 난다.
술에 취하게 되면 누구나 평소에 가졌던 생각이 말이나 행동에 나타난다는 말.
⇨ 취중에 진담 나온다.

쌍언청이가 외언청이 타령한다.
큰 허물 가진 놈이 작은 허물 가진 자를 탓한다는 뜻.
⇨ 똥 묻은 개가 겨 묻은 개 나무란다. 매달린 개가 누워 있는 개를 웃는다. 숯이 검정 나무란다. "쌍얼챙이가 외얼챙이 타령ᄒᆞ다" 《제주도》

상원(上元) 달 보아 수한(水旱)을 안다.
정월 대보름날 달을 보고 그해의 수한과 풍흉(豊凶)을 점치는데, 달빛이 붉으면 가물 징조이며, 희면 장마가 질 징조라고 하며, 또 사방이 두터우면 풍년이 들고, 엷으면 흉년, 그리고 조금도 차이가 없으면 평년

작이 될 징조라고 한다.

[典據] '仍占候月色 赤徵旱 白徵水 又占 月出時 形體大小·湧浮·高低 又以輪郭 四方厚薄占 四方年事厚則徵豊 薄則徵凶 無少差式' ≪東國歲時記 上元條≫

상전 배부르면 종 배고픈 줄 모른다.

남의 사정은 모른 체하고 제 욕심만 채우려는 사람을 보고 하는 말.
⇨ 제 배가 부르면 종의 밥 짓지 말란다.

상전은 미고 살아도 종은 미고 못 산다.

윗사람은 격원(隔遠)해도 살 수 있으나 아랫사람이나 동료끼리는 서로 사이가 틀려서는 못 산다는 말.(※미다…따돌리고 멀리하여 업신여긴다.)

[典據] '忤上典猶可生 忤班不不可生' ≪東言考略≫

상전의 빨래를 해도 발뒤축이 희다.

① 남의 일을 해주지만 제게도 어떤 소득이 있다는 말. ② 남의 일을 해주면 의당 거기엔 대가가 있어야 하지 않느냐는 뜻.

[典據] '洗踏足白' ≪旬五志≫≪松南雜識≫≪東言考略≫, '業迚澕趾潔白' ≪冽上方言≫, '婢爲主澣 亦白其趼' ≪耳談續纂≫

상제보다 복재기(服齋耆)가 더 설워한다.

일을 당한 당사자보다 다른 사람이 더 걱정한다는 뜻. (※ 복재기…기년복(朞年服) 소상(小祥)을 지나기 전까지 상복을 입는 것) 이하의 복을 입는 사람. 복인(服人).)

상제와 젯날 다툼.

상주가 제삿날을 어련히 잘 알련만 제삿날을 남이 맞느니 틀렸느니 하고 다투는 것처럼, 제게는 관계없는 일을 가지고 확실히 잘 아는 사람 보고 제가 옳다고 우긴다는 뜻.
⇨ 남의 친기(親忌)도 우기겠다. 상주보고 제삿날 다툰다.

상좌중이 많으면 가마솥을 깨뜨린다.

일하는 데 간섭하는 사람이 많으면 일이 잘 안 된다는 말.

⇨ 목수 많은 집이 기울어진다. 사공 많은 배가 산으로 오른다. 작사도방(作舍道傍)에 삼년불성(三年不成)이라. 한 집에 감투쟁이 셋이 변.

[典據] '上佐多則 破釜' ≪東言考略≫

상주보고 제삿날 다툰다.

↖ 상제와 젯날 다툼.

상추밭에 똥 싼 개는 저 개 저 개 한다.

한번 잘못을 저지르면 항상 사람들의 의심을 받는다는 말.

⇨ 나물밭에 똥 한번 눈 개는 장 저 개 저 개 한다. 삼밭에 한번 똥싼 개는 늘 싼 줄 안다. 한번 똥 눈 개가 일생 눈다. "부루 팥디 똥싼 갠 저 개 저 개 혼다." ≪제주도≫

[典據] '萬苣田一遺矢之犬 疑其每遺' ≪旬五志≫ ≪松南雜識≫, '萬田放糞犬' ≪東言考略≫

새끼 많은 거지, 말 많은 장자(長者).

자식을 많이 낳은 사람은 가난하게 살내고, 말[馬]이 많은 사람은 부자라는 뜻.

⇨ "새끼 한 개어시 몰 한 장재." ≪제주도≫

새끼 많이 둔 소 길마 벗을 날 없다.

↖ 가지 많은 나무 바람 잘 날 없다.

새남터를 나가도 먹어야 한다.

곧 죽게 된 경우에도 먹어야 한다는 말이니, 무슨 일을 당해도 먹고 기운을 내어야 한다는 뜻. (※ 새남터…서울 신용산의 철교와 한강 인도교(人道橋) 사이의 모래사장으로 옛날의 사형장(死刑場).)

새는 나는 곳마다 깃이 떨어진다.

자주 이사를 하거나 직장을 자주 옮기면 좋지 않다는 말.

➪ 새도 나는 대로 깃이 빠진다. 새도 앉은 데마다 깃이 든다.

典據 '禽之止 羽必墜' 《洌上方言》, '鳥之所止 有羽其委' 《耳談續纂》, '鳥亦坐處 羽㔋墜' 《東言考略》

새도 가지를 가려 앉는다.

직업이나 친구는 잘 가려서 택해야 한다는 듯.

새도 염불을 하고 쥐도 방귀를 뀐다.

새나 쥐까지도 사람이 하는 일을 하려고 하는데 여럿이 모여 노는 자리에 춤이나 노래를 못할 게 뭐 있느냐고 아무것도 못하는 사람을 놀리는 말.

새 발의 피.

지극히 적은 분량을 말한다.

➪ 새알 꼽재기만 하다. 조족지혈(鳥足之血).

새벽달 보려고 으스름달 안 보랴.

앞으로 있을 일을 막연히 믿고 기다리는 것보다, 지금 당장의 확실한 일에 열중하는 것이 낫다는 말.

➪ 나중에 죽 한 식기 먹으려고 당장의 엿 한 가락 안 먹을까. 생일날 잘 먹으려고 이레를 굶을까. 훗장에 소 다리 먹으려고 이 장에 개 다리 안 먹을까.

새벽달 보려고 초저녁부터 나앉으랴.

때도 되기 전에 너무 일찍 서두른다는 뜻.

➪ 새벽달 보자고 초저녁부터 기다린다. 시집가기 전에 강아지 장만한다. 시집도 아니 가서 포대기 장만한다. 씨 보고 춤 춘다. 아이 낳기 전에 기저귀 감 장만한다. 오동나무 보고도 춤춘다. 중매 보고 기저귀 장만한다.

典據 '看晨月 坐自夕'《洌上方言》, '待曉月 坐黃昏'《東言考略》, '曉月之觀 豈自昏候'《耳談續纂》

새벽 호랑이가 중이나 개를 헤아리지 않는다.

↳ 사흘 굶은 범이 원님을 안다더냐.

典據 '曉虎不擇僧狗'《東言考略》

새 사람 들어 삼 년은 마음을 못 놓는다.

한 집안에 새 사람이 들어와 살게 되면 무슨 재액(災厄)이 생기는 수가 많다고 하여 내려오는 말.

⇨ 새로 집 지은 후 삼 년은 마음을 못 놓는다. 새 집 짓고 삼 년 무사하기가 힘들다.

새앙쥐 볼가심할 것도 없다.

몹시 가난하다는 말.

새 오리 장가가면 헌 오리 나도 간다.

남이 하면 덮어놓고 저도 따라하겠다고 나선다는 말.

⇨ 거문고 인 놈이 춤을 추면 칼쓴 놈도 춤을 춘다. 비단 올이 춤을 추니 베올도 춤을 춘다. 잉어·숭어가 오니 물고기라고 송사리도 온다.

새우 미끼로 잉어를 낚는다.

① 적은 자본을 들여 큰 이득을 얻는다는 말. ② 약간의 수고를 하고 큰 보수를 받았을 때 하는 말.

⇨ 곤지 주고 잉어 낚는다. 되로 주고 말로 받는다.

새 잡아 잔치할 것을 소 잡아 잔치한다.

↳ 닭 잡아 겪을 나그네 소 잡아 겪는다.

典據 '殺雀宴 反宰牛'《旬五志》

새침데기 골로 빠진다.

내성적인 새침한 사람이 한번 실수하여 어떤 일에 집착하게 되면 외향적인 다른 사람보다 더 외곬으로 빠져들어 간다는 말.
⇨ 시시덕이는 재를 넘어도 새침데기는 골로 빠진다.

색시 그루는 다홍치마 적에 앉혀야 한다.

자기 처의 버릇은 다홍치마를 입은 새색시 적에 바로 할 수 있는 터전을 잡아 길들여야 한다는 말.(※그루 앉히다…앞으로 할 일에 대하여 올바르게 터전을 잡아 주다.)
⇨ 아내 행실은 다홍치마 적부터 그루를 앉힌다. 교부초래(敎婦初來)
[典據] '欲制細君 須及紅裙' 《耳談續纂》, '紅裳敎妻' 《松南雜識》, '敎婦初來 敎兒嬰孩' 《顔氏家訓》

샘이 깊은 물은 가물을 아니 탄다.

무슨 일이든 근본을 튼튼하게 하면 어떤 난관에도 흔들리지 않는다는 말.
⇨ 원원지수는 한역불갈(源遠之水 旱亦不竭).
[典據] '시미 기픈 므른 ᄀᆞ무래 아니 그츨ᄊᆡ 내히 이러 바ᄅᆞ래 가ᄂᆞ니' 《龍飛御天歌》

샛바람에 원두한의 탄식.

동풍이 세차게 불면 애써 가꾼 외덤불이 어지럽게 흩어져 원두막 주인이 한숨을 짓는다는 말이니 애써 한 일이 재해로 헛일이 되는 것을 보고 한탄한다는 뜻.(※샛바람…동풍. 원두한…원두막 주인.)

샛바리 짚바리 나무란다.

새를 묶는 짐이나 짚을 묶은 짐이나 별 차이가 없는데 서로 제가 더 낫다고 한다는 말.
⇨ 겨 묻은 개가 똥 묻은 개 나무란다.

생 가시아비 묶듯.

살아 있는 장인(丈人)을 묶듯 한다는 말이니, 제게 잘해주는 웃어른에게 버릇없이 군다는 뜻.

典據 '如縛生婦翁' ≪東言考略≫

생각이 팔자.

항상 골똘히 생각하고 있노라면 소원대로 될 수 있다는 말.

생마(生馬) 갈기 외로 질지 바로 질지.

갓난 말의 갈기털이 어느 쪽으로 넘어질지 알지 못하는 것처럼 사람의 장래도 어릴 때 판단할 수 없다는 뜻.

⇨ 금승 말 갈기 외로 질지 바로 질지 모른다. 제주 말 갈기 외로 질지 바로 질지.

典據 '駒之方鬣 左右難占' ≪耳談續纂≫

생마 잡아 길들이기.

버릇없는 망나니는 가르치기가 힘들다는 말.

⇨ 산 닭 길들이기는 사람마다 어렵다.

생선 망신은 꼴뚜기가 시킨다.

↗ 어물전 망신은 꼴뚜기가 시킨다.

생일날 잘 먹으려고 이레를 굶을까.

↖ 새벽달 보려고 으스름달 안 보랴.

생전부귀(生前富貴)요, 사후문장(死後文章)이라.

살아 있을 때는 부귀를 누리는 것이 가장 좋고, 죽은 뒤에는 문장을 후세에 남기는 것이 가장 좋다는 말.

典據 '生前富貴 死後文章 萬年瞬息 萬世忙' ≪蘇軾의 薄薄酒≫

서당 개 삼 년에 풍월 한다.

어리석은 사람도 늘 보고 들은 일은 능히 할 수 있게 된다는 말.

⇨ 당구 삼 년에 폐풍월(堂狗三年 吠風月). 독서당(讀書堂) 개가 맹자

왈 한다. 산 까마귀 염불한다. 얻어들은 풍월.

서 발 막대 거칠 것 없다.

① 가난하여 집 안에 아무 세간도 없다는 뜻. ② 아무 거리낄 것도 없다는 뜻.

⇨ 서 발 장대 거칠 것 없다. 휑한 빈 집에 서 발 막대 거칠 것 없다.

서울 가는 놈이 눈썹을 빼고 간다.

먼곳에 여행을 떠나는 사람은 적은 짐이라도 거추장스러워 될 수 있는 대로 덜어 놓고 간다는 말.

⇨ 길을 떠나려거든 눈썹도 빼어 놓아라.

서울 가서 김 서방 집 찾기.

잘 알지도 못하고 막연히 찾아다닌다는 뜻.

⇨ 서울 가서 김 서방 찾기.

↔ 서울 김 서방 집도 찾아간다.

서울 까투리.

① 서로 낯익은 사이라 조금도 어색하지 않다는 뜻. ② 사교적으로 세련된 여자를 가리키는 말.

[典據] '京畿雌雉' 《東言考略》

서울 놈 못난 건 고창(高敞) 놈의 ×만도 못하다.

서울에는 많은 사람이 살므로 못난 사람도 많다는 말.

⇨ "서월 놈 못난 건 고창 놈의 ×만도 못ᄒ다"《제주도》

서울 놈은 비만 오면 풍년이란다.

① 서울 사람이 농사일에 대하여 전혀 알지 못하는 것을 비웃는 말. ② 문외한이 일부의 일만 보고 아는 체 잘못 단정을 내린다는 뜻.

서울 놈의 글꼭질 모른다고 말꼭지야 모르랴.

글을 모른다고 너무 무시하지 말라는 뜻.
⇨ "서월 놈으 글꼭질 몰르므로 말꼭지가 몰르랴." ≪제주도≫

서울서 매 맞고 송도(松島) 가서 주먹질한다.

↙ 종로에서 뺨 맞고 한강에 가서 눈 흘긴다.

서울 소식은 시골 가서 들어라.

가까운 데 일을 먼곳에서 더 잘 알고 있다는 말.
⇨ 도회 소식을 들으려면 시골로 가거라. 등잔 밑이 어둡다.

서울이 무섭다니까 과천(果川)서부터 긴다.

어떤 일을 당하기도 전에 말로만 듣고 미리부터 겁을 낸다는 말.
⇨ 서울이 낭이라니까 과천서부터 긴다. 서울이 무섭다 하니까 남태령(南太嶺)부터 기는 격. 서울이 무섭다 하니 새재〔鳥嶺〕서부터 긴다.

서투른 도둑이 첫날밤에 들킨다.

어쩌다 한번 나쁜 일을 한 것이 공교롭게도 들킨다는 말.

서투른 숙수(熟手)가 안반만 나무란다.

흔히 어떤 일에 서투른 사람이 제 솜씨가 미숙한 줄은 모르고 도구가 나쁘다고 탓한다는 뜻.(※숙수…잔치 때 과방(果房)에서 음식을 만드는 사람.)
⇨ 서투른 과방 안반 타박. 서투른 무당이 장고만 나무란다. 선무당이 장고 탓한다.

典據 '手生庖人 貶擇安板' ≪旬五志≫ ≪松南雜識≫, '坐熟手訾安盤' ≪東言考略≫

서편에 무지개가 서면 개울 너머 소 매지 마라.

서편 하늘에 무지개가 서면 비가 많이 올 징조라는 말.

석류는 떨어져도 안 떨어지는 유자를 부러워하지 않는다.

사람은 누구나 제 잘난 멋에 산다는 뜻.

석새 베에 열새 바느질.

① 나쁜 물건도 좋은 솜씨로 손질만 잘하면 좋게 보인다는 뜻. ② 솜씨는 훌륭하나 그 재료가 나빠 좋은 기술을 발휘하지 못할 때 아까워서 하는 말.(※석새 베…예순 돌의 날실로 짠 굵은 베.)

썩은 공물(貢物)이요, 성한 간색(看色)이라.

실물보다도 견본(見本)이 더욱 좋을 때 하는 말.(※간색…견본)

풀이 옛날 임금께 바치던 진상품(進上品). 완전히 포장하고 간색을 낭청(郞廳)의 서리(書吏)에게 주었는데 간색하는 물건이 좋지 않으면 퇫자를 놓았으므로 이것이 뇌물화하여 흔히 보이지 않는 공물보다 보이는 간색을 더 좋은 것으로 하였다 하여 생긴 말.

썩은 새끼로 범 잡기.

어수룩한 계책으로 우연히 큰일을 했다는 뜻.(※옛날 문헌에는 새끼 그물로 범 잡기로 되어있는데 점차 표현이 강화되어 썩은 새끼로 범 잡기로 된 듯하다.)

⇨ 고망착호(藁網捉虎).

典據 '藁網捉虎'《旬五志》《松南雜識》, '網雖藁 能捉虎'《洌上方言》, '索絢爲罟 尙或捕虎'《耳談續纂》, '藁索捕虎'《東言考略》

선가(船價) 없는 놈이 배에 먼저 오른다.

실력 없는 놈이 실력 있는 사람보다 먼저 나서는 것을 두고 하는 말.

⇨ 배삯 없는 놈이 배에는 먼저 오른다.

선 떡 가지고 친정 간다.

남에게 나쁜 선물을 보낼 때 하는 말.

선무당이 사람 죽인다.

능숙하지 못한 사람이 아는 체하며 일을 하다가 아주 잡쳐 놓게 한다는 뜻.

⇨ 반식자우환(半識者憂患)이라. 반 풍수(風水) 집안 망친다. 어설픈 약국이 사람 죽인다.

典據 '生巫殺人' ≪東言考略≫

선 손질 후 방망이.

먼저 남에게 손찌검을 하면 나중에는 방망이로 자신이 매맞는다는 말이니 먼저 남을 해롭게 하면 나중에 그보다 더 큰 해를 받는다는 말.

⇨ 되로 주고 말로 받는다.

선왕재(善往齋) 하고 지벌 입었다.

잘 되라고 애써 한 일이 도리어 화근이 되었다는 말.(※선왕재…사람이 죽은 뒤에 천도하기 위하여서 부처님 앞에 공양하는 제. 지벌…신불(神佛)의 노여움을 사서 당하는 죄.

⇨ 제 것 주고 뺨 맞는다. 현황제 지내고 지벌 입는다.

典據 '善往之願 反受雷震' ≪耳談續纂≫

섣달이 둘이라도 시원치 않다.

일을 아무리 연기시켜도 성공할 수 없다는 말.

⇨ 섣달이 열아홉이라도 시원치 않다.

설 때 굿긴 아이가 날 때도 굿긴다.

처음에 순조롭지 못하면 끝내 시원찮다는 말.

⇨ 잘 자랄 나무는 떡잎부터 알아본다. 푸성귀는 떡잎부터 알고 사람은 어렸을 때부터 안다.

典據 '孕時患 難於産' ≪洌上方言≫

설상가상(雪上加霜).

눈 위에 서리가 더 왔다는 말이니, 불행한 일이 겹쳐 생겼다는 뜻.

⇨ 뇌성에 벽력. 엎친 데 덮친다.

典據 '뇌성에 벽력이요, 설상에 가상이라.' ≪春香傳≫

성급한 놈 술값 먼저 낸다.

성미가 급한 사람은 손해를 본다는 뜻.
▷ "성급놈 놈 술값 모녀 낸다."≪제주도≫

성나 바위 차기.

화난다고 애매한 것에 화풀이를 하면 제게 손해가 간다는 뜻.
▷ 돌부리를 차면 발부리만 아프다. 바위를 차면 제 발부리만 아프다.
성내어 바위를 차니 제 발부리만 아프다.
|典據| '怒蹴巖' ≪旬五志≫ ≪松南雜識≫

성인(聖人)도 시속(時俗)을 따른다.

사람은 누구나 세상 형편에 따라 행동한다는 뜻.

섶 지고 불로 들어가려 한다.

자기가 화(禍)를 스스로 불러들인다는 말
▷ 화약을 지고 불로 들어간다. 곤장을 메고 매맞으러 간다.

세무십년(勢無十年).

세도가 십 년을 가지 못한다는 말로 사람의 권세와 영화도 오래 가지 못한다는 뜻.
▷ 열흘 붉은 꽃 없다. 화무십일홍(花無十日紅).

세 사람만 우겨대면 없는 호랑이도 만들어 낼 수 있다.

여러 사람이 모여 떠들고 소문을 내면 없는 말도 생긴다는 뜻.
▷ 입이 여럿이면 금도 녹인다.

세 살 먹은 아이도 제 손엣것 안 내놓는다.

사람은 누구나 제가 가진 것을 내놓기 싫어한다는 뜻.

세 살 적 마음 여든까지 간다.

어릴 때 마음이 늦도록 변하지 않는다는 뜻.

⇨ 세 살 적 버릇이 여든까지 간다.

[典據] '三歲志 八十至' 《洌上方言》

세 살 적 버릇이 여든까지 간다.

어렸을 때 든 버릇은 늙도록 고쳐지지 않는다는 말.

⇨ 세 살 적 마음이 여든까지 간다. 제 버릇 개 줄까.

[典據] '三歲之習 至于八十' 《耳談續纂》

새우 찧는 절구에 손 들어갈 때 있다.

↖ 바쁘게 찧는 방아에도 손 놀 틈이 있다.

세 잎 주고 집 사고, 천 냥 주고 이웃 산다.

① 이웃이 중요하다는 말. ② 집을 새로 사서 살려면 그 이웃부터 잘 사귀라는 뜻.

⇨ 팔백 금으로 집을 사고, 천 금으로 이웃을 산다.

'세' 중에서 '먹세'가 제일.

먹는 일이 무엇보다 제일 좋다는 말.

세 코 짚신 제 날이 좋다.

신분과 재산이 서로 비등한 사람끼리 짝을 맺는 것이 좋다는 말.

⇨ 세 날 짚신 제 날이 좋다. 짚신도 제 날이 좋다. 짚신은 제 날에 맞는다.

[典據] '扉旣草緯 亦願草經' 《耳談續纂》

소가 크면 왕 노릇 하나.

몸이 크고 힘이 세다고 지도자가 될 수 없다는 말.

⇨ 기운이 세면 장수 노릇을 하나.

소같이 벌어서 쥐같이 먹어라.

일은 힘써 많이 하고, 먹고 쓰기는 조금씩 하라는 뜻.

⇨ 소같이 일하고 쥐같이 먹어라.

소경 단청(丹靑) 구경.

↖ 봉사 단청 구경. 봉사 씨름 굿 보기. 소경 관등(觀燈) 가듯 한다.

소경 보고 눈 멀었다 하면 노여워한다.

누구든지 제 결점을 지적하면 싫어한다는 말.

⇨ 눈 먼 소경더러 눈 멀었다면 성낸다.

소경이 개천을 나무란다.

제 잘못은 탓하지 않고 남을 원망한다는 말.

⇨ 눈 먼 탓이나 하지 개천 나무라 무얼 해. 도둑놈 개 꾸짖듯. 봉사가 개천을 나무란다. 소경 개천 글탬 무얼 해. 소경이 그르냐, 개천이 그르냐. 소경이 넘어지면 막대 탓이라.

|典據| '川何辜爲盲故' ≪洌上方言≫, '咎在我瞽 溝汝何怒' ≪耳談續纂≫

소경이 문 걸쇠.

어쩌다가 우연히 한 일이 바로 들어맞았다는 말.

⇨ 맹자직문(盲者直門). 봉사 문고리 잡았다. 소경 문고리 잡기. 여복(女卜)이 바늘귀를 꿰었다. 장님이 문 바로 들어갔다.

|典據| '盲人直門' ≪旬五志≫

소경이 저 죽을 날을 모른다.

남을 점 치는 소경이 제 점은 못 친다는 말이니, 사람은 남의 일은 잘 아는 체해도 정작 제 앞날의 일은 알지 못한다는 뜻.

⇨ 도끼가 제 자루 못 찍는다. 무당이 제 굿 못하고, 소경이 제 죽을 날 모른다. 봉사 제 점 못한다. 식칼이 제 자루를 깎지 못한다. 의사 제 병 못 고친다.

|典據| '盲人不知死日' ≪東言考略≫

소경 잠 자나마나.

일을 하나마나 마찬가지라는 뜻.
⇨ 귀머거리 귀 있으나마나. 봉사 안경 쓰나마나. 장님 잠 자나마나.
典據 '盲人之睡 如寤如寐'《耳談續纂》, '盲睡覺'《東言考略》

소경 제 닭 잡아먹기.

제가 얻은 이득이 결국 알고 보니 제 손해가 되었다는 말.
⇨ 소경 제 호박 따기.
典據 '瞽者嗜鷰 自攘厥鷄'《耳談續纂》

소경 죽이고 살인 빚 갚는다.

대단찮은 일을 저지르고 큰 책임을 지게 된다는 뜻.(※소경을 온전한 사람으로 치지 않은 데서 한 말.)
⇨ 소경 죽이고 살인한다. 송장 때리고 살인 났다. 중 쳐죽이고 살인한다.
典據 '殺盲償殺債'《旬五志》《松南雜識》

소 궁둥이에다 꼴을 던진다.

하는 짓이 어리석고 미련하여 가르쳐도 소용이 없다는 말.
典據 '牛後投蒭'《旬五志》, '牛後捨草'《東言考略》

소금 먹은 놈이 물 켠다.

① 죄 지은 놈이 결국 그 증거를 나타낸다는 뜻. ② 죄 지은 놈이 벌 받고, 빚진 사람이 갚게 된다는 뜻.
⇨ 먹은 놈이 똥 눈다. 먹은 소가 똥을 누지. 소금 먹은 소가 물 켠다. 여물 많이 먹은 소 똥 눌 때 알아본다.

소금 섬을 물로 끌어라 하면 끈다.

무슨 일을 시켜도 다 순종하겠다는 말.
⇨ 여울로 소금 섬을 끌래도 끌지. 소금 섬을 물로 끓이라면 끓여라.

소금에 아니 전 놈이 장에 절까.

깊은 계교에 빠지지 않은 놈이 얕은 꾐에 속을 리 없다는 뜻.

典據 '鹽所不罨 豈畏豉鹹' ≪耳談續纂≫

소금이 쉴까.

절대로 그런 일이 없다는 말.

소나기 삼형제.

여름에 오는 소나기는 대개 세 차례 계속해서 온다는 말.

소낙비는 오려 하고, 똥은 마렵고, 괴타리는 옹치고, 꼴 짐은 넘어지고, 소는 뛰어나갔다.

한꺼번에 너무 바쁜 일이 많아서 무엇부터 먼저 해야 할지 모르고 쩔쩔 맨다는 뜻.

소 닭 보듯, 닭 소 보듯.

서로 무관심하게 본둥 만둥 한다는 말.
⇨ 봉사 둠벙 쳐다보듯.

소더러 한 말은 안 나도 처더러 한 말은 난다.

① 사람에게 한 말은, 친한 사이라도 결국 드러난다는 뜻. ② 여자는 입이 가벼워 말조심하라는 뜻.
⇨ 소 앞에서 한 말은 안 나도 어미 귀에 한 말은 난다. 어미한테 한 말은 나고 소한테 한 말은 안난다.

典據 '語牛則滅 語妻則洩' ≪耳談續纂≫

소도 언덕이 있어야 비빈다.

사람도 의지할 데가 있어야 발판으로 살아 성공할 수 있다는 말.
⇨ 도깨비도 수풀이 있어야 모인다.

소라 껍질 까먹어도 한 바구니, 안 까먹어도 한 바구니.

무슨 일이 손을 대어도 일한 자취가 안 보일 때 하는 말.

⇨ "구쟁기 닥살 까먹어도 흔 돌랑기, 안 까먹어도 흔 돌랑기."≪제주도≫

소리개 까치집 뺏었다.

남의 것을 무리하게 빼앗을 때 하는 말.

소리개도 오래면 꿩을 잡는다.

한 가지 일을 오랫동안 계속하여 경력을 쌓으면 재주 없는 사람도 정통하게 된다는 말.

⇨ 서당 개 삼 년에 풍월한다.

[典據] '鳶踰三紀 乃獲一雉'≪耳談續纂≫, '鳶生三千年 獲一雌雉'≪東言考略≫

소리개를 매로 보았다.

① 무능한 사람을 유능한 사람으로 보았다는 말. ② 못생긴 여자를 잘난 미인으로 보았다는 말.

⇨ 매를 꿩으로 보았다.

[典據] '有鳶其騰 我視作鷹'≪耳談續纂≫, '鳶以鷹視'≪東言考略≫, '소리기를 민로 보고 슈청을 들라 하옵기로.'≪春香傳≫

소리 없는 똥내는 캐싱캐싱 더 무섭다.

평소에 말이 없는 사람이 어떤 일을 했다 하면 무섭게 일을 해치운다는 말.
⇨ "소리 읏인 똥낸 캐싱캐싱 더 무섭다."≪제주도≫

소리 없는 벌레가 벽을 뚫는다.

평소에 말이 없는 사람이 큰 실천력을 가지고 있다는 말.
⇨ 소리 없는 고양이 쥐 잡듯.

소매가 길면 춤을 잘 추고, 돈이 많으면 장사를 잘한다.

↳ 돈이 많으면 장사를 잘하고, 소매가 길면 춤을 잘 춘다.

소매 긴 김에 춤춘다.

별로 할 생각이 없던 일을 할 수 있는 여건이 생기자 하게 될 때 하는 말.
⇨ 떡 본 김에 제사 지낸다. 엎어진 김에 쉬어간다. 활을 당기어 콧물을 씻는다.

소문난 잔치에 먹을 것 없다.

소문난 것이 흔히 소문보다 보잘것없다는 말.
⇨ 소문 난 공×은 넉 자요, 소문 안난 공×은 댓자다. 소문난 물산(物産)이 더 안 되었다. 소문난 잔치가 비지떡이 두레반이다.

쏘아 놓은 살이요, 엎지른 물이다.

한번 저지른 일은 다시 고쳐 할 수 없다는 뜻.
典據 '쏘와 논 살이 되고 업찌러진 물이 되야.' ≪春香傳≫

소여(小輿) 대여(大輿)에 죽어 가는 것이 헌옷 입고 볕에 앉아 있는 것만 못하다.

죽어서 대접 잘 받는 것보다 아무 대접을 못 받아도 살아 있는 것이 훨씬 낫다는 말. (※소여…대여와 같이 국장(國葬)에 쓰는 상여. 대여…나라에서 쓰는 큰 상여.)
⇨ 개똥 밭에 굴러도 이승이 좋다. 거꾸로 매달아도 사는 세상이 낫다. 말뚝에 굴러도 이승이 좋다. 산 개가 죽은 짐승보다 낫다. 죽은 석숭보다 산 돼지가 낫다. 죽은 정승이 산 개만 못하다.

소 잃고 외양간 고친다.

평소에 방비를 소홀히 하다가 실패한 후에야 뒤늦게 대비한다는 말.
⇨ 도둑 맞고 사립문 고친다. 말 잃고 외양간 고친다. 말 죽이고 외양간 고친다. 망양 보뢰(亡羊補牢).
典據 '失馬治廐' ≪旬五志≫, '失牛治廐' ≪松南雜識≫

소 잡은 터전은 없어도 밤 벗긴 자리는 있다.

큰 일은 그다지 드러나지 않아도 나쁜 일은 작은 일이라 해도 곧 드러나게 된다는 말.

[典據] '宰牛無贓 剝栗難藏' ≪耳談續纂≫

↔ 꿩 구워먹은 자리.

소 제 새끼 핥아 주듯.

자식에 대한 사랑이 깊다는 뜻.

▷ 노우지독지애(老牛舐犢之愛).

[典據] '猶懷老牛 舐犢之愛' ≪後漢書 楊彪傳≫

소증(素症)나면 병아리만 쫓아도 낫단다.

생각이 간절하면 그와 비슷한 것만 보아도 좀 낫다는 뜻.(※소증…푸성귀만 먹어서 속이 메스꺼워 고기를 먹고 싶은 증세.)

▷ 노루 때린 막대 세 번 국 끓여 먹는다.

소한(小寒) 추위는 꾸어다가도 한다.

해마다 소한 때는 반드시 춥다는 말.

속 각각 말 각각.

속마음과 하는 말이 서로 다르다는 뜻.

속곳 벗고 함지박에 들었다.

일이 다급해져 아무래도 망신을 하게 되었다는 말.

속곳 열둘 입어도 밑구멍은 밑구멍대로 다 나왔다.

애써서 숨기려고 하나 가려야 할 곳이 가려지지 않았다는 말.

▷ 고쟁이를 열두 벌 입어도 보일 것은 다 보인다.

속 빈 강정 같다.

겉은 멀쑥해도 속은 텅텅 비었다는 말.

▷ 사탕 붕어에 겅둥겅둥이라 속 빈 강정의 잉어등(燈) 같다. 쇠천 샐 잎도 없다. 피동전 한 푼 없다. 피천 한 잎 없다.

속저고리 벗고 은반지.

제 격에 맞지 않는 겉치레를 하여 보기 흉하다는 뜻.

⇨ 갓 쓰고 자전거 탄다. 쬐벗고 돈 한 잎 찬다. 벌거벗고 환도 차기. 속곳 벗고 은가락지 낀다. 적삼 벗고 은가락지 낀다. 짚신 감발에 사립 쓰고 간다.

속히 더운 방이 쉬 식는다.

빨리 되는 일이 오래 계속되기 힘들다는 말.

손에 붙은 밥풀 아니 먹을까.

자기 손에 들어온 것을 안 가질 사람이 없다는 뜻.

[典據] '黏手之飯 鮮不自嚼' 《耳談續纂》

손으로 하늘 찌르기.

될 것 같지 않은 가망 없는 일이라는 뜻.

⇨ 바지랑대로 하늘 재기. 장대로 하늘 재기.

손은 갈수록 좋고, 비는 올수록 좋다.

집에 찾아온 손님은 빨리 돌아가 주는 것이 좋고, 비는 많이 와야 농사에 좋다는 뜻.

손이 들이 굽지 내 굽나.

제게 더 가까운 사람에게 정이 더 쏠린다는 말.

⇨ 팔이 들이 굽지 내 굽나.

손자를 귀애하면 코 묻은 밥을 먹는다.

① 조부모는 손자를 귀여워해도 그 덕은 보지 못한다는 뜻. ② 버릇 없는 이들과 어울리면 이로울 것이 없다는 말.

⇨ 종의 자식을 귀애하니까 생원님 상투에 꼬꼬마 단다.

손자 밥 떠먹고 천장 쳐다본다.

체면 없는 일을 하고 외면한다는 말.

손톱 밑에 가시 드는 줄은 알아도 염통 밑에 쉬 스는 줄은 모른다.
사소한 일이나 조그마한 이익에는 눈이 밝지만 당장 눈에 보이지 않는 큰 손해나는 일에는 어둡다는 말.
⇨ 염통에 고름 드는 줄은 몰라도 손톱 밑에 가시 든 줄은 안다.

솔 심어 정자(亭子)라.
앞날의 성공이 까마득하여 이루기 어렵다는 말.
⇨ 솔 심어 정자라고, 얼마 살 인생인가?
[典據] '栽松望亭' 《松南雜識》, '養松見亭子' 《東言考略》, '植松求亭人壽幾齡' 《耳談續纂》

솔잎이 새파라니까 오뉴월만 여긴다.
큰 걱정이 있는 줄은 모르고 작은 일 하나 되는 것만 보고 속없이 좋아 날뛴다는 뜻.

송곳니가 방석니가 된다.
원수를 갚으려고 이를 갈고 있다는 뜻.
[典據] '송곳니를 방석니가 되도록 갈았으니 뿌리가 다 솟았다.' 《春香傳》

송곳도 끝부터 들어간다.
① 일에는 순서가 있어 차례대로 해야 된다는 말. ② 여럿이 있는 데서 음식이나 물건을 줄 때, 어린이부터 주게 될 때 하는 말.

송곳 박을 땅도 없다.
사람이 많이 모여 설 자리도 없다는 말.
⇨ 입추(立錐)의 여지가 없다. 벼룩 꿇어 앉을 땅도 없다.

송사(訟事)는 졌어도 재판은 잘하더라.
비록 제가 송사에는 졌을망정 재판이 공정하여 불만이 없다는 말.

송아지 못된 것은 엉덩이에 뿔난다.

좋지 못한 놈이 못된 행동을 먼저 한다는 말.
⇨ 못된 송아지 엉덩이에 뿔난다.

송장 때리고 살인 났다.

억울하게 큰 벌을 받게 되었다는 말.
⇨ 소경 죽이고 살인 빚 갚는다.

송충이가 갈잎을 먹으면 떨어진다.

제 분수에 넘치는 일을 하면 실패한다는 말.

솥 떼어 놓고 삼 년.

준비는 다 해놓고도 실행을 못하고 있다는 뜻.
⇨ 솥 씻어 놓고 기다리기.

솥에 넣은 팥이라도 익어야 먹지.

손쉬운 일도 노력해야 이루어진다는 뜻.
⇨ 가마 속의 콩도 삶아야 먹는다. 부뚜막엣 소금도 집어넣어야 짜다. 솥 속의 콩도 쪄야 익지.

솥은 부엌에 걸고, 절구는 헛간에 놓아라 한다.

누구든지 다 아는 일을 제가 잘 아는 체하고 남에게 말하는 사람을 비웃는 말.

쇠가 쇠를 먹고 살이 살을 먹는다.

동족끼리 서로 싸우는 것을 말한다.
⇨ 갗에서 좀 난다. 동족상쟁(同族相爭).

쇠고기 열 점보다 새고기 한 점이 낫다.

참새 고기가 맛있다는 말.

쇠꼬리보다 닭 대가리가 낫다.

↳ 닭 벼슬이 될망정 쇠꼬리는 되지 마라.

쇠 귀에 경(經) 읽기.

지능이 낮아서 아무리 가르치고 일러 주어도 알아듣지 못하는 것을 말한다.

⇨ 쇠 코에 경 읽기. 우이독경(牛耳讀經).

[典據] '牛耳誦經 何能諦聽' ≪耳談續纂≫, '牛耳誦經' ≪東言考略≫

쇠똥에 미끄러져 개똥에 코 방아 찧는다.

① 연거푸 실수하여 어이가 없다는 말. ② 매우 억울한 일을 당하여 못 견딜 노릇이라는 뜻.

⇨ 쇠똥에 미끄러져 개똥에 코 박을 일이다.

쇠모시 키우는 놈하고, 자식 키우는 놈은 막말을 못한다.

제 자식도 나중에 어떻게 될지 모르니, 남에게 장담이나 막말을 하지 말라는 뜻.

쇠뿔도 단김에 빼라.

무슨 일이나 시작하면 그 당장에 해치우라는 뜻.

⇨ 쇠뿔도 손대었을 때 뽑아 버려라.

쇠털 뽑아 제 구멍에 박는다.

고지식하여 조금도 융통성이 없다는 말.

쇠 힘도 힘이요, 새 힘도 힘이라.

큰 일도 쓰일 때가 있듯이, 작은 일도 쓰일 곳이 따로 있다는 말.

⇨ 쇠 힘은 쇠 힘이요, 새 힘은 새 힘이다.

수구문(水口門) 차례.

① 나이 많아 늙고 병든 사람을 두고 하는 말. ② 술 마실 때 순배가 나

이 많은 사람에게 먼저 가는 것을 조롱하는 말.(※수구문…서울의 옛날 광희문으로 상여가 나갔음.)

수구여병(守口如瓶).

병에 마개를 막듯 입을 다문다는 말이니 말조심을 한다는 뜻.

典據 '汝等은 守口如瓶하라 하시고'《仁顯王后傳》

수박 겉핥기.

속내용은 모르면서 건성건성 일을 한다는 뜻.

⇨ 개 머루 먹듯. 꿀단지 겉 핥는다. 호추 왼채로 삼킨다.

수양딸로 며느리 삼기.

몹시 하기 쉬운 일을 말한다.

⇨ 겉보리 돈 삼기. 누운 소 타기. 누워 떡 먹기. 땅 짚고 헤엄치기. 무른 땅에 말뚝 박기. 식은 죽 먹기. 이여반장(易如反掌). 주먹으로 물 찧기.

수염이 댓 자라도 먹어야 양반.

아무리 점잖은 사람도 먹어야 산다는 말.

⇨ 나룻이 석 자라도 먹어야 샌님.

수원(水原) 남양(南陽) 사람은 발가벗겨도 삼십 리를 간다.

그곳 사람들 마음이 모질다 하여 하는 말.

⇨ 전라도 사람은 벗겨 놓으면 삼십 리 간다.

수인사 대천명(修人事待天命).

사람이 제 할 일을 다한 뒤에 그 이상의 것은 하늘의 명령에 맡긴다는 뜻.

수제비 잘하는 사람이 국수도 잘한다.

어떤 한 가지를 잘하는 사람이 그와 비슷한 다른 일도 잘한다는 뜻.

⇨ 국수 잘하는 솜씨가 수제비 못하랴.

수풀엣 꿩은 개가 내몰고 오장(五臟)엣 말은 술이 내몬다.

술이 취하게 되면 마음속에 있는 말도 다 하게 된다는 말.
⇨ 상시에 먹은 마음이 취중에 나온다. 취중에 진담 나온다.

쑨 죽이 밥 될까.

일이 이미 글렀으니 다른 방법이 없다는 뜻.
⇨ 엎지른 물을 도로 담을까. 익은 밥이 날로 돌아갈 수 없다.

술 덤벙 물 덤벙.

↖ 물 덤벙 술 덤벙.

술 받아 주고 뺨 맞는다.

자기 비용을 써가면서 대접을 하고 도리어 욕을 당하는 경우에 하는 말.
⇨ 내것 잃고 내 함박 깨뜨린다. 제것 주고 뺨 맞는다.

술은 괼 때 걸러야 한다.

어떤 일을 할 때는 가장 좋은 기회가 있는데 그때를 놓치지 말아야 한다는 뜻.

술 익자 체 장수 지나간다.

일이 우연히 잘 들어맞는다는 뜻.
典據 '술 닉자 체 쟝스 도라가니 아니 먹고 어이리.' ≪靑丘永言≫

숨은 내쉬고 말은 내하지 말라.

말은 입 밖에 내기를 조심하라는 말.
⇨ "숨이랑 내 쉬곡 말랑 내쿤지 말라." ≪제주도≫

숭어가 뛰니까 망둥이도 뛴다.

제 처지는 생각하지 않고 저보다 나은 사람을 덮어놓고 모방하려고 애쓴다는 뜻.
⇨ 망둥이가 뛰니까 전라도 빗자루가 뛴다. 숭어 뛰면 복쟁이 뛴다.

숯이 검정 나무란다.

↳ 똥 묻은 개가 겨 묻은 개 나무란다.

숲이 깊어야 도깨비가 나온다.

자기에게 인품과 덕망이 있어야 사람이 따르게 된다는 뜻.

➡ 덤불이 커야 도깨비가 난다. 물이 깊어야 고기가 모인다. 산이 깊어야 범이 있다.

쓰러져 가는 나무는 아주 쓰러뜨린다.

될 가망이 없는 일이면 빨리 단안을 내리고 새로 시작하라는 말.

쓰면 뱉고 달면 삼킨다.

신의(信義)는 아랑곳없이 제게 이로우면 취하고, 해로우면 버린다는 말.

➡ 감탄고토(甘呑苦吐).

스무이레에 오기 시작한 비는 다음 달 보름날까지 그치지 않는다.

흔히 그믐께 오는 비는 오래 계속하여 오기 쉽다고 하는 말.

쓴맛, 단맛 다 보았다.

세상살이의 괴로움과 즐거움을 다 겪어 보았다는 말.

➡ 단맛, 쓴맛 다 보았다. 밤송이 우엉 송이 다 끼어 보았다. 산전 수전 다 겪었다.

쓴 배도 맛들일 탓.

무슨 일이든 처음에는 싫던 일도 재미 붙여 계속하면 좋아진다는 뜻.

➡ 개살구도 맛들일 탓. 신배도 맛들일 탓이라.

[典據] '彼苦者梨 尙或味之' 《耳談續纂》

시골 놈이 서울 놈을 못 속이면 보름씩 배를 앓는다.

시골 사람이 서울 사람보다 더 잘 속인다는 뜻.

➡ 서울 사람을 못 속이면 보름을 똥을 못 눈다.

시누 올케 춤추는데 가운데 올케 못 출까.

남도 참여하는데 자기도 참여하지 못할 것이 없다는 말.
⇨ 참깨 들깨 노는데 아주까리 못 놀까.

씨 도둑은 못한다.

사람은 제 부모를 닮으므로 남의 씨는 곧 드러나게 마련이라는 말.

시러베 장단에 호박국 끓여 먹는다.

못된 사람들과 어울려 쓸데없는 짓을 한다는 뜻.

시렁 눈 부채 손.

안목(眼目)은 높으나 제 손으로 실제 그와 같이 하지는 못한다는 뜻.
⇨ 눈은 높고 손은 낮다. 안고수비(眼高手卑).

시시덕이는 재를 넘어도 새침데기는 골로 빠진다.

시시덕이는 보통때 실없이 보이는 것과는 반대로 그다지 잘못을 저지르지 않으나, 늘 새침하고 얌전한 체하는 새침데기는 도리어 골짜기로 빠져 엉뚱한 짓을 한다는 말이니, 외향적인 성격을 가진 사람보다 내성적인 사람이 외곬으로 빠져들면 더 큰 잘못을 저지른다는 뜻.

시아버지 죽으라고 축수했더니 동지 섣달 맨발 벗고 물 길을 때 생각난다.

제가 싫어하던 사람이나 물건이 막상 없어진 다음에는 아쉬워질 때가 있다는 말.
⇨ 시어머니 죽으라고 축수했더니 보리 방아 물 부어 놓고 생각한다.

씨아와 사위는 먹고도 안 먹는다.

목화씨를 앗는 씨아가 목화를 먹어도 당연한 것처럼, 사위는 아무리 먹어도 아깝지 않다는 말로서 흔히 사위를 극진하게 대접한다는 뜻.
⇨ 토리개와 사위는 먹어도 안 먹는다.

시앗 싸움에 요강 장사라.

쓸데없는 제삼자의 간섭을 말한다.
⇨ 남의 잔치에 감 놓아라 배 놓아라. 닷곱에 참례, 서 홉에 참견. 오지랖이 넓다.

시앗 싸움엔 돌부처도 돌아앉는다.
시앗을 보면 부처같이 어질고 무던한 부인도 질투를 하여 시기한다는 말.
⇨ 시앗을 보면 길가의 돌부처도 돌아앉는다. 길 아래 돌부처도 돌아앉는다.
[典據] '妻妾之戰 石佛反面' ≪耳談續纂≫

시앗 죽은 눈물에 눈 가장자리 젖으랴.
정이 없는 사람에게는 매우 적은 동정밖에 가지 않는다는 말.
⇨ 시앗 죽은 눈물만큼. 고양이 죽은 데 쥐 눈물만큼.
[典據] '哭娟之淚 豈有霑目' ≪耳談續纂 拾遺≫

시어머니가 죽으면 안방이 내 차지.
윗자리에 있던 사람이 없어지면, 그 다음 사람이 그 자리에 들어앉게 된다는 말.
⇨ 큰 말이 나가면 작은 말이 큰 말 노릇한다.

시어머니에게 역정나서 개 배때기 찬다.
제 노여움을 전혀 관계없는 딴 데로 옮긴다는 말.
⇨ 시모(媤母)에게 역정나서 개 옆구리 찬다. 시어머니 미워서 개 배때기 찬다. 시어머니 역정에 개밥 구유 찬다.

시어머니 죽으라고 축수했더니 보리 방아 물 부어 놓고 생각난다.
↖ 시아버지 죽으라고 축수했더니 동지 섣달 맨발 벗고 물길을 때 생각난다.

시작이 나쁘면 끝도 나쁘다.
무슨 일이든 처음이 좋지 않으면 결국 끝도 좋지 않은 결과를 가져온다는 말.
⇨ 설 때 궂긴 아이가 날 때도 궂긴다.

시작이 반이다.
어떠한 일이라도 그 일을 시작하면 거의 반은 이룬 셈이라는 말.

시장이 반찬이라.
배가 고프면 어떤 음식도 맛있게 잘 먹는다는 말.
⇨ 기갈이 감식(甘食). 시장이 팥죽. 오후(午後) 한량(閑良)이 쓴 것이 없다.

시집가 석 달, 장가가 석 달 같으면 살림 못할 사람 없다.
결혼한 처음 석 달 동안처럼 애정이 계속된다면 살림 못하고 이혼할 사람이 없다는 말.
⇨ "씨집 강 석둘, 장개 강 석둘 닮으면 사념 못 살 사름 웃나."≪제주도≫

시집갈 때 등창 난다.
공교롭게도 가장 중요한 때에 탈이 난다는 뜻.
⇨ 혼인날 똥 싼다.

시집도 가기 전에 기저귀 마련한다.
준비를 너무 빨리 한다는 뜻.
⇨ 시집가기 전에 강아지 장만한다. 시집도 아니 가서 포대기 장만한다. 새벽달 보려고 초저녁부터 나앉으랴. 아이 낳기 전에 기저귀감 장만한다. 오동나무 보고 춤춘다.

시집 밥은 살이 찌고 친정 밥은 뼛살이 찐다.
친정에서 살면 속살이 찐다는 말이니, 시집살이가 어렵고 마음 편하지 않다는 뜻.

시집살이 못하면 동네 개가 다 업신여긴다.

여자로서 누구나 다 하는 시집살이를 못하고 쫓겨나 소박맞고 돌아오면 가장 큰 수치라는 뜻.

시집살이 못하면 본가(本家) 집살이하지.

이 일에 실패하면 저 일에 희망을 가지겠다는 말.

식은 죽도 불어 가며 먹어라.

↝ 돌다리도 두들겨 보고 건너라.

식은 죽 먹기.

아주 쉬운 일이라는 뜻.

⇨ 겉보리 돈 삼기. 누운 소 타기. 누워 떡 먹기. 땅 짚고 헤엄치기. 도투마리로 넉가래 만들기. 주먹으로 물 찧기. 키 큰 암소 똥 누듯.

식자우환(識字憂患).

학식이 있기 때문에 오히려 근심거리를 사게 된다는 말.

⇨ 아는 게 병.

|典據| '人生識字憂患始 姓名粗記可以休' ≪소동파의 詩≫, '識字憂患' ≪松南雜識≫

식칼이 제 자루를 못 깎는다.

↝ 중이 제 머리 못 깎는다.

식혜 먹은 고양이 속.

제가 저지른 일이 탄로날까봐 두려워하는 상태를 말한다.

|典據| '食食醯猫裏' ≪東言考略≫

신로심불로(身老心不老).

몸은 늙었으나 마음은 젊었다는 뜻이니 노인이 젊은이 행세를 하고 싶다는 말.

신선 놀음에 도끼자루 썩는 줄 모른다.

좋은 일에 정신이 팔려, 시간 가는 줄 모른다는 뜻.
⇨ 도끼 자루 썩는 줄 모른다.

신 신고 발바닥 긁기.

일 하기는 해도 시원치 않다는 말.
⇨ 격화소양(隔靴搔癢), 목화(木靴) 신고 발등 긁기.

실과 망신은 모과가 시킨다.

↶ 과물전 망신은 모과가 시킨다.

실뱀 한 마리가 온 바닷물을 흐린다.

한 사람의 잘못으로 전체에 명예롭지 못한 나쁜 영향을 끼친다는 뜻.
⇨ 일어탁수(一魚濁水). 한 갯물이 열 갯물 흐린다.

실없은 말이 송사(訟事) 건다.

실없이 한 말 때문에 큰 변이 생긴다는 뜻.

실 엉킨 것은 풀어도 노 엉킨 것은 못 푼다.

작은 일은 해결하기 쉬워도 큰 일은 손쉽게 해결하기 힘든다는 말.
典據 '絲棼或解 繩亂弗解'≪耳談續纂≫

싫은 매는 맞아도 싫은 음식은 못 먹는다.

아무리 좋은 음식이라도 배가 부르면 더 먹을 수 없다는 말.

심사는 없어도 이웃집 불난 데 키 들고 나선다.

① 심술이 매우 고약한 사람을 비꼬아서 하는 말. ② 남의 일을 방해하거나 못 되기를 바라는 사람을 두고 하는 말.
⇨ 불난 데 부채질한다. 심사는 좋아도 이웃집 불 붙는 것 보고 좋아한다.

심술 거복(去福).

심술이 사나우면 복이 가버린다는 말.

심심하면 좌수(座首) 볼기 때린다.

심심풀이로 만만한 사람을 건드리는 악취미를 비웃는 말. (※좌수…향청(鄕廳)의 우두머리.)

⇨ 심심한데 좌수 볼기나 치자.

십 년 공부 나무아미타불.

오랜 시일을 두고 노력해 온 일이 실패로 돌아갔다는 말.

⇨ 도로아미타불. 십 년 공부 도로아미타불.

십년 묵은 환자(還子)라도 지고 들어가면 고만이다.

아무리 오래된 빚이라도 갚으면 그만이라는 말.(※ 환자…봄에 환곡(還穀)으로 받은 곡식을 가을에 바치던 일.)

십년 세도 없고, 열흘 붉은 꽃 없다.

사람의 부귀 영화는 오래 계속되지 않는다는 말.

⇨ 세무십년(勢無十年). 화무십일홍(花無十日紅).

십 년이면 강산도 변한다.

십 년이란 세월이 흐르면 세상에 변하지 않는 것이 없다는 말.

십인십색(十人十色).

열 사람이면 열 사람의 성격이나 사람됨이 제각기 틀리다는 말.

아끼는 것이 찌로 간다.

물건을 아끼기만 하다가 도리어 못 쓰게 된다는 뜻.(※찌…똥의 사투리.)
⇨ 아끼다 똥 된다.
[典據] '我所珍凌 竟歸人屎' ≪耳談續纂≫

아내가 귀여우면 처가집 말뚝보고 절을 한다.

애처가가 지나치게 처가를 위하는 것을 두고 하는 말.(※말뚝…말을 매어 두는 막대.)
⇨ 처가집 말뚝에도 절을 하겠네. 아내가 귀여우면 처가집 문설주도 귀엽다. "각시가 아까우민 처개칩 정주먹이 아깝나." ≪제주도≫
[典據] '婦家情篤 拜厥馬杖' ≪耳談續纂≫

아내 나쁜 것은 백 년 원수, 된장 신 것은 일 년 원수.

아내를 잘못 맞으면 일평생을 망치게 된다는 뜻.
⇨ 하루의 걱정은 새벽 술에서 생기고, 일 년의 근심은 볼 좁은 신에서 생기고, 일생의 근심은 성질이 모진 아내로 생긴다.(一日之患 卯時酒 一年之患 狹窄靴 一生之患 性惡妻) ≪慵齋叢話≫

아는 길도 물어 가라.

쉬운 일도 물어서 해야 틀림이 없다는 말.
⇨ 돌다리도 두들겨 보고 건너라. 얕은 내도 깊게 건너라. 식은 죽도 불어 가며 먹어라.

아니 땐 굴뚝에 연기날까.

아니한 일에 말이 날 리 없다는 뜻.

▷ 불 안 땐 굴뚝에 연기날까. 뿌리 없는 나무에 꽃이 필까. 아니 때린 북소리 날까.

[典據] '不燃之堗 烟不生'《旬五志》《松南雜識》, '竈苟不燃堗 豈生烟'《耳談續纂》, '堗不燃 不生烟'《冽上方言》

아니 밴 아이를 자꾸 낳으라 한다.

아직 무르익지도 않은 일을 재촉한다는 뜻.

▷ 배지 않은 아이 낳으라 한다. 누지 못하는 똥을 으드득 누라 한다.

아닌 밤중에 홍두깨.

예고도 없이 뜻밖에 불쑥 내놓는다는 뜻.

▷ 어두운 밤중에 홍두깨 내밀듯. 자다가 봉창 두들긴다.

아들 못난 건 제 집만 망하고, 딸 못난 건 양 사돈이 망한다.

아들이 못나면 그 집에만 화가 돌아오나, 딸이 못나면 친정은 물론 시집에까지도 폐를 끼치게 된다는 말.

▷ "아들 못난 건 이녁 집뿐 망호곡, 똘 못난 건 양 사둔이 망혼다."《제주도》

아랫돌 빼어 웃돌 괴기.

임시변통으로 한 곳에서 빼어 내어 다른 곳을 막는다는 뜻.

▷ 하석상대(下石上臺). 아랫돌 빼어 웃돌 괴고 웃돌 빼어 아랫돌 괸다.

아버지는 아들이 잘났다고 하면 기뻐하고, 형은 아우가 더 낫다고 하면 노한다.

부모는 자식이 잘났다고 하는 것을 기뻐하지만 형제간에는 그렇지 못하다는 말.

⇨ "아방보단 아돌 잘났젱 ᄒ면 지꺼지곡, 성보단 아시 잘났젱 ᄒ면 용심난다."《제주도》

아비만한 자식 없다.

자식이 아무리 잘났다 해도 그 아버지만은 못하다는 뜻.
⇨ 형 미칠 아우 없고 아비 미칠 아들 없다.

아이 낳는데 속옷 벗어 달란다.

바쁜 사람에게 부당한 일을 청한다는 뜻.
⇨ 상여 나가는데 귀청 내달란다.

아이 보는 데는 찬물도 못 먹는다.

① 아이들은 어른들이 하는 대로 본뜨므로 아이들이 보는 데서는 언행을 삼가야 한다는 뜻. ② 아이들은 남이 먹으면 무엇이나 먹고 싶어한다는 뜻.
⇨ 어린애 보는 데서는 찬물도 마시기 어렵다.

아이 싸움이 어른 싸움 된다.

어린이들 싸움이 나중에는 그 부모들의 시비로 변한다는 말.

아이 자라 어른 된다.

① 작은 것이 자라 크게 된다는 말. ② 아이는 어른이 될 씨이므로 심히 구박하면 뒤가 안 좋다는 뜻.
⇨ 며느리 늙어 시어미된다.

아저씨 아저씨 하고 길짐만 지운다.

잘 달래 가면서 사람을 부려먹는다는 말.
⇨ 행수 행수 하고 짐 지운다. (※행수(行首)…여러 사람의 우두머리.)

아주머니 떡도 싸야 사먹는다.

어떤 절친한 사이라도 이해 관계를 따진다는 뜻.

⇨ 아주머니 술도 싸야 사먹는다.

아침 놀 저녁 비요, 저녁 놀 아침 비라.
일기에 대한 경험에서 이같이 말함.

아침 안개가 중대가리 깐다.
여름철 아침에 안개가 낀 날, 낮에는 중의 머리를 벗길 정도로 햇볕이 쨍쨍 쬐는 더운 날씨가 된다는 뜻.

아홉 살 일곱 살 때에는 아홉 동네에서 미움을 받는다.
칠팔 세 되는 아이 때는 장난이 심하고 어른들 말도 잘 안 들어 많은 사람에게 미움을 산다는 말.

악담(惡談)은 덕담(德談)이라.
남을 헐뜯는 나쁜 말도 듣는 이에게 도리어 경각심을 일으켜 좋은 말을 해준 결과가 될 때에 하는 말.

악으로 모은 살림 악으로 망한다.
나쁜 짓을 하여 모은 재산은 오래 가지 못하고 오히려 해를 끼치게 된다는 뜻.

안 되는 놈은 자빠져도 코 깬다.
일이 잘 안 될 때에는 뜻하지 않은 실패와 재난이 겹친다는 말.
⇨ 안 되는 놈은 두부에도 뼈라. 칠십에 능참봉을 하니 거동이 한 달에 스물아홉 번. 재수 없는 포수는 곰을 잡아도 웅담이 없다.

| 典據 | '窮人之事 翻亦破鼻 ≪耳談續纂≫

안 먹겠다 침 뱉은 물, 돌아서서 다시 먹는다.
두 번 다시 보지 않을 것처럼 심하게 대한 사람도 후일에 다시 청을 하게 된다는 말.
⇨ 이 우물에 똥을 누어도 다시 그 우물을 먹는다. 이 샘물 안 먹는다고

똥 누고 가더니 그 물이 맑기도 전에 다시 와서 먹는다.

안방에 가면 시어머니 말이 옳고 부엌에 가면 며느리 말이 옳다.
이쪽 말을 들으면 이쪽이 옳은 것 같고, 저쪽 말을 들으면 저쪽 말이 옳은 것 같아 그 시비곡직(是非曲直)을 가리기 어렵다는 말.

안 벽 치고 밖 벽 친다.
이편에 가서는 저편 잘못을, 저편에 가서는 이편 잘못을 말하여 이간질을 잘하는 사람을 두고 하는 말.
⇨ 안벽 붙이고 밖 벽 붙인다.

안 본 용은 그려도 본 뱀은 못 그린다.
상상(想像)은 자유로이 할 수 있으나 사실은 정확히 파악하기 힘들다는 말.
⇨ 안 본 용은 그려도 본 범은 못 그린다.

안성맞춤.
꼭 들어맞을 때 하는 말.
풀이 경기도 (安城)은 옛날부터 유기(鍮器)의 명산지로서 주문에 따라 그릇을 꼭 맞추어 만든 데서 나온 말.

앉아 주고 서서 받는다.
돈을 꾸어주기는 쉬우나 돌려받기는 힘들다는 뜻.
⇨ "아장 준 빚상 못 받나." 《제주도》

앉은뱅이 용 쓴다.
안 되는 일을 억지로 하려고 애쓰는 모습.

알던 정 모르는 정 없다.
일을 공정히 하려면 사정을 볼 수 없다는 말.

암탉이 울면 집안이 망한다.
집안에서 여자가 남자보다 활달하여 안팎 일을 간섭하면 집안일이 잘 안 된다는 말.
⇨ 빈계사신(牝鷄司晨).

애호박에 말뚝 박기.

심술궂은 짓을 한다는 뜻.
⇨ 고추밭에 말 달리기. 논두렁에 구멍 뚫기. 늙은 영감 덜미 잡기. 무죄한 놈 뺨 치기. 빚값에 계집 뺏기. 불난 데 부채질하기. 아이 밴 계집 배차기. 우는 아이 똥 먹이기. 우물 밑에 똥 누기. 잦힌 밥에 흙 퍼붓기. 패는 곡식 이삭 빼기.

약빠른 고양이 밤 눈 어둡다.

너무 지나치게 약으면 도리어 부족하고 어두운 점이 있다는 말.
⇨ 약빠른 고양이 앞을 못 본다.
  典據 '伶悧猫 夜眼不見' ≪東言考略≫

약방에 감초(甘草).

무슨 일이나 빠짐없이 참여하는 사람을 말함.
⇨ 건재약국에 백복령(白茯苓). 탕약에 감초.

양반은 물에 빠져도 개헤엄은 안 한다.

아무리 위급한 때라도 점잖은 사람은 체면 깎이는 일은 하지 않는다는 말.
⇨ 양반은 얼어죽어도 겻불은 안 쬔다.

양주(楊州) 밥 먹고 고양(高陽) 구실한다.

① 제가 할 일은 하지 않고 남의 일을 한다는 말. ② 자기편의 보수를 받고 자기편의 일은 하지 않고 상대편 일을 한다는 말. (※양주·고양…경기도의 서로 인접한 군 이름.)
  典據 '楊州食 高陽役' ≪東言考略≫

양지가 음지 되고 음지가 양지 된다.

세상 일은 번복이 많다는 뜻.

⇨ 음지가 양지되고 양지가 음지된다. 부귀빈천이 물레바퀴 돌듯한다.

典據 '陰地轉陽地變'《洌上方言》, '冽彼陰岡 尙或回陽'《耳談續纂》

얕은 내도 깊게 건너라.

무슨 일이나 쉽게 여기지 말고 조심해서 하라는 뜻.

⇨ 무른 감도 쉬어 가면서 먹어라. 삼 년 벌던 전답도 다시 돌아보고 산다. 식은 죽도 불어 가며 먹어라. 아는 길도 물어 가라.

어느 구름에서 비가 올지.

① 일은 되어 보아야 알지, 미리 짐작하기 어렵다는 말. ② 언제 무슨 일이 생길지 모른다는 말.

⇨ 어느 바람이 들이 불지.

典據 '不知何雲 終雨其云'《耳談續纂》

어느 장단에 춤추랴.

하도 참견하는 사람이 많아 어느 말을 따라야 할지 모를 때에 하는 말.

⇨ 이날 춤추기 어렵다. 이 굿에는 춤추기 어렵다.

어린아이 가진 떡도 빼앗아 먹겠다.

제 욕심을 채우기 위해 염치없이 잣단 일까지 하는 사람을 말한다.

⇨ 코 묻은 떡이라도 빼앗아 먹겠다.

典據 '誘彼幼子 竊其皮餌'《耳談續纂》

어린아이 말도 귀담아 들어라.

아무리 어린아이의 말이라도 취할 점이 있다는 말.

⇨ 늙은이도 세 살 먹은 아이 말을 귀담아 들어라.

典據 '兒孩云言 宜納耳門'《耳談續纂》

어린아이와 개는 괴는 데로 간다.

어린아이와 개는 사랑해 주는 이를 잘 따른다는 말.(※괴다…특별히 귀엽게 사랑하다.)
⇨ 아이와 늙은이는 괴는 데로 간다.

어물전 망신은 꼴뚜기가 시킨다.
동료들의 망신은 못난 사람이 시킨다는 뜻.(※ 어물전…물고기를 파는 상점)
⇨ 과물전 망신은 모과가 시킨다. 생선 망신은 꼴뚜기가 시킨다. 집안 망신은 며느리가 시킨다. 친구 망신은 곱사등이가 시킨다.

어미 팔아 동무 산다.
어머니도 소중하지만 친구 사귀기는 더욱 중요하다는 말.

어사는 가어사(假御使)가 더 무섭다.
가짜가 진짜보다 더 무섭다는 말이니, 못난 사람이 참된 사람보다 더 유세를 부리고 혹독한 짓을 한다는 뜻.

어장(漁場)이 안 되려면 해파리만 끓는다.
일이 되지 않으려면 불필요한 것만 모여든다는 말.
⇨ 객주(客主)가 망하려니 짚단만 들어온다. 마판이 안 되려면 당나귀 새끼만 모여든다. 여각(旅閣)이 망하려면 나귀만 든다.

어정 칠월, 동동 팔월.
↖ 깐깐 오월, 미끈 유월.

억지 춘향이.
사리에 맞지 않게 안 될 일을 억지로 한다는 뜻.

언덕에 둔던 대듯 한다.
말을 이리저리 둘러대며 거짓말하는 것을 말함.(※전라도의 속담)

언 발에 오줌 누기.
눈앞의 급한 일을 피하기 위해서 하는 임시변통이 결과적으로 더 나쁘게 되었을 때 하는 말.

[典據] '凍足放尿' 《旬五志》《東言考略》

언제는 외조할미 콩죽으로 살았나.

내가 네 덕을 입을 필요가 없다고 거절할 때 쓰는 말.

⇨ 외갓집 콩죽에 잔 뼈가 굵었겠나.

[典據] '古豈食外組母太粥活乎' 《東言考略》

언제 쓰라는 하눌타리냐.

아무리 좋은 물건이라도 필요할 때 쓰지 않고 쌓아 두기만 하면 무슨 소용이 있느냐는 뜻.

[典據] '天圓子將焉用哉' 《旬五志》《松南雜識》, '何時月之瓜蔞' 《東言考略》

언청이 아니면 일색(一色).

칭찬해 주는 듯하면서도 그 결점을 나쁘게 말할 때 쓰는 말.

⇨ 언청이 아니면 병신이라 할까.

업은 아이 삼 년 찾는다.

가까운 데 있는 것을 모르고 먼 데 가서 여기저기 찾아다닌다는 뜻.

⇨ 업은 아이 삼간(三間) 찾는다. 업은 아이 삼면(三面) 찾는다.

[典據] '兒在負 三年搜' 《洌上方言》

없는 놈이 비단이 한때라.

호화롭던 때가 지나고 가난해지면 비록 비단 옷이라도 팔아서 한 끼의 밥을 먹는다는 뜻.

⇨ 비단이 한 끼라.

[典據] '錦繡衣喫一時' 《洌上方言》

'에'해 다르고 '애'해 다르다.

'에'와 '애'는 그 음이 비슷하나 그 쓰이는 곳은 각기 다른 것처럼, 비록 사소한 차이라도 그 말씨 여하로 상대편에게 주는 느낌이 크게 다르다는 뜻.

여드레 팔십 리.

하루에 십 리 걸음밖에 못 간다는 것이니 행동이 느릴 때 하는 말.

[典據] '八日 八十里' ≪松南雜識≫, '여드레 팔십 리 석 달 열흘에 단 천리를 좌르르 끌면서' ≪엮음수심가≫

여럿이 가는 데 섞이면 병든 다리도 끌려간다.

여럿이 하는 일에 어울리면 평소에 못하던 일도 덩달아 하게 된다는 말.
⇨ 울력 걸음에 봉충 다리.

여름 비는 잠비, 가을 비는 떡비.

여름에 비가 오면 낮잠을 자게 되고, 가을에 비가 오면 떡을 해먹게 된다는 뜻.
⇨ 가을 비는 떡비라.

여름에 하루 놀면 겨울에 열흘 굶는다.

오늘의 한 가지 일이 앞날의 열 가지 결과를 가져오니 한시라도 게을리 말라는 뜻.

여인은 돌면 버리고, 가구는 빌리면 버린다.

여자가 밖으로 너무 나다니면 버리기 쉽다는 뜻.

여자는 사흘만 안 때리면 여우가 된다.

여자는 때때로 훈계를 하지 않으면 간사한 짓을 하기 쉽다는 말.

여자의 말을 잘 들어도 패가하고 안 들어도 망신한다.

남자는 여자의 말이라도 올바른 말은 들어야 하고, 간악한 말은 아무리 혹한 계집의 말이라도 물리쳐야 한다는 말.

여편네 활수하면 벌어들여도 시루에 물붓기.

손 큰 여편네의 낭비벽을 경계하여 하는 말.

典據 '妻汪財入 譬彼甑汲' ≪耳談續纂≫

역말(驛馬)도 갈아타면 낫다.

늘 한 가지 것만 계속하면 싫증이 나므로 가끔 다른 것으로 바꾸어 하면 낫다는 뜻.(※역말…옛날 각 역에 갖추어 두어 나그네를 태우던 말.)

典據 '馬好替乘' ≪東言考略≫

열 골 물이 한 골로 모인다.

① 여러 사람이 지은 죄값이 자기 한 사람에게만 집중된다는 말. ② 여러 가지가 다 한 일에 귀결된다는 말.

典據 '十洞之水 會一洞' ≪旬五志≫, '十谷水 一谷萃' ≪洌上方言≫

열 길 물 속은 알아도 한 길 사람 속은 모른다.

사람의 속마음은 알아내기가 어렵다는 말.

⇨ 쉰 길 물 속은 알아도 한 길 사람 속은 모른다.

典據 '測水深 昧人心' ≪洌上方言≫, '寧測十丈水深難測一丈人心' ≪耳談續纂≫, '水深雖知 人心雖知' ≪松南雜識≫

열 놈이 백 말을 하여도 들을 이 짐작.

말하는 사람이 아무리 무어라고 여러 말 하여도 듣는 사람이 참작하여 새겨 들어야 한다는 말.

⇨ '님아 님아 온 놈이 온 말을 하여도 님이 짐작ᄒ쇼서.' ≪古時調≫

열두 가지 재주 가진 놈이 저녁 거리가 없다.

여러 가지 재능을 가진 사람이 한 가지 재능을 가진 사람보다 성공하기 힘들다는 말.

⇨ 하룻 저녁에 단속곳 셋 하는 여편네 속곳 벗고 산다.

> 典據 '十二技之匠人 多供去無處' ≪東言考略≫

열매될 꽃은 첫 삼월부터 안다.

결과가 좋게 될 일은 처음부터 그 징조가 보인다는 뜻.

⇨ 잘 자랄 나무는 떡잎부터 알아본다. 될 성부른 나무는 떡잎부터 알아본다.

열 번 찍어 아니 넘어가는 나무 없다.

① 여러번 계속해서 애쓰면 일이 결국 성사가 된다는 말. ② 아무리 뜻이 굳은 사람이라도 여러번 권유하면 결국은 마음이 변한다는 뜻.

> 典據 '十斫木 無不顚' ≪旬五志≫, '十斫木 無不折' ≪洌上方言≫, '十斫之木 罔不顚覆' ≪耳談續纂≫, '十番斫 無不顚之木' ≪東言考略≫

열 사람이 지켜도 한 도둑을 못 막는다.

여러 사람이 애써도 한 사람의 나쁜 짓을 막지 못한다는 뜻.

⇨ 지키는 사람 열이 도둑 하나를 못 당한다.

> 典據 '十人守之 不得察一賊' ≪旬五志≫, '十人之守難敵一寇' ≪耳談續纂≫

열 사위는 밉지 아니하여도 한 며느리가 밉다.

사위는 많아도 사랑하는데, 며느리는 하나라도 미워하는 사람이 있으므로 하는 말.

열 소경에 한 막대.

매우 요긴하게 쓰이는 소중한 물건을 말함.

⇨ 십맹일장(十盲一杖).

> 典據 '十瞽一相' ≪旬五志≫≪松南雜識≫, '十瞽一杖' ≪東言考略≫

열 손가락에 어느 손가락 깨물어 아프지 않을까.

자식이 아무리 많아도 부모의 자애로운 마음에는 어느 자식이 더 소중하고 덜 소중하게 느껴지지 않고 다 같다는 뜻.

[典據] '十指偏齰 嚼不予感' ≪耳談續纂≫

열의 한 술 밥이 한 그릇 푼푼하다.

여러 사람이 힘을 합하면 적은 힘을 들여도 그 성과가 크다는 뜻.
⇨ 열의 한 술 밥. 열이 어울려 밥 한 그릇. 십시일반(十匙一飯).

[典據] '十飯一匙 還成一飯' ≪耳談續纂≫

열흘 붉은 꽃 없다.

꽃이 아무리 아름다워도 오래 피어 있지 못하는 것처럼, 이 세상의 권세나 영화도 오래 계속되지 않는다는 뜻.
⇨ 봄 꽃도 한때. 그릇도 차면 넘친다. 달도 차면 기운다. 한 달이 크면 한 달이 작다. 화무십일홍.

염불 못하는 중이 아궁이에 불을 땐다.

무능한 사람은 같은 계열이라도 가장 천한 일을 하게 된다는 뜻.

염불에는 맘이 없고 잿밥에만 맘이 있다.

제가 해야 할 일에는 정성을 들이지 않고 제 욕망을 채우기 위해 다른 데에만 마음을 쓴다는 뜻.(※잿밥…부처님께 불공을 드리는 밥.)
⇨ 조상(弔喪)보다도 팥죽에 마음이 있다. 초상난 집에 사람 죽은 것은 안 치고, 팥죽 들어오는 것만 친다.

[典據] '念佛無心 齋食有心' ≪松南雜識≫

염주(念珠)도 몫몫이요, 쇠뿔도 각각.

절친한 사이라도 그 몫이 서로 따로 있다는 말.
⇨ 쇠뿔도 각각, 염주도 몫몫.

영감 밥은 누워 먹고, 아들 밥은 앉아 먹고, 딸의 밥은 서서 먹는다.

남편의 재산으로 먹고 사는 것이 가장 마음 편하며, 아들의 부양을 받는 것도 견딜 만하나 딸네 집에서 붙어 먹는 것은 차마 못할 일이라는 뜻.

오뉴월 감기는 개도 안 앓는다.

여름에 감기 앓는 사람을 비웃는 말.

오뉴월 더위에는 암소 뿔이 물러 빠진다.

오뉴월 더위가 가장 심하다는 뜻.

오뉴월 병아리 하룻 볕이 새롭다.

봄에 깬 병아리가 자라 오뉴월이 되면 하루가 달라 보일 정도로 잘 자란다는 뜻.

⇨ 오뉴월 볕 하루만 더 쬐도 낫다.

오뉴월 불도 쬐다 나면 섭섭하다.

별 필요를 느끼지 않던 것도 없어지면 아쉽다는 말.

⇨ 여름 불도 쬐다 나면 섭섭하다. 오뉴월 겻불도 쬐다 나면 서운하다.

典據 '五月炙火 猶惜退坐'《耳談續纂》, '五六月火亦退悵'《東言考略》

오뉴월 소나기는 쇠 등을 두고 다툰다.

여름 소나기는 쇠 등을 두고 다툴 정도로, 이쪽에는 오고 저쪽에는 안 오는 수도 있다는 말.

⇨ 오뉴월 소나긴 말 등을 두고 다툰다. 오뉴월 소나긴 닫는 말 한쪽 귄 젖고 한쪽 귄 안 젖는다.

오뉴월 쇠 불알 떨어지기를 기다린다.

가망없는 일을 바랄 때 하는 말.

⇨ 오뉴월 황소 불알 떨어지기. 감나무 밑에 누워 연시 입 안에 떨어지기 바란다.

오뉴월 품앗이도 먼저 갚으랬다.

시일이 여유가 있다고 질질 끌어 갈 것이 아니라, 남에게 갚을 것은 일찍 갚아야 한다는 말.

오는 정이 있어야 가는 정이 있다.

⇨ 오는 말이 고와야 가는 말이 곱다. 오는 떡이 두터워야 가는 떡이 두텁다. 인정도 품앗이다.

오라는 딸은 아니 오고 외동 며느리만 온다.

기다리던 사람은 안 오고 달갑지 않은 사람이 온다는 말.

오란 데는 없어도 갈 때는 많다.

오라고 초청한 데는 없지만 찾아다닐 데는 많다는 말.

오래 앉으면 새도 살을 맞는다.

이로운 곳이라고 너무 오래 있으면 마침내 화를 당한다는 뜻.

(※ 살…화살)

⇨ 고삐가 길면 밟힌다. 재미나는 골에 범 난다.

[典據] '久坐之鳥 帶箭'《旬五志》, '鳥久止 必帶矢'《洌上方言》, '久坐雀 帶鏃'《東言考略》

오랜 원수를 갚으려다 새 원수가 생겼다.

무슨 일이나 보복을 하면 그로 인해 새로운 원수가 생긴다는 말.

⇨ 원수는 순으로 풀라.

[典據] '欲報舊讐 新讐出'《旬五志》

오르지 못할 나무는 쳐다보지도 마라.

자기 힘으로 될 수 없는 일이라면 처음부터 손을 대지 말라는 말.

[典據] '難上 之木勿仰'《旬五志》《松南雜識》, '木難上不可仰'《洌上方言》, '難升之木 無然仰囑'《耳談續纂》

오리(五厘)를 보고 십리(十里)를 간다.

적은 일이라도 이익이 된다면 수고를 아끼지 않는다는 말.

오리 홰 탄 것 같다.

오리는 닭같이 홰를 타지 않는 것처럼, 제가 있을 곳이 아닌 높은 데 있으면 위태롭다는 뜻.

典據 '鴨乘塒' ≪東言考略≫

오지랖이 넓다.

제게 관계없는 일에 나서서 간섭하는 사람을 두고 하는 말.(※오지랖…웃옷에 입는 겉옷의 앞자락.)
⇨ 치마가 열두 폭인가. 치마가 넓다. 남의 잔치에 감 놓아라 배 놓아라 한다. 닷곱에 참례, 서홉에 참견.

옥니박이 곱슬머리와는 말도 말아라.

이런 사람은 흔히 깐깐하고 성미가 까다롭다 하여 하는 말.

옥(玉)에도 티가 있다.

아무리 좋은 물건이나, 훌륭한 사람에게도 한 가지 결점은 있다는 말.

온통으로 생긴 놈 계집 자랑, 반편으로 생긴 놈 자식 자랑.

자기 처자식을 자랑하는 사람을 경계하여 하는 말.
⇨ 자식 추기 반 미친 놈, 계집 추기 온 미친 놈.

典據 '全癡誇妻 半癡誇兒' ≪耳談續纂≫

올가미 없는 개 장사.

자본 없이 하는 장사를 비유하는 말.
⇨ 개 장수도 올가미가 있어야 한다.

옷은 새 옷이 좋고, 사람은 옛 사람이 좋다.

물건은 새것일수록 좋고, 사람은 오래 사귈수록 정의가 두터워 좋다는 뜻.
⇨ 옷은 새 옷이 좋고 님은 옛님이 좋다. 신정(新情)이 구정(舊情)만

못하다. 사람은 헌 사람이 좋고, 옷은 새 옷이 좋다.

典據 '衣以新爲好 人以舊爲好' ≪旬五志≫

옷이 날개라.

좋은 옷을 입으면 못난 사람도 잘나 보인다는 뜻.

왜장(倭將)은 병들수록 좋다.

임진란 때 왜적을 미워하던 말이 전해 내려온 것으로 상대방의 불행을 도리어 기뻐함을 말함.

典據 '倭將病癒好' ≪東言考略≫

외모는 거울로 보고 마음은 술로 본다.

겉으로 볼 수 없는 속마음을 술자리에서 엿볼 수 있다는 말.
⇨ 취중에 진담 나온다.

외상이면 소도 잡아먹는다.

외상 좋아하는 것을 비웃는 말.
⇨ 같은 외상이면 검정소 잡아먹는다.

외손뼉이 울랴.

일은 혼자서만 한다고 잘 되는 것이 아니고 서로 힘을 합해야 이루어진다는 말.
⇨ 한 손뼉이 울지 못한다. 외손뼉이 울지 못하고, 한 다리로 가지 못한다.

典據 '一手拍之無聲 二手拍則有聲' ≪三國遺事≫, '孤掌不鳴' ≪旬五志≫, '孤掌難鳴' ≪東言考略≫

외손자를 귀애하느니 절굿공이를 귀애하지.

외손자는 아무리 공을 들여도 소용없다는 뜻.
⇨ 외손자를 안느니 방앗공이를 안지. 외손자를 보아 주느니 파밭을 매지.

典據 '愛外孫寧杵' ≪東言考略≫

외톨 밤이 벌레가 먹었다.

외아들이 부실할 때 하는 말.

우는 아이 젖 준다.

무슨 일이나 원하는 사람이 구할 수 있다는 말.
⇨ 보채는 아이 젖 준다. 울지 않는 아이 젖 주랴.
典據 '不啼之兒 其誰穀之' ≪耳談續纂≫

우물 안 개구리.

견식이 좁아 세상 형편을 모르는 사람을 말함.
⇨ 바늘 구멍으로 하늘 보기. 댓구멍으로 하늘을 본다. 우물 안 고기. 정저지와(井底之蛙).

우물에 가 숭늉을 찾는다.

일의 순서도 모르고 성급하게 군다는 뜻.
⇨ 싸전에 가서 밥 달라 한다. 콩밭에 가서 두부 찾는다.

우물을 파도 한 우물을 파라.

무슨 일이나 한 가지 일을 끝까지 밀고나가야 성공할 수 있다는 말.
典據 '鑿井鑿一井' ≪東言考略≫

우선 먹기는 곶감이 달다.

나중에야 어떻든 우선 취할 만하다는 뜻.

우수(雨水) 경칩(驚蟄)에 대동강이 풀린다.

춥던 겨울 날씨도 우수와 경칩이 지나면 따뜻해지기 시작한다는 말.

울고 싶자 매 때린다.

무슨 일을 하고 싶은데 마땅한 구실이 없어 못하다가, 때마침 좋은 핑계가 생겼다는 말.

[典據] '欲哭時打 不哭乎' ≪東言考略≫

울려는 아이 뺨 치기.

일이 순조롭게 안 되려 할 때 잘 구슬러 되게 하지 않고 강경하게 나가면 일이 더욱 안 된다는 뜻.

⇨ 울려 할 제 치자 하기같이.

[典據] '兒之將啼 又批其䩄' ≪耳談續纂≫

울며 겨자 먹기.

하기 싫은 일을 마지못해 억지로 할 경우를 말함.

⇨ 울고 먹는 씨아라.

움도 싹도 없다.

① 장래성이 전혀 없다는 말. ② 사람 또는 물건이 흔적이 없어졌을 때 하는 말.

움 안에서 떡 받는다.

자기가 원하지도 않았는데 뜻밖에 좋은 물건을 얻었을 때 하는 말.

⇨ 선반에서 떨어지는 떡. 아닌 밤중에 차시루떡. 우물 길에서 반살기 받는다. 호박이 넝쿨 채로 굴러떨어졌다.

[典據] '坐窯內 受餠食' ≪東言考略≫

웃는 낯에 침 뱉으랴.

좋은 낯으로 대하는 사람에게 책망을 할 수 없다는 말.

[典據] '對笑顔 唾亦難' ≪洌上方言≫, '笑顔唾乎' ≪東言考略≫

웃음 속에 칼이 있다.

겉으로는 친한 체하지만 속으로는 도리어 해롭게 한다는 말.

⇨ 웃고 사람 친다. 웃으며 한 말에 초상난다.

원 내고 좌수 내고.

원(員)이나 좌수(座首)는 모두 큰 벼슬 이름으로 한 집안에서 인물이 많이 났을 때 하는 말.

원님과 급창이 흥정을 하여도 에누리가 있다.

지위가 높은 사람과 낮은 사람이 흥정을 해도 에누리가 있다는 뜻으로 항상 흥정에는 에누리가 따르게 마련이란 말. (※급창(及唱)…옛날 관가의 심부름꾼.)
⇨ 원님에게 물건을 팔아도 에누리가 있다.

원님 덕에 나팔 분다.

남의 덕에 좋은 대접을 받는다는 뜻.
⇨ 감사(監司) 덕분에 비장(裨將) 나리 호사한다. 사또 덕분에 나팔 분다.

원님도 보고 환자(還子)도 탄다.

두 가지 일을 한꺼번에 할 때 하는 말.(※환자…춘궁기에 나라에서 쌀을 백성에게 대부했다가 가을에 반납토록 하는 환미(還米)의 뜻.)
⇨ 원 보고 송사 본다. 임도 보고 뽕도 딴다. 일거양득.

典據 '我謁縣宰 兼受賑貸'《耳談續纂》, '受糶亦謁守'《東言考略》

원님은 책방에서 춘다.

그 사람의 진가는 그 사람을 잘 아는 이라야 말할 수 있다는 뜻.(※ 책방(冊房)…원의 비서 일을 맡아 보는 곳.)

원두한이 사촌을 모른다.

장사치는 아는 사람이라고 싸게 주지 않는다는 말.(※원두한…원두막 주인.)

원수는 외나무 다리에서 만난다.

남과 서로 원한을 맺으면 피치 못할 경우에 만나는 일이 있다는 말.
⇨ 외나무 다리에 만날 날 있다.

典據 '獨木橋冤家遭'《冽上方言》《松南雜識》, '爾逢爾仇 獨木橋

頭 《耳談續纂》

원숭이도 나무에서 떨어진다.

아무리 능숙한 사람도 실수할 때가 있다는 말.

⇨ 소진(蘇秦)도 망발할 적이 있다. 항우(項羽)도 낙상할 적이 있다.

월천군(越川軍)에 난쟁이 빠지듯.

여러 사람 축에 끼지 못하고 빠지는 것을 말함.(※월천군…냇물에 사람을 업어 건네 주는 사람.)

윗물이 맑아야 아랫물이 맑다.

위에 있는 사람이 부정을 하면 아랫사람도 따라서 한다는 뜻.

⇨ 상탁하부정(上濁下不淨). 윗물이 흐리면 아랫물도 흐린다. 부모가 착해야 효자가 난다. 위로 진 물이 발등에 진다. 이마에 부은 물이 발뒤꿈치로 흐른다.

유비(劉備)가 한중(漢中) 믿듯.

조금도 의심하지 않고 굳게 믿는 것을 말함.(※유비…옛날 중국 삼국시대의 촉한(蜀漢)의 임금. 자는 현덕(玄德). 한중…중국 섬서성(陝西省) 서남쪽 한수(漢水) 상류에 있는 요새지.)

⇨ 맹상군(孟嘗軍)이 호백구(狐白裘) 믿듯.

윤섣달에는 앉은 방석도 안 돌려 놓는다.

윤섣달은 아무런 행사도 하지 않는 풍속에서 나온 말.

으슥한 데 꿩 알 낳는다.

① 뜻하지 않던 곳에서 좋은 것이 발견되었을 때 하는 말. ② 평소에 출중하지 않던 사람이 눈에 띄는 일을 했을 때 하는 말.

⇨ "ᄋ시룩 ᄒ디 꿩 독새끼 난다."《제주도》

은진(恩津)은 강경(江景)으로 꾸려 간다.

남의 덕택에 겨우 유지되어 간다는 뜻.

은행나무도 마주 서야 연다.

은행나무는 암나무와 수나무가 따로 있어 마주 서 있어야 열매가 열리는 것처럼, 사람도 마주 바라보고 있어야 인연이 더 깊어진다는 말.

음식은 갈수록 줄고 말은 갈수록 는다.

음식은 전달되어 갈수록 줄어드나, 말은 옮길수록 보태어져 느는 것이므로 말조심을 하라는 뜻.
⇨ 말은 보태고 떡은 뗀다. 말은 보태고 봉송(封送)은 던다. 말은 할수록 늘고 되질은 할수록 준다.

典據 '饌傳愈減 言傳愈濫' 《耳談續纂》

의붓아비 떡치는 데는 가도 친아비 도끼질하는 데는 안 간다.

제게 이익이 있을 듯한 데로 찾아간다는 뜻.
⇨ 의붓아비 돼지고기 써는 데는 가도 친아비 나무 패는 데는 가지 마라.

의붓아비 아비라 하랴.

아무리 군색해도 의리에 벗어난 일을 하지 말라는 뜻.

典據 '匪我孤苦 豈繼父' 《耳談續纂》

의주(義州)를 가려면서 신날도 안 꼬았다.

먼 의주를 가려는 사람이 짚신의 신날도 아직 꼬지 않았다니, 큰 일을 하려는 데 조금도 준비가 되어 있지 않았다는 뜻.
⇨ 아직 신날도 안 꼬았다.

의주 파발(擺撥)도 똥 눌 때가 있다.

아무리 급하고 바쁘더라도 잠시 쉴 사이는 있다는 말. (※파발…옛날 국가의 공문서를 급히 보내기 위해 설치한 파발.)
⇨ 새우 찧는 방아에도 손 놀 틈이 있다. 의주 파발에도 곱똥은 누고 간다.

이가 없으면 잇몸으로 살지.

없으면 없는 대로 견디어 나갈 수밖에 없다는 뜻.

典據 '齒亡脣亦支' ≪東言考略≫

이 떡 먹고 말 말아라.

비밀이 샐까 봐 매수하여 발설을 못하게 하는 것을 말함.

典據 '食此餠 不言' ≪東言考略≫

이름 좋은 하눌타리

이름은 좋으나 실속이 없다는 뜻.

⇨ 허울 좋은 하눌타리. 빛좋은 개살구.

이리 해라 저리 해라, 이 자리에 춤추기 어렵다.

참견하는 사람이 많아 갈피를 잡을 수 없다는 뜻.

⇨ 이 굿에는 춤추기 어렵다. 어느 장단에 춤추랴. 이날 춤추기 어렵다. 그 장단 춤추기 어렵다.

典據 '莫仰莫俯 北筵難舞' ≪耳談續纂≫

이마를 찔러도 피 한 방울 안 나겠다.

매우 인색한 사람을 두고 하는 말.

⇨ 이마를 뚫어도 진물도 안 난다. 이마에 송곳을 박아도 진물 한 점 안 난다.

이불깃 보아 가며 발 뻗는다.

자기 능력과 그 일의 성격을 파악하여 그에 맞추어 일한다는 뜻.

⇨ 누울 자리 보아 가며 발 뻗친다. 이불깃 보아서 발 뻗는다. 구멍 보아 가며 쐐기 깎는다. 뒹굴 자리 보고 씨름에 나간다.

典據 '量衾伸足' ≪旬五志≫, '量吾被 置吾趾' ≪洌上方言≫, '先視爾褥 乃展厥足' ≪耳談續纂≫

이십 안 자식, 삼십 안 천 냥.

자식은 이십 전에 낳아야 하며, 재산은 삼십 전에 모아야 한다는 말.
⇨ 이십 안 자식이요, 삼십 안 재산이라.

이웃 사촌.

가까이 이웃하여 사는 남이 사촌보다 더 의좋게 서로 돕고 지낸다는 말.
⇨ 가까운 남이 먼 일가보다 낫다. 지척의 원수가 천리(千里)의 벗.

이웃집 나그네도 손 볼 날이 있다.

아무리 가까운 사이라도 손님으로 모셔 대접할 때가 있다는 말.

이웃집 며느리 흉도 많다.

항상 가까이 있고 잘 아는 사이일수록 상대편의 흠이 눈에 많이 띈다는 말.
⇨ 남의 집 며느리 말썽도 많다.

이웃집 새 처녀도 내 정지에 들여 세워 보아야 안다.

사람은 실제로 겪어 보지 않고서는 잘 알 수 없다는 말.(※정지…부엌의 사투리.)

이웃 집 색시 믿고 장가 못 간다.

남은 생각지도 않고 있는데 저 혼자 기대하고 있다가 낭패되는 일을 말한다.
⇨ 누이 믿고 장가 못 간다. 동네 색시 믿고 장가 못 든다. 앞집 처녀 믿다가 장가 못 간다.

　典據　'待隣婦 妻不娶'《洌上方言》, '待隣處女 不娶乎'《東言考略》

이월 바람에 검은 쇠뿔이 오그라진다.

이월달은 바람이 많이 분다는 말.
⇨ "이월 ᄇᆞ람에 가문 쇠뿔이 오그라진다."《제주도》

이 장 떡이 큰가, 저 장 떡이 큰가.

이편에 이익이 많을지 저편에 이익이 더 많을지 망설이고 있는 것을 말함.
⇨ 방에 가면 더 먹을까, 부엌에 가면 더 먹을까.

이 팽이가 돌면 저 팽이도 돈다.

이곳의 시세(時勢)가 바뀌면 저곳 시세도 바뀐다는 말.
⇨ 저 팽이가 돌면 이 팽이도 돈다.

인색한 부자가 손 쓰는 가난뱅이보다 낫다.

부자는 인색해도 남을 도울 수 있는 여유가 있지만 가난한 사람은 인정은 있어도 도울 수 있는 능력이 없다는 말.
⇨ 다라운 부자가 활수한 빈자보다 낫다.
"된 조그라둠과 웃인 활염이 맞사지 안흔다." 《제주도》

인정은 바리로 싣고 진상(進上)은 꼬치로 꿴다.

공적으로 바치는 것은 적은데 도중의 뇌물(賂物)은 적지 않다는 뜻.
⇨ '人情載馱 進上貫串' 《旬五志》《松南雜識》

인제 보니 수원 나그네로군.

모르고 지나쳤거나 또는 모르는 체하고 있다가 저쪽에서 아는 체할 때 처음 깨달은 듯이 하는 말.
⇨ 알고 보니 수원 나그네.

典據 '水原旅' 《松南雜識》

일가 못된 것이 항렬(行列)만 높다.

↖ 못된 일가가 항렬만 높다. 맛없는 국이 뜨겁기만 하다.

일가 싸움은 개 싸움.

① 일가끼리의 싸움은 개, 짐승만 못하다는 뜻. ② 일가끼리 싸우는 것은 싸울 때뿐 원한을 품지 않는다는 말.
⇨ '宗族之鬪 不異狗鬪' 《耳談續纂》

일색(一色) 소박은 있어도 박색(薄色) 소박은 없다.

얼굴이 아름다운 여자는 살림살이보다 제 얼굴 치장에 더 마음을 쓰고 행실이 경박하여 박색보다 소박당하는 일이 더 많다는 뜻.
⇨ 일색소박.

[典據] '一色有疎薄 薄色無疎薄' ≪松南雜識≫

일에는 배돌이, 먹을 땐 감돌이.

일을 할 때는 꾀를 부려 뱅뱅 돌아다니다가 먹을 것이 있는 데는 살살 감도는 사람을 말함.
⇨ 일은 송곳으로 매운 재 긁어내듯 하고, 먹기는 돼지 소 먹듯 한다.

잃은 도끼나 얻은 도끼나 매일반.

잃은 물건이나 새로 얻은 물건이나 별 차이가 없어 이해 득실이 없다는 말.
⇨ 얻은 도끼나 잃은 도끼나 일반.

[典據] '失斧得斧同' ≪東言考略≫

입에 맞는 떡.

자기 마음에 꼭 들어맞는 물건이나 일.
⇨ 안성맞춤.

[典據] '適口餠易手' ≪東言考略≫

입에서 젖내 난다.

말이나 행동이 유치하다는 뜻.
⇨ 머리에 피도 안 말랐다. 구상유취(口尙乳臭).

입은 거지는 얻어먹어도 벗은 거지는 못 얻어먹는다.

옷차림새가 남루하면 남에게 대접을 받지 못한다는 뜻.

입은 비뚤어져도 말은 바로하랬다.

바른 말을 하라는 뜻.

⇨ 입은 비뚤어져도 주라(朱螺)는 바로 불어라.

입이 밥 빌러 오지 밥이 입 빌러 올까.

빌려 달라고 하는 사람이 가지러 오지 않고 갖다 주기만을 바랄 때 하는 말.

입이 열이라도 할 말이 없다.

변명할 여지가 없다는 말.

⇨ 입이 광주리만 해도 말은 못하리라. 온몸이 입이라도 말 못하겠다.

입 찬 말은 무덤 앞에 가서 해라.

말과 행동은 일치하기가 힘드므로 장담하지 말라는 뜻.

典據 '到墓前言方盡' 《旬五志》

잉어가 뛰니까 망둥이도 뛴다.

제 분수를 돌아보지 않고 남의 행동을 모방하는 것을 말한다.

⇨ 망둥이가 뛰니까 전라도 빗자루도 뛴다. 거문고 인 놈이 춤을 추면 칼쓴 놈도 춤을 춘다. 잉어 숭어가 오니 물고기라고 송사리도 온다. 남이 장 간다고 하니 거름 지고 나선다. 학이 곡곡 하고 우니 황새도 곡곡 하고 운다.(※칼쓴 놈…죄인.)

ㅈ

자가사리 용 건드린다.

제 힘에 겨운 것은 생각하지를 않고 함부로 저보다 큰 놈을 건드린다는 뜻.(※ 자가사리…몸 길이가 한 뼘밖에 안 되는 동자개과의 물고기.)
➩ 금두(金頭) 물고기가 용에게 덤벼든다. 하룻강아지 범 무서운 줄 모른다.

자는 범 코침 주기.

가만두면 무사할 것을, 공연히 건드려서 일을 저질러 화를 초래한다는 뜻.
➩ 벌집을 건드렸다. 불집을 낸다. 자는 벌집 건드렸다. 자는 호랑이 불침 놓기.

典據 '宿虎衝本'≪旬五志≫, '虎之方腫 莫觸其鼻'≪耳談續纂≫, '宿虎衝鼻'≪松南雜識≫≪東言考略≫

자다가 봉창 두드린다.

얼토당토 않은 딴 소리를 불쑥 내민다는 뜻.
➩ 새벽 봉창 두들긴다. 아닌 밤중에 홍두깨. 어두운 밤에 주먹질. 어두운 밤중에 홍두깨 내밀 듯.

자던 중도 떡 다섯 개.

불로소득에 참여한다는 말.

자라 보고 놀란 가슴 소댕 보고 놀란다.

무엇에 한번 몹시 놀란 사람이 유사한 물건만 보고도 겁을 낸다는 말.

⇨ 자라 보고 놀란 놈이 솥뚜껑 보고 놀란다. 국에 덴 것이 냉수를 불고 먹는다. 국에 덴 놈 물 보고도 분다. 더위 먹은 소, 달만 보아도 헐떡인다. 몹시 데면 회(膾)도 불어 먹는다. 불에 놀란 놈이 부지깽이만 보아도 놀란다. 오우천월(吳牛喘月). 징갱취회(懲羹吹膾).

[典據] '嚇于鼈者 尙驚鼎盖' 《耳談續纂 拾遺》.

자랑 끝에 불붙는다.

너무 자랑하면 그 뒤에 무슨 말썽거리가 생긴다는 말.
⇨ 자랑 끝에 쉬 슨다. 흥진비래(興盡悲來).

자빠진 놈 꼭뒤 차기.

궁지에 빠진 사람을 도와주지는 않고 한층 더 괴롭힌다는 뜻.
⇨ 엎어져 가는 놈 꼭뒤 차기. 엎진 놈 꼭뒤 차기.

자식 겉 낳지 속은 못 낳는다.

제가 낳은 자식이지만 마음속까지는 어떻게 할 수 없다는 뜻.
⇨ 부모가 자식을 겉 낳았지 속 낳나.

자식 기르는 것 배우고 시집가는 계집 없다.

배우지 않았어도 무슨 일이나 부닥쳐서 해나가면 된다는 뜻.

자식 떼고 돌아서는 어미는 발자국마다 피가 괸다.

어미가 자식을 떼어 놓는 일이란 말할 수 없는 고통이라는 뜻.

자식도 품안에 들 때 내 자식이지.

자식은 어렸을 때나 부모 뜻대로 다루지, 크면 마음대로 할 수 없다는 말.
⇨ 품안에 있어야 내 자식이지.

자식 둔 골은 범도 돌아본다.

사나운 짐승도 제 자식을 돌보는데 사람이야 더 말할 나위가 없다는 말.
⇨ 자식 둔 골에는 호랑이도 두남을 둔다.

[典據] '養雛之谷 虎亦顧 ≪松南雜識≫

자식은 내 자식이 커보이고 벼는 남의 벼가 커보인다.

자식은 제 자식이 좋아 보이지만 재물은 남의 것이 더 좋아 보여 탐낸다는 뜻.

⇨ 부모는 자식이 한 자만 하면 두 자로 보이고, 두자만 하면 석 자로 보인다. 자식은 제 자식이 좋고, 곡식은 남의 곡식이 좋다. 제 논의 모가 큰 것은 모른다.

자식을 길러 봐야 부모 은공을 안다.

부모의 입장이 되어 봐야 비로소 부모님의 길러 준 은공을 헤아릴 수 있다는 말.

[典據] '사람의 자식되어 부모 은혜 모를쏘냐? 자식을 길러 보면 그제야 깨달으리.' ≪農家月令歌≫.

자식을 보기에 아비만한 눈이 없고, 제자를 보기에 스승만한 눈이 없다.

자식은 그 부모가, 제자는 그 스승이 가장 잘 알고 있다는 말.

자식 죽는 건 봐도 곡식 타는 건 못 본다.

농부들이 농사일에 쏟는 정성은 자식에 대한 것보다 크다는 것을 비유한 말.

자식 추기 반 미친 놈, 계집 추기 온 미친 놈.

사람은 흔히 제 자식, 제 아내 자랑을 하기 쉬워 이를 경계하는 말.

⇨ 온통으로 생긴 놈 계집 자랑, 반편으로 생긴 놈 자식 자랑.

자에도 모자랄 적이 있고 치에도 넉넉할 적이 있다.

① 경우에 따라 많아도 부족할 때가 있고, 적어도 남을 때가 있다는 말.
② 일에 따라서 잘난 사람도 못하는 수가 있고, 모자라는 사람도 잘하

는 수가 있다는 말.
⇨ 접시 밥도 담을 탓.

작게 먹고 가는 똥 누지.

이득을 너무 탐내지 말고 제게 알맞게 천천히 취하는 것이 낫다는 말.
⇨ 뭉글게 먹고 가늘게 싼다. 작작 먹고 가는 똥 누지.
典據 '小小食 放細尿'《旬五志》, '些些之食 可放纖矢'《耳談續纂》

작년에 괸 눈물, 금년에 떨어진다.

일의 성과가 오래 있다 나타난다는 말.
⇨ 단술 먹은 보름 만에 취한다.

짝새가 황새 걸음 하면 다리가 찢어진다.

⇨ 뱁새가 황새를 따라가려면 다리가 찢어진다. 촉새가 황새를 따라가다 가랑이 찢어진다.
典據 '雀學鸛步'《東言考略》.

작아도 후추알이다.

몸집은 작아도 당찬 사람을 두고 하는 말.
⇨ 작아도 고추알. 작은 고추가 더 맵다. 잔 고기 가시 세다.
典據 '雖小唯椒'《耳談續纂》.

작은 도끼도 연달아 치면 큰 나무를 눕힌다.

작은 힘도 꾸준히 들여 하면 큰 일을 성취할 수 있다는 말.
↔ 작은 일이 끝 못 맺는다.

잔솔밭에서 바늘 찾기.

애써 해봐야 헛일이라는 뜻.
⇨ 잔디밭에 바늘 찾기.

잔 잡은 팔이 밖으로 펴지 못한다.

제게 가까운 사람에게 정이 더 쏠린다는 뜻.
⇨ 잔 잡은 팔이 안으로 굽는다. 팔이 들이굽지 내굽나.
[典據] '把盃之臂 不外曲'《旬五志》, '把盃腕 不外卷'《冽上方言》, '執盞之臂 出曲乎'《東言考略》

잔칫날 잘 먹으려고 사흘 굶을까.

훗날에 있을 일만 믿고 막연히 기다리겠느냐는 뜻.
⇨ 나중 꿀 한 식기 먹기보다 당장 엿 한 가락이 더 달다. 나중 꿀 한 식기 먹으려고 당장에 엿 한 가락 안 먹을까. 새벽달 보려고 으스름달 안 보랴. 생일날 잘 먹으려고 이레 전부터 굶을까. 훗장에 쇠다리 먹으려고 이 장에 개다리 안 먹을까.

잘 되면 제 탓, 못 되면 조상 탓.

일이 잘 되면 제가 잘해서 된 것으로 여기고, 안 되면 남을 원망한다는 뜻.
⇨ 잘 되면 제 탓, 못 되면 남의 탓. 아니 되면 조상 탓. 안 되면 산소 탓.

잘 되면 충신이요, 못 되면 역적이라.

일이 성공하면 칭송을 받고, 실패하면 멸시당하는 것이 세상 이치라는 뜻.
⇨ 승하면 충신이요, 패하면 역적이라. 성즉군왕(成則君王)이요, 패즉역적(敗則逆賊)이라.

잘 먹고 잘 입어 못난 놈 없다.

호의호식(好衣好食)하면 남에게 괄시를 받지 않는다는 뜻.
⇨ 못 입어 잘난 놈 없고, 잘 먹어 못난 놈 없다.

잘 살아도 내 팔자요, 못 살아도 내 팔자.

잘 살고 못 사는 것이 모두 자기의 타고난 운명이라는 뜻.
[典據] '잘 살아도 내 팔자요, 못 살아도 내 팔자.'《興夫傳》

잘 자랄 나무는 떡잎부터 알아본다.

↳ 될 성부른 나무는 떡잎부터 알아본다.

잠결에 남의 다리 긁는다.

남의 일을 제 일로 잘못 알고 수고한다는 말.
➪ 남의 다리 긁는다. 남의 다리에 행전 친다. 남의 말에 안장 지운다. 남의 발에 감발한다. 남의 발에 버선 신긴다.
[典據] '睡餘爬錯 正領之脚' 《耳談續纂》

잠꾸러기 집은 잠꾸러기만 모인다.

게으른 사람은 게으른 사람끼리 한 패가 되어 어울린다는 뜻.
➪ 조는 집은 대문턱부터 존다. 조는 집에 자는 며느리 온다.
[典據] '善睡家 善眠者聚' 《旬五志》

잡은 꿩 놓아 주고 나는 꿩 잡자 한다.

공연히 어리석은 짓을 하여 헛수고를 한다는 뜻.
➪ "심은 꿩 놔 뒁 느는 꿩 심젱호다." 《제주도》

장가 들러 가는 놈이 불알 떼어 놓고 간다.

가장 요긴한 것을 잊고 갈 때 하는 말.
➪ 사냥 가는데 총을 안 가지고 가는 것과 같다. 장사 지내러 가는 놈이 시체 두고 간다. 혼인 집에서 신랑 잃어버렸다.

장구를 쳐야 춤을 추지.

거들어 주는 사람이 있어야 일을 할 수 있다는 말.

장구 치는 놈 따로 있고, 고개 까딱이는 놈 따로 있나.

저 혼자서 할 수 있는 일을 가지고 나누어 하자고 할 때 핀잔 주는 말.

장님이 문 바로 들었다.

어쩌다가 요행히 일을 이루었다는 뜻.
➪ 맹자정문(盲者正門). 봉사 문고리 잡기. 소경 문고리 잡기. 여복(女卜)이 바늘 귀를 꿴다.

장님이 장님을 인도한다.
제 일도 옳게 못하는 자가 남의 일까지 하려 한다는 뜻.

장님 잠 자나마나.
무엇을 했는지 표시가 나지 않아 일을 하고 안한 것을 모른다는 뜻.

장님 코끼리 말하듯.
장님들이 코끼리를 더듬어만 보고 그 형상을 말한다는 뜻이니, 물건의 일부만 보고 그것이 전체인 것처럼 여긴다는 말.
⇨ 장님 코끼리 구경하듯.

장(醬) 단 집에는 가도 말 단 집에는 가지 마라.
감언만 늘어놓는 사람은 조심하라는 말.

장마 도깨비 여울 건너가는 소리를 한다.
분명치 않게 입 속으로 중얼중얼, 누구를 원망하는 소리를 한다는 뜻.

장부가 칼을 빼었다가 도로 꽂나.
큰 일을 결심하고 하려던 사람이 사소한 방해가 있다고 해서 그만둘 수 없다는 말.

장부일언(丈夫一言)이 중천금(重千金).
사내 대장부가 한 말은 천금의 무게가 있다는 말이니, 약속을 이행하지 않을 때 나무라는 말.
⇨ 장부일언이 천년불개(千年不改).

장비(張飛)는 만나면 싸움.
서로 만나기만 하면 시비를 걸고 싸우려 대드는 사람을 보고 하는 말.
(※ 장비…중국 삼국시대의 촉한의 명장.)
↔ 장비하고 쌈 안하면 고만이지.

장사 나자 용마(龍馬) 난다.

운좋은 사람이 마침 좋은 때를 만나 일이 제대로 잘 들어맞는다는 뜻.
⇨ 장사 나면 용마 나고 문장(文章) 나면 명필 난다.

典據 '將軍出 龍馬出'《東言考略》

장사 지내러 가는 놈이 시체 두고 간다.

↰ 장가 들러 가는 놈이 불알 떼어 놓고 간다.

장(醬) 없는 놈이 국 즐긴다.

실속 없는 놈이 분에 넘치는 사치를 좋아한다는 뜻.
⇨ 없는 놈이 자 두 치 떡 즐겨 한다.

典據 '無醬嗜羹'《旬五志》《松南雜識》

장작불과 계집은 쑤석거리면 탈 난다.

장작불은 작은 나뭇가지를 땔 때와는 달리, 부지깽이로 자주 들쑤시면 잘 타지 않는데, 계집도 이와 같이 옆에서 쑤석거리고 바람을 넣으면 탈이 난다는 말.

잦힌 밥에 흙 퍼붓기.

⇨ 고추밭에 말 달리기.

잦힌 밥이 멀랴, 말 탄 서방이 멀랴.

잦힌 밥은 거의 다 된 밥이요, 말 탄 남편은 머지않아 달려올 것인즉, 일은 머지않아 다 될 것인데 그렇게 애타게 기다리느냐는 뜻.

재는 넘을수록 높고, 내는 건널수록 깊다.

일이 진전될수록 더 어려워진다는 뜻.
⇨ 가도록 심산이라. 갈수록 태산이라. 산 넘어 산이라. 산은 오를수록 높고, 물은 건널수록 깊다.

재떨이와 부자는 모일수록 더럽다.

재물이 많이 모이면 모일수록 욕심을 더 내고 마음씨가 더러워진다는 말.

재미나는 골에 범 난다.

재미 붙여 못된 짓을 계속하면 나중에는 재미롭지 못한 일이 생긴다는 말.
⇨ 꼬리가 길면 밟힌다. 고삐가 길면 밟힌다. 오래 앉으면 새도 살을 맞는다.

재수 없는 포수는 곰을 잡아도 웅담이 없다.

운수가 나쁜 사람은 무슨 일을 해도 잘 안 된다는 말.
⇨ 계란에도 유골(有骨). 기침에 재채기. 능참봉을 하니까 거동이 한 달에 스물아홉 번. 박복자는 계란에도 유골. 복없는 가시나가 봉놋방에 가 누워도 고자 옆에 가 눕는다. 복 없는 봉사 괘문(卦文)을 배워 놓으면 감기 앓는 놈도 없다. 복없는 정승은 계란에도 뼈가 있다. 아니 되는 놈은 두부에도 뼈라. 자빠져도 코가 깨어진다. 칠십에 능참봉을 하니 하루에 거동이 열아홉 번씩이라. 재주를 다 배우니 눈이 어둡다. 하품에 폐기. 헐복한 놈은 계란에도 뼈가 있다.

재주는 곰이 넘고 돈은 되놈이 번다.

애써 일한 사람은 따로 있고, 그 일에 대한 보수는 다른 사람이 받는다는 뜻.
⇨ 먹기는 발장(撥長)이 먹고, 뛰기는 말더러 뛰란다. 홍중군(洪中軍)이 먹고 뛰기는 파발말〔擺撥馬〕이 뛴다.

재주를 다 배우니 눈이 어둡다.

① 복이 없다는 말. ② 오랫동안 애써 공부한 결과가 헛일이 되었다는 뜻.
⇨ 모처럼 태수(太守)가 되니 턱이 떨어져. 태수 되자 턱 떨어져.
典據 '技成眼昏'《旬五志》《松南雜識》, '技纔成 眼有眚'《洌上方言》

재하자(在下者)는 유구무언(有口無言).

입이 있어도 아랫사람은 말이 없다는 뜻이니, 아랫사람은 어른에게 언

쟁을 하지 못한다는 말.

잰 놈, 뜬 놈만 못하다.
일은 빨리, 거칠게 하는 사람보다 천천히 꼼꼼하게 하는 사람이 더 잘 한다는 것이라는 뜻.

잰 말 성내 가면, 뜬 말도 도그내 간다.
능력이 부족한 사람이라도 부지런히 하면 능력 있는 사람을 어느 정도는 뒤쫓아갈 수 있다는 말.(※성내…제주도(濟州), 도그내…제주도의 지명으로 내도리와 외도리.)
⇨ "잰 몰 성내 가면 뜬 몰 도그내 간다." 《제주도》

쟁반이 광주리같이 길고 깊다고 우긴다.
사실이 뚜렷한데도 아니라고 억지 부려 우긴다는 뜻.
⇨ 용수가 채반이 되도록 우긴다. 채반이 용수가 되도록 우긴다.

저 걷던 놈도 날만 보면 타고 가자 한다.
↳ 걷고 가다가도 날만 보면 타고 가자 한다.

저녁 먹을 것은 없어도 도둑맞을 것은 있다.
아무리 가난해도 도둑맞을 물건은 있다는 말.
⇨ 구제할 것은 없어도 도둑 줄 것은 있다. 동생 줄 것은 없어도 도둑 줄 것은 있다. 쥐 먹을 것은 없어도 도둑맞을 것은 있다. 쥐 줄 것은 없어도 도둑 줄 것은 있다.

저 먹자니 싫고 남 주자니 아깝다.
저 싫은 것도 남 안 주는 욕심 많은 이를 비웃는 말.
⇨ 나 먹자니 싫고 개 주자니 아깝다. 나그네 먹던 김칫국도 먹자니 더럽고 남 주자니 아깝다. 쉰 밥 고양이 주기 아깝다.

저승 길과 변소 길은 대신 못 간다.

죽음과 용변은 남이 대신 해줄 수 없다는 말.

저승 길이 대문 밖이다.

죽음이란 먼 것 같으나 실은 바로 가까이 있어 인생이란 허무하다는 말.
⇨ 대문 밖이 저승이라. 문턱 밑이 저승이라.

典據 '저승 길이 머다더니 대문 앞이 저승이라.'≪민요, 상두꾼 소리≫, ≪꼭둑각시 인형극 극본≫

저 잘난 맛에 산다.

사람은 누구나 자기가 남보다 잘났다고 자존심(自尊心)을 가지고 살아간다는 뜻.
⇨ 사람은 저 잘난 맛에 산다.

저 중 잘 뛴다닌까 장삼 벗어 걸머지고 뛴다.

거짓 칭찬에 신이 나서 헛수고를 한다는 뜻.
⇨ 저 중 잘 달아난다 하니까 고깔 벗어 들고 달아난다.

저 팽이가 돌면 이 팽이도 돈다.

물가가 저쪽 시세가 변하니까 이쪽 시세도 변한다는 뜻.
⇨ 이 팽이가 돌면 저 팽이도 돈다.

적게 먹으면 약주(藥酒)요, 많이 먹으면 망주(妄酒)다.

술은 알맞게 먹어야 좋다는 뜻.

적반하장(賊反荷杖).

↳ 도둑이 매를 든다.

전루(傳漏) 북에 춤춘다.

시간을 알리는 전루 북 소리에 춤을 춘다는 말이니, 어리석은 자가 영문도 모르고 기뻐하는 우스꽝스러운 행동을 보고 하는 말.(※전루 북…밤중에 경점 군사(更點軍士)가 경(更)을 알리던 북소리. 하룻밤을 오경

(五更)으로 나누고 경에는 북을 쳐서 시간을 알리고, 일경을 다시 오점 (五點)으로 나누어 징을 쳐서 알렸다.)
⇨ 전송(傳誦) 북에 춤춘다.

[典據] '傳漏之鼓 尙或蹲舞' ≪耳談續纂 拾遺≫

절 모르고 시주(施主)하기.

쓸데없는 비용만 들이고 보람도 없는 일을 한다는 말.
⇨ 동무 몰래 양식 내기. 비단옷 입고 밤길 걷기. 어두운 밤에 눈 꿈적이기.

절에 가면 중 노릇 하고 싶다.

일정한 주견이 없어 남이 이 일을 하면 이것이 좋아 보이고, 저 일을 하면 저것이 좋아 보여 덮어놓고 따라하려고 한다는 말.
⇨ 절에 가면 중되고 싶고, 마을에 가면 속인 되고 싶다. 절에 가면 중인 체, 촌에 가면 속인인 체.

절에 가 젓국을 찾는다.

없는 데 가서 없는 물건을 구한다는 말.
⇨ 과부집에 가서 바깥 양반 찾는다. 물방앗간에서 고추장 찾는다. 중의 나라에 가서 상투 찾는다.

절에 간 색시.

남이 하라는 대로 따라하는 사람을 두고 하는 말.
⇨ 절에 간 색시, 중이 하라는 대로 한다.

젊어 잘 뛰던 말이 늙어지면 같으랴 못하랴.

젊었을 때 하던 장단(또는 솜씨)이 늙었다 해도 그때와 같거나 별로 못하지 않다는 뜻.

[典據] '젊어서 잘 뛰던 말이 늙어지면 같으랴, 못하랴고.' ≪꼭두각시 人形劇 劇本≫

젊은이 망령은 홍두깨로 고치고, 늙은이 망령은 곰국으로 고친다.

젊은이가 망령을 부리는 것은 철이 없어 그러는 것이니 매로써 정신을 차리게 하고, 늙은이는 노쇠하여 그러는 것이니 몸을 보해야 고친다는 뜻.

점잖은 개 부뚜막에 먼저 오른다.

겉으로 점잖은 체하는 사람이 엉뚱한 짓은 남 먼저 한다는 뜻.
⇨ 점잖은 개가 부뚜막에 오른다.

접시 밥도 담을 탓.

그릇은 아무리 작아도 담기에 따라서는 많게도 적게도 담을 수 있다는 말.
⇨ 접시굽에도 담을 탓.
典據 '豆中之飯 亶在盛限' ≪耳談續纂 拾遺≫

젓갈 가게에 중이라.

저와는 아무 관계없는 것을 쓸데없이 보고 있다는 말.
典據 '鹽廛僧' ≪東言考略≫, '醢醯之市 嗟爾佛子' ≪耳談續纂≫

정 각각, 흉 각각.

가까운 사이라도 그에게 대한 정은 정대로 느껴지면서, 그가 가진 결점은 결점대로 눈에 띈다는 뜻.
⇨ 흉 각각, 정 각각.

정강이가 맏아들보다 낫다.

제 발로 걸어다니면서 직접 좋은 구경도 하고, 다니면서 맛있는 음식도 먹을 수 있는 것이 자식에게 효도받는 것보다 낫다는 말.
⇨ 다리뼈가 맏아들이라. 발이 의붓자식보다 낫다. 발이 효도 자식보다 낫다. 이가 자식보다 낫다.

정들었다고 정말 마라.

아무리 친한 사람이라도 자기 진심을 솔직히 말하면 나중에 무슨 좋지 않은 일이 일어날지 모르니 말조심하라는 뜻.

[典據] '정들었다고 정말 마라, 일 후에 남 되면 말이 많다.' ≪嶺南 아리랑≫

정성이 있으면 한식(寒食)에도 세배 간다.

마음에만 있으면 언제라도 제 성의는 표시할 수 있다는 말.

정수리에 부은 물이 발뒤꿈치까지 흐른다.

↖ 꼭뒤에 부은 물이 발뒤꿈치로 내린다.

정승 날 때 강아지 난다.

귀한 사람이 나면 천한 사람도 태어나듯 존비귀천이 별 차이가 없다는 뜻.
↔ 장수 나면 용마(龍馬) 난다.

정이월(正二月)에 대독 터진다.

음력 정월이나 이월달에는 추운 날씨가 다 간 듯하지만 이따금 큰 추위가 있다는 말.

정직한 사람의 자식은 굶어죽지 않는다.

정직한 사람은 어느 때든 복을 받는다는 말.

제가 기른 개에게 발뒤꿈치 물린다.

↖ 기르던 개에게 다리를 물렸다.

제가 춤추고 싶어서 동서를 권한다.

남에게 권하는 뜻은 제가 하고 싶어서 하는 행위라는 말.
⇨ 동서 춤추게.

제 것 주고 뺨 맞는다.

남에게 잘해 주고 도리어 해를 당했을 때 하는 말.
⇨ 내 것 주고 뺨 맞는다. 내 것 잃고 내 함박 깨뜨린다.

제게서 나온 말이 다시 제게 돌아간다.

말이란 한없이 도는 것이므로 말조심하라는 뜻.

제 논에 물 대기.

제게만 유리하도록 일을 한다는 말.
⇨ 아전인수(我田引水).

제 논의 모가 큰 것은 모른다.

남의 물건이 항상 제 것보다 크게 보인다는 말.
⇨ 자식은 내 자식이 커보이고, 벼는 남의 논의 벼가 커보인다.

제때의 한 수는 때늦은 백 수보다 낫다.

바둑을 둘 때의 경우로서, 일이 크게 벌어지기 전에 미리 처리를 하면 나중에 큰 손해를 보지 않는다는 말.
⇨ 기와 한 장 아끼다가 대들보 썩인다. 닭 잡아 겪을 나그네 소 잡아 겪는다. 새 잡아 잔치할 것을 소 잡아 잔치한다. 좁쌀만큼 아끼다가 담 돌만큼 해본다. 한 푼 아끼려다 백 냥 잃는다.

제 돈 칠 푼만 알고 남의 돈 열네 잎은 모른다.

제 물건만 소중히 알고 남의 것은 대수롭지 않게 여기는 사람을 두고 하는 말.

제 똥 구린 줄 모른다.

제 잘못은 모른다는 뜻.
⇨ 제 밑 핥는 개.

제를 제라니 샌님보고 벗하잔다.

못된 자가 저를 조금 높여 주니까, 우쭐하여 기를 올린다는 말.

제 밑 들어 남 보이기.

↳ 내 밑 들어 남 보이기. 제 낯에 침 뱉기.

제 발등에 오줌 누기.

자기가 자기를 해치는 결과가 된다는 뜻.
⇨ 내 얼굴에 침 뱉기. 제 낯에 침 뱉기. 제 손으로 제 뺨을 친다. 제 얼굴 가죽 제가 벗긴다.

제 발등엣불 먼저 끄고 아비 발등엣불을 끈다.

급한 일을 당하면 누구보다도 제 몸을 먼저 생각한다는 뜻.
⇨ 제 발등엣불을 끄지 않는 놈이 남의 발등엣불을 끄랴.

제 버릇 개 줄까.

타고난 결점은 여간해서 고치기 어렵다는 말.
⇨ 개고기는 언제나 제 맛이다. 세 살 적 버릇이 여든까지 간다. 포도 군사의 은동곶 물어 뽑는다.

제 부모 나쁘다고 내버리고 남의 부모 좋다고 내 부모라 할까.

좋건 나쁘건 인륜은 어쩔 수 없다는 뜻.
⇨ "이녁 부몰 궂댕 내부러 두엉, 놈이 부몰 곱댕 내 부모 엥ᄒᆞ느냐?" ≪제주도≫

제 부모를 위하려면 남의 부모를 위해야 한다.

자기 부모를 잘 섬기려면 남도 내 부모를 잘 공경해야 하므로 제가 먼저 남의 부모를 극진히 위해야 한다는 뜻.
⇨ "이녁 부몰 위ᄒᆞ젱 ᄒᆞ민 놈이 부몰 위에사 ᄒᆞ다." ≪제주도≫

제비가 새끼를 많이 낳는 해는 풍년 든다.

새들은 일기에 대한 예조(豫兆)를 알아 그해 새끼를 많이 치면 풍년이 든다고 전해 내려오는 말.

제비는 작아도 강남(江南)을 간다.

몸집은 작은 미물이라도 큰 능력을 지니고 제 할일을 한다는 뜻.
⇨ 고추는 작아도 맵다. 고추보다 후추가 더 맵다. 작은 고추가 더 맵다. 제비는 작아도 알만 잘 낳는다. 참새는 작아도 알만 잘 낳는다.

제 빚은 제가 갚는다.

제가 저지른 잘못은 언제든지 제가 갚게 된다는 뜻.

제사 덕에 이밥이라.

다른 일 덕택에 제게 이득이 될 때 하는 말.
⇨ 제 덕에 이밥이라. 조상 덕에 이밥을 먹는다.
[典據] '祭德 食米飯' ≪東言考略≫

제석(帝釋)의 아저씨도 벌지 않으면 아니 된다.

어떠한 사람이라도 힘써 벌어야 한다는 뜻.(※ 제석…무당이 섬기는 神.)

제수(祭需) 흥정에 삼색 실과(三色實果).

제사에 차릴 물건으로 밤・대추・감 등 삼색 실과가 정해져 있듯이, 어떤 일에는 반드시 정해져 있는 것이 아니면 안 된다는 뜻.

제 앞에 안 떨어지는 불은 뜨거운 줄 모른다.

제가 직접 위급한 일을 당해 보기 전에는 그 사정을 모른다는 뜻.

제 언치 뜯는 말이라.

제 동족을 해치는 것은 결국 저를 해치는 일이 된다는 것을 깨닫지 못한다는 뜻.(※ 언치…안장 밑에 입히는 모포.)
⇨ 언치 뜯는 말. 갗에서 좀 난다. 자피생충(自皮生蟲).
[典據] '嚙韀之馬' ≪旬五志≫

제 얼굴 못나서 거울 깬다.

제 잘못은 모르고 남만 나무란다는 뜻.
⇨ 제 얼굴 더러운 줄 모르고 거울만 나무란다.

제 얼굴엔 분이나 바르고, 남의 얼굴엔 똥 바른다.

잘한 일이나 명예로운 일은 무엇이나 제가 다한 것처럼 제 낯을 세우고, 못된 일, 불명예스러운 일은 다 남의 탓으로 말한다는 뜻.

⇨ 좋은 일은 제게 보내고 궂은 일은 남에게 준다.

제 절 부처는 제가 위하랬다고.
제 것은 제가 소중히 위해야 된다는 뜻.
⇨ 내 절 부처는 내가 위해야 한다.

제 칼도 남의 칼집에 들면 찾기 어렵다.
비록 자기 물건이라도 남의 손에 들어가게 되면 제 마음대로 할 수 없다는 말.
⇨ 내 칼도 남의 칼집에 들면 찾기 어렵다.
[典據] '吾刀入他鞘 難拔' ≪旬五志≫

제 털 뽑아 제 구멍에 박기.
성미가 너무 고지식하여 융통성이 없다는 말.

제 팔자 개 못 준다.
타고난 운명은 버릴 수 없다는 말.
⇨ "지 북녁 개 안 준다." ≪제주도≫

제 흉 열 가진 놈이 남의 흉 한 가지 본다.
제 결점 많은 것은 모르면서 도리어 남의 결점을 흉본다는 말.
⇨ 남의 흉이 한 가지면 제 흉이 열 가지. 똥 묻은 개가 겨 묻은 개 나무란다.

조개껍질은 녹슬지 않는다.
흰 조개껍질이 녹슬 리 없듯이 천성이 착한 사람은 나쁜 습관에 물들지 않는다는 뜻.

조는 집에 자는 며느리 온다.
↰ 잠꾸러기 집에는 잠꾸러기만 모인다.

조밥에도 큰 덩이 작은 덩이가 있다.

무엇이나 크고작은 것의 구별이 있다는 말.

[典據] '粟飯有母塊子塊' ≪東言考略≫

조약돌을 피하니까 수마석(水磨石)을 만난다.

어려운 일을 겪고 나니 더 어려운 일이 닥친다는 뜻.(※ 수마석…물에 씻어 닳아진 돌.)

⇨ 노루를 피하니 범이 나온다.

[典據] '避片石 遇水磨石' ≪東言考略≫ '조약돌을 피하였더니 수마석을 만났구나'. ≪春香傳≫

쪽박 빌려 주니 쌀 꿔달란다.

① 편의를 보아 주면 줄수록 더 요구한다는 뜻. ② 아무 도구도 재료도 없는 것을 조롱하는 말.

⇨ 줄수록 양양. 되면 더 되고 싶다. 집도 절도 없다.

쪽박 쓰고 벼락 피하기.

구차하게 피하려 하나 피하지 못하고 만다는 뜻.

[典據] '戴瓢子 霹靂避' ≪洌上方言≫

족제비는 꼬리 보고 잡는다.

무엇이나 가장 긴요한 것을 노리고 일을 한다는 뜻.

족제비도 낯짝이 있고, 미꾸라지도 백통이 있고, 빈대도 콧등이 있다.

① 체면이나 염치를 모르는 사람을 탓하는 말. ② 비록 처지는 다르지만 남과 같이 이목구비를 갖추었으니 그만한 일쯤은 안다는 뜻.

⇨ 족제비도 낯가죽이 있다. 빈대도 콧등이 있다. "조애기도 낯적이 있고, 미꾸라미도 백통이 있고, 빈대도 쾌뚱이 있다. ≪南海島≫

족제비 잡으니까 꼬리를 달란다.

애써 어떤 일을 해놓으니까 그 중 중요한 것을 달라고 염치없는 요구를 한다는 뜻.

좁쌀만큼 아끼다가 담돌만큼 해 본다.
↳ 기와 한 장 아끼다가 대들보 썩인다.

좁쌀에 뒤웅 판다.
① 좁쌀에다 뒤웅박을 팔 수 없는 것처럼 되지도 않는 일을 한다는 뜻.
② 메주알 고주알 캐물으며 심한 잔소리를 한다는 뜻.
⇨ 담배 씨로 뒤웅박을 판다.

좁쌀 한 섬을 두고 흉년 들기를 기다린다.
변변치 못한 것을 가지고 허욕을 채우고 허세를 부려 보려고 한다는 뜻.

좁은 입으로 말하고 넓은 치맛자락으로 못 막는다.
말은 입 밖에 나가면 널리 퍼져 막기 어렵다는 뜻.
⇨ "좁은 입으로 ᄀ랑 넙은 치매깍으로 못 막나." 《제주도》
쌀은 쏟고 주워도 말은 하고 못 줍는다.

종가(宗家)가 망해도 향로(香爐) 향합(香盒)은 남는다.
① 집안이 망해도 그 집의 가통(家統)을 이을 소산(所産)은 남는다는 뜻. ② 아무리 집안이 망해서 모든 것이 다 없어진다 해도 남는 물건 얼마쯤은 있다는 말.
⇨ 논밭은 다 팔아도 향로 촛대는 지닌다. 부자가 망해도 삼 년 간다. 종가가 망해도 신주보(神主褓)와 향로·향합은 남는다. 종가 며느리 틀이 있다.

종기가 커야 고름이 많다.
물건이 커야 그 속에 든 것도 크다는 뜻.

종로에서 뺨 맞고 한강에 가서 눈 흘긴다.

욕을 당한 그 자리에서는 아무 말도 못하고 있다가 딴 데 가서 화풀이를 한다는 뜻.

⇨ 종로에서 뺨맞고 행랑 위에서 눈 흘긴다. 노실색시(怒室色市). 서울서 매맞고 송도 가서 주먹질한다. 영(營)에서 뺨맞고 집에 와서 계집 친다. 읍에서 매맞고 장거리에서 눈 흘긴다.

典據 '鍾樓批頰 沙坪反目'《旬五志》, '鍾樓批頰 沙坪反目'《松南雜識》, '頰批鍾路 眼眺氷庫'《耳談續纂》'鍾樓逢頰 沙坪睨眼'《東言考略》

종의 자식을 귀애하니까 생원님 나룻에 꼬꼬마를 단다.

비천한 사람을 가까이하면 버릇이 없어져 체면을 손상당하기가 쉽다는 뜻.(※ 꼬꼬마…군졸들이 쓰는 벙거지 뒤에 늘어뜨린 말총으로 만든 삭[槊毛].)

⇨ 종의 자식을 귀애하니까 생원님 상투에 꼬꼬마 단다. 손자를 귀애하면 코 묻은 밥을 먹는다.

典據 '愛婢雛毛懸鬚'《洌上方言》

종이도 네 귀를 들어야 바르다.

작은 일이라도 서로 힘을 합해야 쉽다는 뜻.

⇨ 백지장도 맞들면 낫다. 초지장도 맞들면 낫다.

종이 종을 부리면 식칼로 형문(刑問)을 친다.

남의 구박을 받고 눌려 지내던 사람이 어쩌다 남을 부리는 자리에 놓이게 되면 전날 생각은 않고 더 심하게 군다는 말.(※형문…정강이를 형장(刑杖)으로 때리던 형벌.)

⇨ 며느리 자라 시어머니 되니, 시어머니 티 더한다.

좋은 노래도 장 들으면 싫다.

아무리 좋은 것이라도 똑같은 것을 늘 반복하면 싫증이 난다는 말.

⇨ 듣기 좋은 육자배기도 한 번 두 번.

典據 '歌曲雖艷 恒聽斯厭'《耳談續纂》

좋은 씨 심으면 좋은 열매 열린다.

좋은 일을 하면 좋은 결과가 반드시 돌아온다는 뜻.

⇨ 콩 심은 데 콩 나고 팥 심은 데 팥 난다.

[典據] '됴훈 씨 심거든 됴훈 여름 여르미…' ≪月印千江之曲≫

좋은 약은 입에 쓰다.

좋은 약은 입에 쓰되 몸에는 이롭다는 말이니, 듣기 싫고 귀에 거슬리는 말이라도 제 인격 수양에는 이롭다는 뜻.

⇨ 양약(良藥)은 입에 쓰다. 양약은 고어구(苦於口). 충언(忠言)은 역어이(逆於耳).

[典據] '良藥 苦於口' ≪孔子家語≫

좋은 일에는 남이요, 궂은 일에는 일가라.

⇨ 먹는 데는 남이요, 궂은 일엔 일가다.

좋은 일은 제게 보내고, 궂은 일은 남에게 준다.

저만 위할 줄 아는 이기적인 행동을 탓하는 말.

⇨ 제 얼굴엔 분 바르고, 남의 얼굴엔 똥 바른다.

[典據] '됴훈 일란 내게 보내오, 구즌 일란 느믹게 주느니.' ≪金剛經諺解≫

죄는 막동이가 짓고 벼락은 샌님이 맞는다.

못된 짓을 한 사람이 따로 있는데 벌은 억울하게 다른 사람이 받는다는 뜻.

⇨ 도둑질은 내가 하고, 오라는 네가 져라. 죄는 천도깨비가 짓고, 벼락은 고목이 맞는다. 콩죽은 내가 먹고 배는 남이 앓는다.

죄는 지은 데로 가고 물은 트는 데로 흐른다.

나쁜 짓을 한 사람은 반드시 벌을 받게 마련이라는 뜻.

⇨ 죄는 지은 데로 가고, 덕은 닦은 데로 간다. 죄는 지은 데로 가고, 물은 곬으로 흐른다. 제 죄 남 안 준다. 죄 지은 놈이 서발을 못 간다.

죄 지은 놈 옆에 있다가 벼락맞는다.
나쁜 일을 한 사람과 함께 있다가 혐의를 받아 죄없는 사람까지 벌을 받게 된다는 뜻.
⇨ 동무 사나워 뺨 맞는다. 악방봉뢰(惡傍逢雷).

주객(酒客)이 청탁(淸濁)을 가리랴.
술꾼이 청주·탁주를 가리겠느냐는 뜻.

쭈그렁 밤송이 삼 년 간다.
① 좋지 않은 물건이 오래 간다는 뜻. ② 병약하여 곧 죽을 것 같은 사람이 오래 목숨을 이어 간다는 말.
⇨ 쭈그리고 앉은 손님 사흘 만에 간다.

주러 와도 미운 놈 있고, 받으러 와도 고운 놈 있다.
제게 이로운 사람이라고 다 좋아지지 않고, 귀찮은 사람이라고 모두 밉지는 않듯이 애증의 감정이란 이치대로는 가지 않는다는 말.
⇨ 정 각각, 흉 각각.

주마가편(走馬加鞭).
⇨ 닫는 말에 채찍질.

주마간산(走馬看山).
말을 타고 달리면서 산을 본다는 뜻이니, 겉만 대강 볼 뿐 속속들이 알지는 못한다는 뜻.
⇨ 개 머루 먹듯. 꿀 단지 겉핥는다. 수박 겉핥기. 후추 왼 채로 삼킨다.

주머니 돈이 쌈지 돈이다.
한 집안 식구의 돈은 네 것 내 것 가릴 필요가 없다는 말.
⇨ 중 양식이 절 양식.

주머니에 들어간 송곳이라.

어떤 사물이 숨기려 하나 숨겨지지 않고 저절로 드러나게 되는 경우를 말한다.
⇨ 낭중지추(囊中之錐).

주먹은 가깝고 법은 멀다.

흥분될 때는 법에 걸리고 안 걸리고는 나중 문제요, 우선 주먹으로 분풀이를 한다는 말.

주인 많은 나그네 밥 굶는다.

① 대접할 주인이 많으면 서로 어느 집에서 식사 대접을 했겠지 하고 미루다가 결국 나그네는 굶게 된다는 말. ② 해준다는 사람이 너무 많으면 서로 해주거니 하고 미루다가 결국 일이 안 된다는 뜻.
⇨ 두 절 개 같다. 주인 많은 나그네 조석이 간 데 없다.

典據 '多主之客' 《松南雜識》

주인 모르는 공사 없다.

일을 주관하는 사람이 알지 못하는 일은 되지 않는다는 뜻.
⇨ 가사(家事)는 임장(任長)이라. 매사는 간주인(看主人)이라.

典據 '主人不知公事存乎' 《東言考略》

주인 보탤 나그네 없다.

나그네는 아무래도 접대하는 데 비용이 들기 때문에 주인에게 손해를 끼치게 된다는 뜻.

典據 '補主人客無' 《東言考略》

주인 집 장 떨어지자 나그네 국 마단다.

일이 공교롭게 제대로 잘 맞아 들어간다는 말.
⇨ 가시어미 장 떨어지자 사위가 국 싫다 한다. 주인 장 없자 손 국 싫다 한다.

典據 '我豉適涸 賓又辭臞' 《耳談續纂》, '主人無醬 客不嗜羹' 《松南

雜識》, '主乏醬 客厭羹'《東言考略》

죽는 년이 밑 감추랴.
위급한 일을 당한 이는 예의고 염치고 차릴 수 없다는 말.

죽 떠먹은 자리.
무슨 일이고 감쪽같이 뒤 흔적이 보이지 않게 되었을 때 하는 말.
⇨ 배 지나간 자리.

죽 먹은 설거지는 딸 시키고, 비빔 그릇 설거지는 며느리 시킨다.
힘 안 드는 일은 딸을 시키고, 힘든 일은 며느리를 시킨다는 말이니, 흔히 딸은 아끼고 며느리는 일만 시키려 한다는 뜻.
⇨ 가을 볕에는 딸을 쬐이고, 봄 볕에는 며느리를 쬐인다. 배 썩은 것은 딸을 주고, 밤 썩은 것은 며느리 준다. 양식 없는 동자는 며느리 시키고, 나무 없는 동자는 딸 시킨다.

죽 사발이 웃음이요, 밥 사발이 눈물이라.
가난하게 살더라도 걱정없이 사는 편이 낫다는 뜻.

죽 쑤어 개 좋은 일한다.
애써서 한 일이 결국 남 좋은 일이 되었다는 뜻.
⇨ 죽 쑤어 개 바라지한다.

죽어도 시집 울타리 밑에서 죽어라.
여자는 출가외인이라 한번 시집을 가면 무슨 일이 있더라도 시집에서 끝까지 살아야 한다는 뜻.
⇨ 출가외인(出嫁外人).

죽어 보아야 저승을 알지.
무슨 일이나 겪어 보아야 실상을 알 수 있다는 말.
⇨ 산에 가야 범을 잡지. 서울에 가야 과거에 급제하지. 임을 보아야 아

이를 낳지. 잠을 자야 꿈을 꾸지. 하늘을 보아야 별을 따지. 호랑이 굴에 가야 호랑이 새끼를 잡는다.

죽어 석 잔 술이 살아 한 잔 술만 못하다.

죽은 뒤에 아무리 정성을 들여도 생전의 적은 성의만 못하다는 말.
➪ 사후대탁이 생전일배주(死後大卓 生前一盃酒). 사후 술 석 잔 말고 생전 한 잔 술이 달다.

죽은 나무에 꽃이 핀다.

보잘것없던 집안에서 영화로운 일이 있을 때 하는 말.
➪ 산소 등에 꽃이 피었다. 선영(先塋) 명당 바람이 난다.

죽은 뒤에 약방문(藥方文).

이미 때가 지나 아무 소용이 없게 되었다는 뜻.
➪ 사후 약방문(死後藥方文). 성복(成服) 후에 약방문. 사후 청심환(死後淸心丸). 상여 뒤에 약방문.

죽은 석숭(石崇)보다 산 돼지가 낫다.

↙ 죽은 정승이 산 개만 못하다.(※석숭…중국 진나라 때의 유명한 대부호.)

죽은 자식 나이 세기.

옛일을 회상하며 안타까워하지만 아무 소용없는 일이라는 뜻.
➪ 죽은 자식 눈 열어 보기. 죽은 자식의 귀 모양 좋다 하지 마라. 죽은 자식 자지 만져 보기.

|典據| '旣死之子 胡算其齒', ≪耳談續纂≫, '亡者計齒' ≪東言考略≫

죽은 정승이 산 개만 못하다.

↖ 산 개가 죽은 정승보다 낫다.

죽은 중에 곤장(棍杖) 익히기.

외롭고 약한 사람을 멸시하고 괴롭힌다는 말.

[典據] '遇死僧 習杖' ≪旬五志≫, '死僧習杖' ≪東言考略≫

죽을 때 편히 죽는 건 오복(五福)의 하나.

죽을 때의 고통이 매우 크다는 뜻.

⇨ 죽음은 급살이 제일.

죽을 수가 닥치면 살 수가 생긴다.

아무리 어려운 처지에 놓이게 되더라도 벗어날 수가 있으니 낙심하지 말라는 뜻.

⇨ 죽을 때에도 쓸 약이 있다. 죽을 병에도 살 약이 있다. 죽을 땅에 빠진 후에 산다. 하늘이 무너져도 솟아날 구멍이 있다.

죽이 끓는지 밥이 끓는지 모른다.

일이 어떻게 되어가는지 도무지 모른다는 뜻.

죽이 풀려도 솥 안에 있다.

얼핏 보기에 손해를 본 듯하나 사실은 그다지 손해가 없다는 뜻.

⇨ 팥이 풀려도 솥 안에 있다.

[典據] '饘粥雖解 咸在鼎內' ≪耳談續纂 拾遺≫

줄 끊어진 박 첨지(朴僉知).

인형극인 ≪박첨지 놀음≫(꼭두각시 놀음)에서 주인공인 박 첨지 인형이 연희(演戲) 도중에 끈이 떨어지면 꼼짝도 못하듯이, 의지할 데 없어 활동이 딱 멈춘 가련한 처지를 두고 하는 말.

⇨ 끈 떨어진 뒤웅박. 끈 떨어진 망석중이. 턱 떨어진 광대.

[典據] '곡도눌 유매 실 그츠면 一時에 그침 곧도다.' ≪禪家龜鑑諺解≫ '絶纓優面' ≪旬五志≫≪松南雜識≫, '傀儡面 索絲斷' ≪洌上方言≫

줄수록 양양.

사람의 욕심은 끝이 없어 주면 줄수록 더 요구한다는 말.

⇨ 되면 더 되고 싶다. 쪽박 빌려 주니 쌀 꿔달란다. 줄세 짐작이라.

典據 '食猶量量' 《東言考略》

중놈 돝고기 값 치른다.

중이 먹을 리 없는 돼지고기 값을 문다는 말이니, 억울한 일을 당하였다는 뜻.

⇨ 봉사 기름 값 물어 주기. 중이 회(膾) 값 문다.

중 도망은 절에나 가 찾지.

행방을 알 수 없어 사람 찾기가 어려울 때 하는 말.

典據 '僧逃亡 猶去尋於山寺' 《東言考略》

중매는 잘하면 술이 석 잔이요, 못하면 뺨이 세 대라.

혼인은 중매하기가 어렵다는 말로서, 너무 억지로 권할 일이 아니라는 뜻.

중은 장(長)이라도 죽으니 무덤이 있나, 사니 자식이 있나.

중은 많은 신도들로부터 존경을 받지마는 생시에나 사후에나 실제로 남긴 형상이 아무것도 없다고 업신여기는 말.

⇨ 중놈은 장이라도 죽으니 무덤이 있나, 사니 상투가 있나.

중은 중이라도 절 모르는 중이라.

① 반드시 알아야 할 처지에 있으면서 모르고 있다는 말. ② 제 본분을 지킬 줄 모르는 사람을 두고 하는 말.

⇨ 머슴살이 십 년에 주인 성 묻는다. 한 집안에 있어도 시어미 성을 모른다.

중이 고기 맛을 알면 절에 빈대가 안 남는다.

모르던 일에 한번 반하면 정신을 차리지 못하고 빠져 들어간다는 말.

⇨ 중이 고기맛을 알면 법당에 오른다. 중이 고기맛을 보더니 절에 빈대껍질이 안 남는다. 중이 고기맛을 보면 법당에 파리가 안 남는다.

중이 밉기로 가사(袈裟)도 미우랴.

어떤 사람이 미우면 그와 관계되는 모든 것이 밉게 보인다는 말.

⇨ 중이 미우면 가사도 밉다.

[典據] '僧雖憎 袈裟' ≪旬五志≫≪松南雜識≫, '雖嫉僧袈何憎' ≪冽上方言≫

중이 얼음 건너갈 때는 나무아미타불 하다가도 얼음에 빠질 때에는 하나님 한다.

위급할 경우를 당하면 누구나 체면이나 격식을 잊고 본심으로 돌아간다는 뜻.

중이 제 머리를 못 깎는다.

제 일은 제가 혼자 처리하지 못한다는 말.

⇨ 도끼가 제 자루 못 찍는다. 무당이 제 굿 못하고, 소경이 저 죽을 날 모른다. 무당이 제 굿 못한다. 약쑥에 봉퉁이. 의사가 제 병 못 고친다. 자수삭발(自手削髮)은 못한다. 자루 베는 칼 없다.

쥐구멍에도 볕들 날 있다.

불행하고 어렵게 지내는 사람에게라도 행운이 찾아올 날이 있다는 말.

⇨ 음지가 양지 되고, 양지가 음지된다. 음지도 양지된다. 부귀빈천이 물레바퀴 돌듯한다. 귀천궁달(貴賤窮達)이 수레바퀴다.

쥐구멍으로 소 몰려 한다.

도저히 되지 않을 일을 억지로 하라고 한다는 말.

⇨ 쥐구멍에 홍살문(紅箭門) 세우겠다. 궐련 마는 당지(唐紙)로 인경을 싸려 한다.

쥐뿔도 모른다.

아무것도 모르고 아는 체한다는 말.

⇨ 쥐×도 모른다.

쥐 소금 먹듯 한다.

조금씩 조금씩 알지 못하게 줄어든다는 말.

⇨ 쥐 소금 나르듯.

지나는 불에 밥 익히기.

우연한 기회를 이용하여 제 일을 한다는 말.

⇨ 남의 떡에 설 쇤다. 남의 바지 입고 새 벤다. 남의 팔매에 밤 줍는다. 남이 켠 불에 게 잡기. 과화숙식(過火熟食).

典據 '過火之焰 我食可餁'≪耳談續纂≫, '過火炊飯'≪東言考略≫

지네 발에 신 신긴다.

발이 많은 지네에게 신을 사서 신기려면 많은 품이 들듯이, 자식 많은 이가 여러 자식을 돌보려면 애를 많이 쓴다는 말.

⇨ 가지 많은 나무 바람 잘 날 없다.

지렁이도 밟으면 꿈틀한다.

아무리 순하고 약한 사람도 억압을 하면 항거한다는 뜻.

⇨ 굼벵이도 다치면 꿈틀한다. 굼벵이도 밟으면 꿈틀한다.

典據 '相彼蚯蚓踐之則蠢'≪耳談續纂≫

지성(至誠)이면 감천(感天)이다.

무슨 일을 하더라도 정성을 다하여 노력하면 이룰 수 있다는 뜻.

典據 '지성이면 감천이라.'≪春香傳≫

지어 먹은 마음이 사흘을 못 간다.

일시적 분발로써 마음먹은 일은 오래 계속되지 못한다는 뜻.

⇨ 작심삼일(作心三日). 난봉 자식 마음 잡아야 사흘이다.

지위가 높을수록 마음은 낮추어 먹어야 한다.

자기의 지위가 높아질수록 겸손해야 된다는 뜻.

⇨ 벼슬은 높이고 뜻은 낮추어라.

|典據| '位思其崇 志思其恭' ≪耳談續纂≫

지키는 사람 열이 훔치는 사람 하나를 못 당한다.

아무리 단단히 경계를 하여도 도둑놈은 기회를 엿보고 교묘한 수단을 쓰므로 막아내기 힘들다는 말.

|典據| '十人之守 難敵一寇' ≪耳談續纂≫

진상(進上) 가는 송아지 배때기를 찼다.

쓸데없이 큰 잘못을 저질렀다는 뜻.

진상은 꼬챙이에 꿰고, 인정(人情)은 바리로 싣는다.

나라에 바치는 공물은 꼬챙이에 꿸 만큼 적고 관원에게 주는 뇌물은 바리로 실을 만큼 많다는 말이니, 관원들의 횡포와, 제게 이해 관계 있는 일에 더 마음을 쓴다는 뜻.(※ 인정…뇌물.)
⇨ 인정은 바리로 싣고 진상은 꼬치로 꿴다.

|典據| '貢以串輪 賂用馱驅' ≪耳談續纂≫

진인사 대천명(盡人事待天命).

사람으로서 할 수 있는 일을 다한 뒤에 천명을 기다린다는 뜻.

질동이 깨뜨리고 놋동이 얻었다.

① 잃은 것보다 새로 얻은 것이 더 낫다는 말. ② 상처 후에 후처를 더 잘 얻었다는 말.

질러 가는 길이 먼 길이다.

빨리 하려고 서두르는 일이 오히려 더 늦게 될 때 하는 말.

집과 계집은 가꾸기 탓.

허술한 집도 변변찮은 여자도, 평소에 잘 가꾸면 훌륭하게 된다는 말.
⇨ 쇠말뚝도 꾸미기 탓.

집안이 망하려면 맏며느리가 수염이 난다.

가운(家運)이 기울기 시작하면 괴상한 이변도 다 생긴다는 뜻.

⇨ 집안이 결단나려면 새앙쥐가 춤을 춘다. 집안이 망하려면 제석(帝釋) 항아리에 대평수가 들어간다. 집안이 망하려면 제석 항아리에 말이 들어간다. 집안이 안 되려면 구정물 통에서 호박꼭지가 춤을 춘다.

집안이 망하면 지관(地官) 탓만 한다.

제 잘못으로 일이 그르친 것을 도리어 남의 탓으로 돌린다는 말.

⇨ 집안이 망하면 집터 잡은 사람만 탓한다.

집안이 화합하려면 베개 밑 송사(訟事)는 듣지 않는다.

집안끼리의 불화는 대개 여자들의 말로써 생기는 것이니, 여자들의 말을 함부로 들어서는 안 된다는 뜻.

집에서 새는 쪽박 들에 가도 샌다.

본바탕이 나쁜 여자는 어디를 가나 그 본색이 드러난다는 뜻.

⇨ 집에서 새는 바가지는 들에 가도 샌다. 들어서 죽 쑨 놈은 나가도 죽 쑨다.

집을 사면 이웃을 본다.

주위 환경과 이웃의 인심을 보고 집을 사라는 뜻.

⇨ 팔백 금(八百金)으로 집을 사고, 천 금으로 이웃을 산다.

집 태우고 못 줍기.

큰 손해를 보고 작은 이익이나마 얻으려고 애쓴다는 말.

⇨ 기름 버리고 깨 줍는다. 노적가리에 불붙이고 튀각 구워 먹는다. 노적가리에 불지르고 싸라기 주워먹는다. 노적섬에 불붙여 놓고 박산 주워먹는다. 집 태우고 바늘 줍는다.

짓독에 바람이 든다.

① 오랫동안 환락에 빠지면 반드시 재난이 생긴다는 뜻. ② 재미난다고 계속하면 탈이 생긴다는 말.

[典據] '戲謔之甕 風必來中'《耳談續纂》

짚불도 쬐다 나면 섭섭하다.

탐탁치 않던 것도 없어지면 섭섭하다는 뜻.

⇨ 오뉴월 겻불도 쬐다 나면 서운하다.

짚신 감발에 사립(簑笠) 쓰고 간다.

↘ 벌거벗고 환도 차기.

짚신도 제 날이 좋다.

자기와 같은 신분의 사람끼리 짝을 맺는 것이 좋다는 말.

⇨ 세 코 짚신 제 날이 좋다. 짚신은 제 날에 맞는다.

[典據] '藁履其經好'《旬五志》, '藁鞋其經好'《東言考略》

짚신에 국화 그리기.

↘ 거적문에 돌쩌귀.

[典據] '藁鞋頭菊花毬'《洌上方言》, '草鞋菊花登'《東言考略》

ㅊ

차면 넘친다.
어떤 상태든지 오래 가면 쇠망한다는 뜻.
⇨ 그릇도 차면 넘친다. 달도 차면 기운다.
典據 '滿則溢' ≪旬五志≫ ≪松南雜識≫

찬물도 위아래가 있다.
무슨 일에나 순서가 있다는 말.
⇨ 찬물도 선후가 있다.

찬밥 주고 잠 아니 온다.
변변치 않은 것에 집착하는 이를 비웃는 말.

찰찰(察察)이 불찰(不察)이다.
너무 지나치게 살피는 것이 오히려 살피지 않는 것만 못하다는 뜻.

참깨가 기니 짧으니 한다.
조그만 것을 가지고 서로 시비한다는 뜻.
⇨ 네 콩이 크니 내 콩이 크니 한다. 콩이야 팥이야 한다. 콩 났네, 팥 났네 한다. 참새가 기냐 짧으냐 한다.
典據 '眞荏曰短曰長' ≪東言考略≫

참깨 들깨 노는데 아주까리 못 놀까.
남들도 다 하는데 왜 난들 못하겠느냐고 한 몫 낄 것을 제의할 때 쓰는 말.
⇨ 시누 올케 춤추는데 가운데 올케 못 출까.

참새가 방앗간을 거저 지나랴.

① 욕심 많은 사람이 이(利)를 보고 그냥 지나쳐 버리지 못한다는 뜻.
② 자기가 좋아하는 것을 버리기 어렵다는 뜻.
⇨ 참새 방앗간이지.

典據 '未有瓦雀 虛過碓閣'《耳談續纂》, '眞雀豈虛過春間'《東言考略》

참새가 죽어도 짹 한다.

미약한 사람이라도 너무 괴롭히면 결사적으로 대항한다는 뜻.
⇨ 참새가 방앗간에 치어 죽어도 짹 하고 죽는다.

참을 인(忍) 자 셋이면 살인도 피한다.

아무리 분한 일이 있어도 꾹 참으면 위기를 모면할 수 있다는 말.
⇨ 인지위덕(忍之爲德) 한 시(時)를 참으면 백 날이 편하다.

처가살이 고용살이.

처가살이하는 것은 고용살이하는 것과 같이 불안과 노고가 뒤따른다는 말.
⇨ 원살이 고공(雇工)살이.

처가살이 십 년이면 아이들도 외탁한다.

오랜 처가살이를 하게 되면 아이들도 모두 처가의 풍습과 성격을 따르게 된다는 말.

처녀가 늙어 가면 뒷박 쪽박 안 남아난다.

혼기를 놓친 노처녀는 신경질을 잘 부린다는 뜻.
⇨ 처녀가 늙어 가면 산으로 맷돌짝 지고 오른다. "비바리 늙어 가민 산데레 ㄱ래착 지엉 오른다."《제주도》

처녀가 애를 낳고도 할 말이 있다.

잘못을 저질러 놓고도 변명을 한다는 말.
⇨ 도둑질을 하다 들켜도 변명은 한다. 삼수갑산(三水甲山)을 가도 할

말이 있다.

처녀 오장(五臟)은 깊어야 좋고, 총각 오장은 얕아야 좋다.
처녀는 속이 깊어야 좋고, 총각은 숫기가 있어야 좋다는 뜻.
⇨ "비바리 오장은 깊어야 좋고, 총각 오장은 얕아사 좋다." ≪제주도≫

처삼촌 뫼에 벌초하듯.
그다지 정성을 들이지 않고 눈가림으로 하는 일을 말함.
⇨ 외삼촌 산소에 벌초하듯. 처남의 댁네 병 보듯 한다. 처삼촌 뫼에 벌초하듯. 의붓딸의 새남하듯. 처숙부 뫼에 성묘하듯. (※새남…죽은 사람의 혼이 좋은 곳으로 가도록 비는 것.)

처서(處暑)에 비가 오면 독의 곡식도 준다.
처서 날에 비가 오면 흉년이 든다는 말.
⇨ 처서에 비가 오면 항아리의 쌀이 준다.

천 길 물 속은 알아도 한 길 사람 속은 모른다.
사람 마음속은 헤아리기 어렵다는 말.
⇨ 천 길 물 속은 알아도 계집 마음속은 모른다.

천 냥 빚도 말 한 마디로 갚는다.
구변이 좋으면 사람을 감동시켜 큰 빚도 가릴 수 있다는 말이니, 처세함에 있어서 말 재간의 중요성을 역설한 말.
⇨ 말만 잘하면 천 냥 빚도 갚는다.

천 리 길도 한 걸음으로부터.
아무리 큰 일이라도 그 첫 시작은 작은 일로부터 비롯된다는 말.
⇨ 낙락장송(落落長松)도 근본은 종자. 만 리 길도 한 걸음으로 시작된다.

천 마리 참새가 한 마리 봉만 못하다.
양보다 질이 문제라는 뜻.

⇨ 고욤 일흔이 감 하나만 못하다.

철 나자 망령난다.

세월은 빨라 지각이 들고, 어물어물하다가는 아무 일도 이루지 못한다는 것을 경계하여 하는 말.
⇨ 지각 나자 망령.
[典據] '其覺始矣 老妄施至' ≪耳談續纂≫

첩 정은 삼 년, 본처 정은 백 년.

첩에게 혹한 사람이라도 오래 가지 않아 본처에게 돌아온다는 뜻.

첫딸은 세간 밑천.

첫딸은 가사에 큰 도움을 주게 된다는 뜻.

첫모 방정에 새 까먹는다.

① 윷놀이할 때 첫모를 치면 그 판에는 실속이 없다는 말. ② 일이 처음에 너무 잘 되면 뒤가 좋지 않다는 뜻.

첫술에 배 부르랴.

무슨 일이나 처음부터 만족할 만한 소득이 있지 않다는 뜻.
⇨ 한 술에 배 부르랴.

첫아이에 단산(斷産).

처음이자 마지막이라는 뜻.

청대콩이 여물어야 여물었나 한다.

청대콩은 다 여물어도 콩깍지가 푸르기 때문에 하는 말이니, 무슨 일이 되어야 되는가 보다 한다는 말.

청백리(淸白吏) 똥구멍은 송곳 부리 같다.

청백하게 사는 관리는 뇌물을 받지 않고 녹으로만 살아가기 때문에 매우 가난하다는 뜻.

⇨ 탐관(貪官)의 밑은 안반 같고, 염관(廉官)의 밑은 송곳 같다.

청보(靑褓)에 개똥.

겉보기보다 속이 보잘것없다는 말.

⇨ 명주 잘게 개똥.

|典據| '靑褓狗矢' ≪松南雜識≫

청산(靑山)에 매 띄워 놓기.

① 자기 손에서 한번 떠나간 뒤로는 다시는 돌아오지 않는 것을 말함.
② 허황된 일을 하고 행운만 기다리는 사람을 두고 하는 말.

⇨ 강물에 고기 놔 보내기.

청(廳)을 빌려 방에 들어간다.

대청을 빌려 주니 방에까지 들어온다는 말이니, 사정을 봐주니 차츰 더 큰 요구를 한다는 뜻.

⇨ 행랑 빌리면 안방까지 든다.

|典據| '借廳借閨' ≪旬五志≫, '旣借堂 又借房' ≪洌上方言≫

청하니까 매 한 대 더 때린다.

간청하였다가 도리어 간청 안한 것만 못한 결과를 나타냈을 때 하는 말.

체수(體數) 보고 옷 짓고, 꼴 보고 이름 짓는다.

그 사람의 분수와 격에 맞추어 일을 처리한다는 뜻.

⇨ 체수 맞춰 옷 마른다. 꼴 보고 이름 짓는다.

|典據| '衣視其體 名視其貌' ≪耳談續纂≫

초가 삼간 다 태워도 빈대 죽는 것만 시원하다.

손해는 보더라도 저를 괴롭히던 것이 없어져서 속이 후련하다는 뜻.

⇨ 사당(祠堂) 당직은 타도 빈대 당직 타서 시원하다. 초당(草堂) 삼간 다 타도 빈대 죽는 것만 시원하다.

초년 고생은 돈 주고 산다.

젊었을 때 고생을 하면 뒷날에 낙이 온다 하여 달게 여기라는 뜻.
⇨ 초년 고생은 양식 지고 다니며 한다. 초년 고생은 은 주고 산다.

초라니 열은 보아도 능구렁이 하나는 못 본다.

행동이 경솔하고 까부는 사람보다 속이 음흉한 사람이 더 못마땅하다는 말.(※ 초라니…가면극에서 불손한 언사와 경박한 행동을 하는 하인역으로, 흔히 까불까불하고 경솔한 사람을 말한다.)

초록은 한 빛.

서로 같은 무리끼리 한 패가 된다는 뜻.
⇨ 초록은 동색(同色). 가재는 게편. 유유상종(類類相從). 축은 축대로 붙는다.

典據 '綠雖異織 終是一色'《耳談續纂》

초사흘 달은 잰 며느리가 본다.

초사흘 달은 초저녁에 잠깐 돋았다가 곧 지므로, 행동이 민첩한 며느리라야 볼 수 있다는 말로서, 영민한 사람만이 섬세한 것을 보고 살필 수 있다는 뜻.
⇨ 초생달은 잰 며느리가 본다.

典據 '初三日慧婦觀'《洌上方言》

초상 난 데 춤추기.

⇨ 고추밭에 말 달리기.

촉새가 황새를 따라가다 가랑이 찢어진다.

↰ 짝새가 황새 걸음 하면 다리가 찢어진다.

촌년이 아전(衙前) 서방을 하면 날샌 줄을 모른다.

변변치 못한 사람이 어쩌다가 혹하게 되면 정도가 지나치게 한다는 뜻.(※ 아전…중앙과 지방 관청에 속해 있던 하급 관리.)
⇨ 촌년이 늦바람 나면 속곳 밑에 단추 단다. 촌년이 아전 서방을 하면 가자(字) 걸음을 걷고 육계장 아니면 밥을 안 먹는다.

촌 닭 관청에 간 것 같다.

시골 사람이 번화한 도회지에 가면 어리둥절하다는 말로서, 경험 없는 일을 당하여 망설이고 있는 모양.

典據 '村鷄入縣 厥目先眩' ≪耳談續纂≫

총올치로 그물 시작이라.

가는 새끼로 그물을 뜨기 시작한다는 말이니, 원대한 계획도 작은 일로써 시작된다는 뜻.
⇨ 천리 길도 한 걸음부터.

典據 '細繩屬初苦' ≪東言考略≫

총총들이 반 병이라.

병에 무엇을 급히 부으면 반밖에 안 든다는 말로서, 무슨 일이나 급히 서둘지 말고 찬찬히 해야 잘할 수 있다는 뜻.

典據 '總總入半甁' ≪東言考略≫

추운 소한(小寒)은 있어도 추운 대한(大寒)은 없다.

글자의 뜻과는 반대로 소한 무렵이 대한 때보다 더 춥다는 말.

추풍선(秋風扇) 같다.

철이 지나서 쓸모없게 된 부채와 같이 시기가 지나서 소용없게 된 것을 말한다.

충주(忠州) 절인 고비(考妣).

매우 인색한 구두쇠를 말한다.
⇨ 절인 고비. 자리꼽재기.

[풀이] 옛날 충주에 이모라고 하는 부자가 살았는데, 어떻게나 인색한 성미인지, 자기 부모의 제사 때 쓰는 지방(紙榜)을 그때마다 불살라 버리기 아깝다 하여 기름에 절여서 해마다 제사 때 꺼내 썼다는 이야기에서 나온 말.

치고 보니 삼촌이라.
매우 실례된 일을 저질렀다는 뜻.

치러 갔다가 맞기는 예사.
남에게 무엇을 구하러 갔다가 도리어 요구를 당하는 일도 흔히 있다는 말.

치마가 열두 폭인가.
남의 일에 간섭을 잘하는 사람을 두고 하는 말.
⇨ 남의 잔치에 감 놓아라 배 놓아라 한다. 사돈집 잔치에 감 놓아라 밤 놓아라 한다. 오지랖이 넓다. 치마폭이 넓다. 치마폭이 스물네 폭이다.
[典據] '裳幅廣' ≪東言考略≫

치 위에 치가 있다.
잘난 사람이 있으며 그 위에 더 잘난 사람이 있다는 말.(※ 치… 아래에 붙어서 그에 종사하는 사람을 나타내는 말. 보기: 장사치, 동냥아치.)
⇨ 기는 놈 위에 나는 놈이 있다. 나는 놈 위에 타는 놈이 있다. 파리 위에 날나리가 있다.

치장 차리다가 신주(神主) 개 물려 보낸다.
일을 너무 꼼꼼히 잘 하려다가 도리어 낭패를 당한다는 뜻.(※ 신주… 죽은 사람의 위패(位牌).)
⇨ 사당(祠堂) 치레하다가 신주 개 물려 보낸다.

친구는 옛 친구가 좋고 옷은 새 옷이 좋다.
물건은 새 것이 좋지만 친구는 오래 사귄 친구일수록 정이 깊어 좋다는 말.
⇨ 옷은 새 옷이 좋고 사람은 옛 사람이 좋다.

친 사람은 다리를 오그리고 자도 맞은 사람은 다리를 펴고 잔다.

남을 괴롭힌 가해자는 뒷일이 걱정되어 불안하나 피해자는 마음이 편하다는 뜻.

⇨ 도둑질한 사람은 오그리고 자고 맞은 사람은 피고 잔다.

친손자는 걸리고 외손자는 업고 간다.

덜 귀여워할 데를 더 귀여워한다는 말로서 일을 반대로 한다는 뜻.

⇨ 외손자는 업고 친손자는 걸리면서 업은 놈 발시러다 빨리 가자 한다.

칠 년 가뭄에는 살아도 석 달 장마엔 못 산다.

오랜 가뭄보다 무덥고 구중중한 장마철이 더 지긋지긋하다는 말.

⇨ 삼 년 가뭄에는 살아도 석 달 장마엔 못 산다.

칠 년 가뭄에 하루 쓸 날 없다.

오랫동안 날씨가 개고 좋다가도 모처럼 무슨 일을 하려고 하면 비가 온다는 말.

칠 년 대한(大旱) 왕 가물에 빗발같이 보고 싶다.

간절하게, 기다리고 보고 싶다는 말.

典據 '흥부 오기를 칠년 대한에 대우(大雨)를 기다리듯, 구 년 홍수에 볕만 기다리듯.'《興夫傳》, '칠 년 대한의 비발갓치 보고지고, 구 년 지수의 히볏갓치 보고지고.'《春香傳》, '칠 년 대한 왕가물에 빗발같이 보고지고.'《鳳山假面劇本》

칠월 더부살이가 주인 마누라 속곳 걱정한다.

남의 집 더부살이를 하는 주제에 저와는 아무 관계없는 일을 주제 넘게 걱정한다는 뜻.

⇨ 더부살이 환자(還子) 걱정.

칠전팔기(七顚八起).

여러번 실패해도 굽히지 않고 이겨 나간다는 뜻.
⇨ 일곱 번 넘어져도 여덟 번 일어난다.

침 뱉고 밑 씻겠다.

일의 앞뒤도 가릴 수 없이 정신을 못 차린다는 뜻.
⇨ 정신은 침 뱉고 뒤지하겠다.

침 뱉은 우물 다시 먹는다.

↶ 안 먹겠다 침 뱉은 물, 돌아서서 다시 먹는다.

침소봉대(針小棒大).

작은 일을 크게 과장하여 말한다는 뜻.
⇨ 바늘끝만 한 일을 보면 쇠공이만큼 늘어놓는다.

ㅋ

칼 물고 뜀뛰기.
일의 성패에서 목숨을 걸고 최후 결단을 한다는 뜻.

커도 한 그릇, 작아도 한 그릇.
① 명분이야 어떻든, 몫은 똑같이 돌아갈 때 하는 말. ② 작으나 크나 명목상 한 그릇은 마찬가지라는 뜻.

코가 쉰댓 자나 빠졌다.
근심 걱정이 많아 맥이 확 빠졌다는 뜻.
⇨ 내 코가 석 자. 오비삼척(吾鼻三尺).

코 아니 홀리고 유복하랴.
수고를 하지 않고는 이를 얻지 못한다는 뜻.
[典據] '鼻涕不流 其福自優' ≪耳談續纂 拾遺≫, '鼻不爛有福女子' ≪東言考略≫

코 아래 진상(進上)이 제일이라.
남의 환심을 사려면 먹이는 것이 제일 효과적이라는 말.
⇨ 입이 서울.

콧구멍 같은 집에 밑구멍 같은 나그네 온다.
가난한 집에 반갑지 않은 손님이 온다는 뜻.

콧구멍에 낀 대추씨.

매우 작고 보잘것없는 물건을 말한다.

콩도 닷 말, 팥도 닷 말.

골고루 공평하게 나눠 준다는 말로서 어디나 마찬가지란 뜻.
⇨ 커도 한 그릇, 작아도 한 그릇.

콩 반 머리만 한 것도 남의 몫에 지어 있다.

남의 것은 아무리 작은 것이라도 탐내지 말라는 뜻.
|典據| '牛菽孔碩 他人所獲' ≪耳談續纂≫

콩 반쪽이라도 남의 것이라면 손 내민다.

남의 것이라면 무엇이나 탐내어 가지려고 한다는 말.

콩 심으라 팥 심으라 한다.

남의 일에 지나친 간섭을 한다는 뜻.
⇨ 닷곱에 참례, 서홉에 참견. 남의 잔치에 감 놓아라 배 놓아라 한다. 사돈집 잔치에 감 놓아라 밤 놓아라 한다.

콩 심은 데 콩 나고, 팥 심은 데 팥 난다.

모든 일은 그 원인에 따라 결과가 생긴다는 말.
⇨ 가시나무에 가시가 난다. 왕대 밭에 왕대 난다. 외 심은 데 콩나랴. 콩에서 콩 나고 팥에서 팥 난다.

콩으로 메주를 쑨다고 해도 곧이 안 듣는다.

남에 대한 불신감이 대단하여 남의 말을 절대로 믿지 않겠다는 말.
⇨ 소금으로 장을 담근다 해도 곧이 듣지 않는다. 콩 가지고 두부를 만든대도 곧이 안 듣는다. 콩으로 메주를 쑤고 소금으로 장을 담근다 해도 곧이듣지 않는다.
↔ 콩을 팥이라 해도 곧이듣는다.

콩을 팥이라 해도 곧이듣는다.

남의 말을 그대로 곧이듣는다는 말.

[典據] '콩을 팥이라 해도 고지 듣는 터이요.' ≪春香傳≫

콩이야 팥이야 한다.

별 차이 없는 것을 가지고 다르다고 따지거나 시비한다는 말.

⇨ 내 콩이 크니 네 콩이 크니 한다. 참깨가 길다 짧다 한다. 참새가 짧으냐 기냐 한다. 콩 났네 팥 났네. 콩팔칠팔한다.

콩죽은 내가 먹고, 배는 남이 앓는다.

↖ 도둑질은 내가 하고 오라는 네가 져라.

콩팔칠팔한다.

① 몹시 시끄럽게 알아듣지도 못할 소리를 지껄인다는 말. ② 서로 비슷한 것을 가지고 시비를 가리고 잔소리를 한다는 뜻.

큰 고기는 안 잡히고 송사리만 잡힌다.

⇨ 고기는 안 잡히고 송사리만 잡힌다.

큰 도둑이 작은 도둑을 잡는다.

① 큰 죄를 지은 놈이 작은 죄를 지은 놈을 치죄(治罪)한다는 뜻. ② 큰 허물 가진 놈이 작은 허물 가진 놈을 비방한다는 말.

큰 방축도 개미 구멍으로 무너진다.

① 매우 미약한 힘이라도 오래 계속되면 큰 일을 이루게 된다는 뜻. ② 조그마한 잘못이라도 계속해서 하면 장차는 큰 해를 보게 된다는 말.

[典據] '千仗之隄 以螻蟻之穴潰' ≪韓子非≫, '千里之隄 以螻蟻之穴漏' ≪淮南子≫

큰 벙거지 귀 짐작.

벙거지가 아무리 크더라도 귀에 걸려 흘러내리지 않는 것처럼 무슨 일이나 짐작해 요량을 할 수 있다는 말.

[典據] '大帽子甚酒的耳' ≪洌上方言≫

큰 북에서 큰 소리 난다.
도량이 커야 훌륭한 일을 한다는 말.

큰 일이면 작은 일로 두 번 치러라.
한꺼번에 큰 일을 벅차게 하는 것보다 여러번 나눠 하는 편이 낫다는 말.

큰 집은 기울어도 삼 년 간다.
↳ 부자는 망해도 삼 년 먹을 것이 있다.

키 크고 싱겁지 않은 놈 없다.
키 큰 사람이 흔히 싱거운 행동을 한다는 뜻.
⇨ 키 크고 묽지 않은 놈 없다.

키 크면 속 없고, 키 작으면 자발 없다.
흔히 키 큰 사람은 실속 없고 싱거우며, 키 작은 사람은 참을성이 없고 행동이 가볍다는 말.

ㅌ

타관 양반이 누가 허 좌수(許座首)인 줄 아나.

무슨 일에 관여하지 않는 사람은, 그 일에 대하여 모르므로 참여할 수 없다는 말.

⇨ 되놈이 김풍헌(金風憲)을 아나.

典據 '他官兩班 誰許座首' ≪旬五志≫ ≪松南雜識≫

탐관(貪官)의 밑은 안반 같고, 염관(廉官)의 밑은 송곳 같다.

부패된 관리는 재물을 모아 살이 찌고, 청렴한 관리는 청빈하여 가난하게 지낸다는 뜻.

⇨ 청백리 똥구멍은 송곳 같다.

典據 '貪官本安盤 廉官本銳錐' ≪東言考略≫

태산을 넘으면 평지를 본다.

어려운 고비를 넘기면 평탄한 길이 열린다는 뜻.

⇨ 고생 끝에 낙이 있다. 고진감래(苦盡甘來).

태산이 평지된다.

세상의 변화가 많다는 말.

⇨ 상전벽해(桑田碧海).

典據 '상전이 벽해 되고 태산이 평지 된들 변할 배 없으리니.' ≪春香傳≫

태수 되자 턱 떨어져.

오랫동안 노력하여 모처럼 일이 이루어지나 박복하여 허사가 되었다는

뜻.(※ 태수…옛날의 지방관리)

⇨ 모처럼 태수가 되니 턱이 떨어져. 재주를 다 배우니 눈이 어둡다.

典據 '太守爲脫領頤 ≪洌上方言≫

터서구니 사나운 집은 까마귀도 앉지 않는다.

가정 불화가 많은 집에는 아무도 왕래를 하지 않는다는 말.(※ 터서구니 사납다.… 가품(家品)이 좋지 않고 불화한 집안이라는 뜻의 평안도 사투리.)

⇨ 사나운 귀신 센 집은 말×도 벙긋 못한다.

터주에 붙이고 조왕에 붙인다.

여기저기 갈라 놓는다는 뜻.(터주…집터를 지키는 지신(地神) 조왕…부엌을 지키는 신.)

⇨ 터주에 놓고 조왕에 놓고 나면 아무것도 없다.

턱 떨어진 광대.

광대의 턱이 떨어지면 광대놀이를 할 수가 없는 것처럼, 의지할 데가 없어 꼼짝도 못한다는 뜻.

⇨ 끈 떨어진 뒤웅박. 끈 떨어진 망석중이. 줄 끊어진 박 첨지.

털도 아니 난 것이 날기부터 하려 한다.

↖ 기도 못하는 게 날려 한다. 푸둥지도 안 난 것이 날려고 한다.

털도 안 뜯고 먹겠다 한다.

① 너무 급히 먹으려 덤벼든다는 말. ② 염치 불고하고 남의 것을 통째로 먹으려 한다는 뜻.

털어서 먼지 안 나는 사람 없다.

누구든지 그 결점을 찾아내려면 조금도 결점 없는 사람이 없다는 말.

털을 뽑아 신을 삼겠다.

남의 은혜는 꼭 갚겠다는 말.
⇨ 결초보은(結草報恩).

토끼가 제 방귀에 놀란다.
제가 지은 죄 때문에 스스로 겁을 먹고 떨고 있는 사람을 보고 하는 말.
⇨ 노루가 제 방귀에 놀란다. 도둑이 제 발이 저리다.

토끼 둘을 잡으려다가 하나도 못 잡는다.
욕심을 부려서 한꺼번에 여러 가지 일을 하려고 하면, 한 가지 일도 성취하지 못하고 실패한다는 말.
⇨ 뛰는 토끼 잡으려다가 잡은 토끼 놓친다. 게도 구럭도 다 잃었다. 멧돝 잡으러 갔다가 집돝 잃었다.

토끼를 다 잡으면 사냥개를 삶는다.
필요할 때는 소중히 여기다가도 이용가치가 없어지면 천대하고 관계를 끊는다는 말.
⇨ 달면 삼키고 쓰면 뱉는다.

틈 난 돌이 터지고 태 먹은 독이 깨진다.
어떤 징조가 보이면 반드시 그 일이 나타나고야 만다는 뜻.
⇨ 빈 틈에 바람이 난다. 썩은 고기에 벌레 난다.

| 典據 | '驚紋裂石 鳴聲破甕 ≪耳談續纂≫

티끌 모아 태산.
아무리 적은 것이라도 많이 모이고 쌓이면 많아진다는 말.
⇨ 진합태산(塵合泰山).

ㅍ

파리도 여윈 말에 더 붙는다.
강자에게는 아무도 손을 대지 않지만 약한 자에게는 누구나 달려들어 갉아먹는다는 말.

파리한 강아지 꽁지 치레하듯.
꼴사나운 데 겉치레를 한들 그 모양이 좋아지지 않는다는 뜻.
⇨ 당나귀 귀치레. 더벅머리 댕기 치레하듯. 머리 없는 놈 댕기 치레하듯.
典據 '더벅머리 당기 치레하듯, 파리한 강아지 꽁지 치레하듯.'
≪春香傳≫

파방(罷榜)에 수수엿 장수.
일이 끝나 더 볼 것이 없다는 뜻.(※파방…과거에 급제한 사람의 발표를 취소하는 것.)
⇨ 파장(罷場)에 수수엿이야.

파총(把摠) 벼슬에 감투 걱정한다.
대단찮은 파총 벼슬을 하면서 감투 걱정을 한다는 말이니, 쓸데없는 걱정을 한다는 뜻
(※ 파총…각 군영(軍營)의 종사품(從四品) 벼슬.)
⇨ 하라는 파총에 감투 걱정한다.

팔백 금으로 집을 사고, 천 금으로 이웃을 산다.
↰ 세 잎 주고 집 사고, 천 냥 주고 이웃 산다. 집을 사면 이웃을 본다.

팔십 노인도 세 살 먹은 아이한테 배울 것이 있다.

어린아이의 말이라도 기발하고 사리에 맞아 귀담아들을 만한 말이 있으니 덮어놓고 무시하지 말라는 뜻.

⇨ 늙은이도 세 살 먹은 아이 말을 귀담아 들어라. 아이 말도 귀여겨 들어라. 어린아이 말도 귀여겨 들어라.

팔이 들이굽지 내굽나.

사람은 누구나 자기와 가까운 사람에게 정이 더 쏠린다는 말.

⇨ 손이 들이굽지 내굽나. 잔 잡은 팔은 안으로 굽는다. 팔이 안으로 굽는다.

|典據| '臂不外曲' ≪旬五志≫≪松南雜識≫

팔자가 사나우면 총각 시아비가 삼간(三間) 마루로 하나라.

하도 어이가 없고, 별 망측스러운 일도 다 보았다는 뜻.

⇨ 팔자가 사나우면, 시아비가 삼간 마루로 하나.

팔자는 독에 들어가서도 못 피한다.

타고난 운명은 억지로 바꿀 수 없다는 말.

⇨ 팔자 도망은 독 안에 들어도 못한다.

팥으로 메주를 쑨대도 곧이듣는다.

남의 말을 잘 믿는 사람을 두고 하는 말.

⇨ 팥을 콩이라 해도 곧이듣는다.

패군한 장수는 용맹을 말하지 않는다.

어떤 일에 실패한 사람은 그 일에 대해 왈가왈부하지 못한다는 뜻.

패장은 말이 없다.

|典據| '敗軍之將 不可以言勇 亡國之大夫 不可以圖存' ≪史記≫

평양감사(平壤監司)도 저 싫으면 그만이다.

아무리 좋은 일이라도 저 하기 싫다면 억지로 시킬 수 없다는 뜻.

평지에서 낙상(落傷)한다.

뜻밖에 생긴 재난이라는 뜻.
⇨ 두부 먹다 이 빠진다. 방바닥에서 낙상한다. 장판 방에서 자빠진다. 홍시 먹다가 이 빠진다.

평택(平澤)이 무너지나 아산(牙山)이 깨어지나.

싸움을 걸 때 서로 끝까지 승부를 겨루어 보자고 벼르고 나서는 말.
⇨ 아산이 깨어지나 평택이 무너지나. 백두산이 무너지나 동해수가 메어지나.

포도 군사의 은동곳 물어 뽑는다.

도둑놈이 붙잡혀 하옥(下獄)될 때 포도 군사(捕盜軍士)의 상투에 꽂은 은동곳을 슬쩍 물어 뽑는다는 말이니, 나쁜 버릇은 어디엘 가나 고치기 어렵다는 말.
⇨ 개고기는 언제나 제 맛이다. 제 버릇 개 줄까.

포도청 문고리도 빼겠다.

겁이 없고 대담한 사람을 두고 하는 말.

포천(抱川) 장 소 까닭.

웬일이냐고 묻는 말에 엉뚱하게 다른 구실을 댈 때 하는 말.

풀이 옛날 포천 어느 장날 쇠장거리에서 소를 팔러온 사돈끼리 만났는데, 두 사돈은 소 파는 것도 잊고 주막에 가서 주거니 받거니 서로 권하는 술에 취하여 파장때야 겨우 일어나 소를 타고 제각기 밤늦게 집으로 돌아갔다. 등잔불도 꺼진 밤중에 안방으로 들어가자마자 취하여 자던 이가 새벽녘에 목이 말라 깨어 보니 이게 웬일인가? 옆에 자는 이 사돈 마누라가 분명하여 번쩍 정신이 든 사돈은 옷을 주워 입자, 도망치듯 사돈집을 빠져 나와 자기 집으로 발걸음을 재촉하였는데, 도중에서 두 사돈은 서로 만나게 되었다. 똑같은 경우를 당한 두 사돈이 서로 하는 말이, '그건 포천장 소 까닭(바꿔 탄 까닭)이라고 하였다는 이야기에서 유래되었다고 한다.

푸둥지도 안 난 것이 날려고 한다.
↳ 기도 못하는 게 날려 한다.

푸성귀는 떡잎부터 알고, 사람은 어렸을 때부터 안다.
↳ 될 성부른 나무는 떡잎부터 알아본다. 열매될 꽃은 첫 삼월부터 안다. 용될 고기는 모이 철부터 안다. 자랄 나무는 떡잎부터 알아본다. 잘 자랄 나무는 떡잎부터 알아본다.

풀 방구리에 쥐 드나들듯.
풀 담은 그릇에 쥐가 풀을 먹으려고 들락날락하듯, 무엇이나 자주 드나드는 것을 두고 하는 말.
⇨ 반찬 단지에 고양이 발 드나들듯. 조개젓 단지에 괭이 발 드나들듯. 팥죽 단지에 새앙쥐 달랑거리듯. "풀 볼은 바구리에 쥉이 나들듯." 《제주도》

풀 베기 싫어하는 놈이 단수만 센다.
↳ 게으른 선비 책장 넘기기.

풋고추 절이김치.
절이김치를 만들 때 풋고추가 꼭 들어가므로 사이가 매우 친하여 둘이 항상 붙어다니는 것을 보고 하는 말.

풍년 거지 더 섧다.
남들은 다 잘 사는데 저만 어렵게 지내는 처지가 더 슬프다는 말.
⇨ 풍년 거지. 풍년 거지의 팔자라.
典據 '豊年乞人尤悲'《東言考略》, '豊年化子'《旬五志》《松南雜識》

피 다 뽑은 논 없고, 도둑 다 잡은 나라 없다.

논의 피를 뽑아도 자꾸 나듯, 도둑도 다 잡아도 또 생겨난다는 뜻.

피를 피로 씻는다.

① 같은 혈족끼리 싸운다는 뜻. ② 악을 악으로 처리한다는 말.

피장(皮匠)이 내일 모레.

↳ 갖바치 내일 모레.

피장 파장.

서로 매일반이라는 말.
⇨ 두꺼비 씨름 같다.

핑계 없는 무덤이 없다.

잘못을 저지르고 여러 가지 핑계를 댈 때 하는 말로서, 무슨 일이든지 핑계거리는 있다는 뜻.
⇨ 여든에 죽어도 핑계에 죽는다.

ㅎ

하나는 열을 꾸려도 열은 하나를 못 꾸린다.
한 사람이 잘 되면 여러 사람을 도와 살릴 수 있으나 여러 사람이 합하여 한 사람을 잘 살게 하기는 힘들다는 말.
⇨ 한 부모는 열 자식을 거느려도 열 자식은 한 부모를 못 거느린다.

하나를 보면 열을 안다.
① 그 일부를 보면 전체를 알 수 있다는 말. ② 매우 영리하다는 말.
⇨ 한 일을 보면 열 일을 안다. 문일지십(聞一知十). 하나를 들으면 백을 통한다.

하늘로 호랑이 잡기.
권력이 등등하여 무엇이나 원하면 다 얻을 수 있다는 말.
⇨ 하늘에 나는 새도 떨어뜨린다. 이천착호(以天捉虎).
| 典據 | '以天捉虎' ≪旬五志≫ ≪東言考略≫

하늘 보고 주먹질한다.
아무 소용없는 일을 한다는 뜻.
⇨ 하늘 보고 손가락질한다.

하늘 보고 침 뱉기.
↳ 누워서 침 뱉기.

하늘의 별 따기.
매우 하기 어려운 일이라는 뜻.

하늘이 돈짝만 하다.

제 정신이 딴 데 팔려 사물의 정체를 바로 보지 못한다는 뜻.
⇨ 하늘이 돈잎만하다. 하늘이 콩짝만하다.

하늘이 만든 화는 피할 수 있으나 제가 만든 화는 피할 수 없다.

천재(天災)는 인간의 노력으로 피할 수 있으나 사람은 제가 지은 재화(災禍)의 후환을 반드시 입게 된다는 말.
⇨ 하늘이 주는 일은 피할 도리 있어도 제가 지은 일은 어쩔 도리 없다.

하늘이 무너져도 솟아날 구멍이 있다.

아무리 큰 재난을 당하더라도 그것을 벗어날 길은 있다는 말.
⇨ 죽을 수가 닥치면 살 수가 생긴다.

[典據] '天雖崩 牛出有穴' 《東言考略》, '天之方蹶 牛出有穴' 《耳談續纂》

하늬 바람에 곡식이 모질어진다.

서풍이 불면 곡식이 여물어 간다는 말.

하던 지랄도 멍석 펴놓으면 안 한다.

↳ 까마귀 똥도 약이라니까 물에 깔긴다. 개똥도 약에 쓰려면 없다.

[典據] '常爲之癎 網席不爲' 《東言考略》

하루 물림이 열흘 간다.

어떤 일을 한번 연기하면 자꾸 일이 밀리니 일은 뒤로 미루지 말라는 말.

하룻강아지 범 무서운 줄 모른다.

철모르는 이가 두려운 것을 모르고 함부로 덤벼든다는 말.
⇨ 하룻강아지. 범 모르는 하룻강아지. 자가사리 용을 건드린다.

[典據] '一日之狗 不知畏虎' 《耳談續纂》, '一年犬 不畏虎' 《東言考略》

하룻망아지 서울 다녀오듯.

알지 못하는 사람은 아무리 좋은 것을 보아도 소용없다는 말.

▷ 까투리 북한(北漢) 다녀 온 셈이다.

[典據] '一日駒 往京還' ≪東言考略≫

하룻밤을 자도 만리성을 쌓는다.

비록 잠시 동안이지만 깊은 정의(情誼)를 맺는다는 말.

▷ 하룻밤에 만리성을 쌓는다.

[典據] '一夜之宿 長城或築' ≪耳談續纂≫, '一夜萬里城' ≪松南雜識≫

하룻밤을 자도 헌 각시.

여자는 정조를 굳게 지켜야 한다는 말.

▷ 한 번 가도 화냥, 두 번 가도 화냥. 한번 엎지른 물은 다시 주워 담지 못한다.

하룻저녁에 단속곳 셋 하는 여편네 속곳 벗고 산다.

일 잘하는 사람이 오히려 고생하며 사는 일이 많다는 말.

▷ 열두 가지 재주에 저녁거리가 없다.

하선(夏扇) 동력(冬曆)으로 시골에서 생색 낸다.

선물로는 여름에는 부채, 겨울에는 달력이 가장 생색 나는 것이라는 뜻.

하지(夏至)를 지나면 발을 물꼬에 담그고 산다.

농촌에서 하지 후에 논에 물을 대는 것이 벼농사에 중요한 일이므로 하는 말.(※ 물꼬…논에 물을 대는 입구.)

학이 곡곡하고 우니 황새도 곡곡하고 운다.

↰ 거문고 인 놈이 춤을 추면 칼쓴 놈도 춤을 춘다.

한강에 돌 던지기.

아무리 해도 헛일을 하는 어리석은 행동을 말한다.

▷ 한강투석(漢江投石).

한강이 녹두죽이라도 쪽박이 없어 못 먹겠다.

아무리 좋은 물건이 눈앞에 쌓였어도 노력 없이는 얻을 수 없다는 말.

한 갯물이 열 갯물 흐린다.

⌒ 한 마리 고기가 온 강물 흐린다.

한날 한시에 난 손가락도 길고 짧다.

한 형제간에도 슬기로운 사람과 어리석은 사람이 생기며, 같은 등속(等屬)이라도 똑 고르지는 못하다는 말.
⇨ 한 어미 자식도 오롱이 조롱이.

한 냥짜리 굿하다가 백 냥짜리 징 깨뜨린다.

적은 일을 하다가 큰 손해를 보게 되었다는 말.

한 노래로 긴 밤 새울까.

한 가지 일만 하여 세월을 헛되이 보내겠느냐는 뜻.
[典據] '一歌達永夜'《旬五志》, '唱一謠達永宵'《洌上方言》, '一歌長達夜乎'《東言考略》 '一歌達永夜'《松南雜識》

한 놈의 계집은 한 덩굴에 열린다.

한 남자의 처첩이 여럿이라도 남편의 성격과 한 집안의 가풍에 따라 모두 비슷한 성격과 행동으로 순화된다는 말.
⇨ 한 남편의 처첩이 몇이라도 한 줄의 생물.

한 달이 크면 한 달이 작다.

세상 일이란 한 번 좋은 일이 있으면 한 번은 나쁜 일이 있게 마련이라는 뜻.
⇨ 일월은 크고 이월은 작다. 그릇도 차면 넘친다. 달도 차면 기운다. 봄 꽃도 한때. 열흘 붉은 꽃 없다.

한데 앉아서 응달 걱정한다.

제 일도 한심한 처지인데 남의 걱정까지 한다는 말.
⇨ 뒷집 마당 벌어진 데 솥뿌리 걱정한다. 마당 터진 데 솥뿌리 걱정한다.

한라산이 금덩어리라도 쓸 놈 없으면 못 쓴다.

아무리 귀중한 재물이라도 그것을 필요로 해서 쓸 사람이 있어야 그 가치를 나타낸다는 말.

한량(閑良)이 죽어도 기생집 울타리 밑에서 죽는다.

사람은 죽을 때도 자기의 본색을 드러낸다는 말.
⇨ 백정이 버들잎 물고 죽는다. 행담 짜는 놈은 죽을 때도 버들 잎을 재갈 메고 죽는다.

한 마리 고기가 온 강물 흐린다.

한 개인의 못된 행동이 사회에 큰 해독을 끼친다는 뜻.
⇨ 미꾸리 한 마리가 온 웅덩이를 흐린다. 실뱀 한 마리가 온 바닷물을 흐린다. 일어탁수(一漁濁水). 조그만 실뱀이 온 강물 다 휘젓는다. 조그만 실뱀이 온 바닷물을 흐린다.

典據 '一箇魚渾全川'《旬五志》《松南雜識》, '一條魚渾全渠'《洌上方言》, '一魚混全川'《東言考略》

한 말등에 두 길마를 지울까.

한 사람이 한꺼번에 두 가지 일은 못한다는 뜻.
⇨ 한 말등에 두 안장을 지울까. 한 몸에 두 지게 질까. 한 어깨에 두 지게 질까.

典據 '一馬之背 兩鞍難載'《耳談續纂》

한 번 가도 화냥, 두 번 가도 화냥.

잘못은 한 번 저지르나 여러번 저지르나, 잘못된 일을 했다는 말을 듣기는 매일반이라는 뜻.
⇨ 하룻밤을 자도 헌 각시.

한 번 걷어 챈 돌에 두 번 다시 채지 않는다.

한 번 실수한 것은 두 번 다시 실수하지 않는다는 말.

한 번 실수는 병가(兵家)의 상사(常事).

누구나 한 번 실수쯤은 하는 것이므로 크게 탓하지 말라는 뜻.

典據 '一勝一敗 兵家常事' 《唐書》

한 번 엎지른 물은 주워 담지 못한다.

한 번 한 일은 다시 원 상태로 되돌리지 못한다는 뜻.

⇨ 엎지른 물. 쏘아 논 화살.

한 부모는 열 자식을 거느려도 열 자식은 한 부모를 못 거느린다.

↖ 하나는 열을 꾸려도 열은 하나를 못 꾸린다.

한 불당에서 내 사당 네 사당 하느냐.

한 집안에서 네 것 내 것을 가려서 시비할 것이 있느냐는 뜻.

⇨ 한 불당에 앉아서 내 사당 네 사당 한다.

典據 '一佛堂 我舍堂爾舍堂乎' 《東言考略》

한 손뼉이 울지 못한다.

↖ 외손뼉이 울랴.

한술 밥에 배부르랴.

무슨 일이고 처음에는 큰 성과를 기대할 수 없고, 힘을 조금 들이고는 큰 효과를 바랄 수 없다는 말.

⇨ 첫술에 배부르랴.

典據 '繼食一匙 不救腹飢' 《耳談續纂》

한 시(時)를 참으면 백 날이 편하다.

세상살이란 한때의 어려움, 한때의 흥분 등을 꾹 참으면 앞날의 일이 편하게 된다는 말.
⇨ 참을 인(忍) 자 셋이면 살인도 피한다.

한식(寒食)에 죽으나 청명(淸明)에 죽으나.
한식과 청명은 하루 사이므로 큰 차이가 없다는 뜻.

한 어미의 자식도 오롱이 조롱이.
한 어머니에게서 태어난 자식도 그 모양과 성격이 제각기 다르다는 말이니, 세상 모든 일이 다 같을 수 없다는 뜻.
⇨ 한날 한시에 난 손가락도 길고 짧다. 한 어미의 자식도 아롱이 다롱이.
典據 '一母子迂僨' ≪東言考略≫

한 외양간에 암소가 두 마리.
바보끼리 한 곳에 있으면 이익될 것이 없다는 말.
典據 '雨牝牛同廄' ≪旬五志≫≪松南雜識≫, '牝牛二一圖縶', ≪冽上方言≫, '一廄二雌牛' ≪東言考略≫

한 잔 술에 눈물 난다.
대단찮은 일에서 원한이 생기므로 차별 대우를 하지 말라는 말.
典據 '由酒一盞 或淚厥眼' ≪耳談續纂≫ '一酌酒涕出' ≪東言考略≫

한 집에 감투쟁이 셋이 변(變).
⤷ 목수 많은 집이 기울어진다.

한 집에 있어도 시어미 성을 모른다.
흔히 가깝고 손쉬운 일은 무심하게 지나쳐 버리는 일이 많아, 의외로 모르는 것이 많다는 말.
⇨ 머슴살이 십 년에 주인 성 묻는다. 삼 년 남의 집 살고 주인 성 묻는다. 십 년을 같이 산 시어미 성도 모른다. 한 집안에 김별감(金別監) 성을 모른다. 한 청(廳)에 있으면서 김수항(金壽恒)의 성을 모른다.

한 푼 장사에 두 푼 밑져도 팔아야 장사.

장사를 하려면 이가 적더라도 팔아야 장사가 된다는 말.

함박 시키면 바가지 시키고 바가지 시키면 쪽박 시킨다.

어떤 일을 윗사람이 아랫사람에게 시키면, 그는 또 제 아랫사람에게 다시 시킨다는 말.

함흥차사(咸興差使).

심부름 간 사람이 돌아오지 않을 때 하는 말.

[풀이] 이태조(李太祖)가 태종(太宗)에게 선위(禪位)하고 함흥에 가서 있을 때, 태조의 노여움을 풀기 위해 여러번 사신을 보냈으나 그때마다 죽고 돌아오지 않았다는 옛이야기에서 나온 말.

⇨ 강원도 포수(砲手) 의붓아비 소 팔러 보낸 것 같다. 지리산 포수.

항우도 댕댕이 덩굴에 넘어진다.

힘이 센 항우도 보잘것없는 덩굴에 걸려 낙상할 때가 있다는 말이니, 아무리 자신 있는 일에도 작은 것을 무시하면 실패한다는 뜻.

[典據] '項羽滑葛蔓' 《松南雜識》

햇비둘기 재 넘을까.

경험과 실력이 아직 연천(年淺)한 사람은 큰 일을 이룰 수 없다는 말.
⇨ 하룻비둘기 재를 못 넘는다.

[典據] '鳩生一年 飛不踰嶺' 《耳談續纂》, '一日鳩未踰嶺' 《東言考略》

행랑 빌리면 안방까지 든다.

처음에는 소심하게 발을 들여놓다가 재미를 붙이면 대담해져 정도가 심한 일까지 한다는 뜻.

⇨ 차청입실(借廳入室). 청을 빌려 방에 들어간다.

[典據] '旣借堂 又借房' 《洌上方言》

행수(行首) 행수하고 짐 지운다.

↵ 아저씨 아저씨 하고 길짐만 지운다.

典據 '稱行首 使擔負'《洌上方言》, '行首行首負卜'《東言考略》

행실을 배우라니까 포도청 문고리를 뺀다.

↵ 버릇 배우라니까 과부집 문고리 빼들고 엿장수 부른다.

허허 해도 빚이 열닷 냥이다.

겉으로는 호기 있게 보이나 속으로는 근심이 가득하다는 뜻.

헌 분지 깨고 새 요강 물어 준다.

작은 실수로 큰 손해를 본다는 말.(※분지…진흙으로 만든 값싼 요강.)

헌 짚신도 짝이 있다.

아무리 어렵고 가난한 사람도 다 짝이 있다는 뜻.

⇨ 헌 고리도 짝이 있다.

典據 '헌 고리도 짝이 있고, 헌 짚신도 짝이 있네.'《春香傳》

혀 아래 도끼 들었다.

말을 잘못하면 큰 재앙을 받게 된다는 뜻.

⇨ 설저유부(舌底有斧). 혀 밑에 죽을 말이 있다.

典據 '舌下斧入'《東言考略》, '舌底有斧'《松南雜識》

형만한 아우 없다.

아우가 암만 낫다 해도 형만은 못하다는 뜻.

⇨ 형 미칠 아우 없고, 아비 미칠 아들 없다.

형 보니 아우.

형의 잘잘못을 보면 그 아우의 사람됨도 짐작할 수 있다는 말.

형제는 잘 두면 보배, 못 두면 원수.

형제를 잘 두면 서로 협조하여 잘 지낼 수 있으나, 못된 형제가 있으면 서로 이해 다툼을 하고 폐를 끼쳐 원수같이 생각된다는 뜻.

형틀 지고 와서 볼기 맞는다.

↳ 곤장을 메고 매 맞으러 간다.

호랑이는 죽어서 가죽을 남기고, 사람은 죽어서 이름을 남긴다.

↳ 사람은 죽으면 이름을 남기고 범은 죽으면 가죽을 남긴다.

[典據] '豹死留皮 人死留名' ≪歐陽修≫ ≪五代史記≫

호랑이도 새끼가 열이면 스라소니를 낳는다.

자식을 많이 낳으면 그 중에는 못난 자식도 있다는 뜻. (※ 스라소니… 고양이과에 딸린 짐승으로 호랑이와 고양이의 중간 동물.)

↔ 닭이 천이면 봉이 한 마리 있다.

호랑이도 제 말 하면 온다.

① 마침 이야기하고 있는데 그 장본인이 나타났을 때 하는 말. ② 그 자리에 없다고 하여 남의 흉을 함부로 보지 말라는 뜻.

⇨ 범도 제 소리하면 오고, 사람도 제 말하면 온다. 시골 놈 제 말하면 온다.

[典據] '談虎虎至 談人人至' ≪耳談續纂≫

호랑이도 죽을 때는 제 집을 찾는다.

자기가 살던 고향 집에는 누구나 다 애착심을 갖는다는 말.

호랑이에게 개 뀌어 준 셈.

받을 가망이 없는 사람에게 무엇을 빌려 주어, 갚음을 바랄 수 없게 되었을 때 하는 말.

⇨ 고양이보고 반찬 가게 지켜 달란다. 고양이한테 반찬 단지 맡긴 것 같다. 도둑 괭이더러 제물 지켜 달란다. 범 아가리에 날고기 넣은 셈.

[典據] '莫持狗貸與虎' ≪洌上方言≫, '狗貸虎狼 豈望報償' ≪耳談續纂≫,

'虎貸狗' ≪東言考略≫

호랑이에게 고기 달란다.
전혀 기대할 수 없는 것을 기대하는 어리석은 행동을 한다는 말.
➪ 고양이에게 반찬 달란다.

典據 '虎前乞肉' ≪旬五志≫ ≪松南雜識≫

호랑이에게 물려가도 정신만 차리면 산다.
아무리 위급한 일을 당하더라도 정신만 똑똑히 차리면 위기를 면할 수 있다는 말.
➪ 물에 빠져도 정신은 잃지 마라.

호랑이 잡고 볼기 맞는다.
인명 피해를 주는 맹수를 잡았음에도 호랑이는 산신령(山神靈)의 화신이라, 잡으면 동네에 화를 입는다는 속신(俗信) 때문에 오히려 매를 맞았다는 말이니, 장한 일을 하고도 도리어 벌을 받는다는 뜻.

호미로 막을 것을 가래로 막는다.
↳ 닭 잡아 겪을 나그네, 소 잡아 겪는다.

호박꽃도 꽃이라고.
얼굴은 못생겨도 여자라고 여자 티를 낸다는 뜻.
➪ 꽃은 꽃이라도 호박꽃이라.

호박씨 까서 한 입에 넣는다.
애써서 조금씩 모은 것을 한꺼번에 써버린다는 말.

호박이 덩굴째로 굴러떨어졌다.
뜻밖에 횡재가 생겼다는 말.
➪ 호박이 굴렀다. 호박이 떨어졌다.

혹 떼러 갔다가 혹 붙여온다.

이득을 얻으러 갔다가 도리어 손해를 당하게 되었다는 말.

[풀이] 옛날 혹 달린 영감이 도깨비에게 혹 뗀 영감의 이야기를 듣고, 자기도 같은 방법으로 도깨비에게 혹을 떼러 갔다가 도리어 전날 떼 두었던 다른 영감의 혹까지 붙이고 돌아왔다는 이야기에서 나온 말.

혼사(婚事) 말하는데 상사(喪事) 말한다.

전연 딴 말을 한다는 뜻.

혼인 날 똥 싼다.

ㄴ 시집갈 때 등창 난다.

[典據] '方婚姻矢遺' ≪東言考略≫

홀아비는 이가 서 말, 과부는 은(銀)이 서 말.

과부는 알뜰하여 자기 손으로 벌어서도 혼자 넉넉히 살아갈 수 있으나, 홀아비는 헤퍼서 혼자 생활할 수 없다는 말.

홍두깨로 소를 몬다.

지나치게 무리한 일을 한다는 뜻.

홍시 먹다가 이 빠진다.

ㄴ 두부 먹다 이 빠진다.

화약을 지고 불로 들어간다.

ㄴ 섶 지고 불로 들어가려 한다.

활과 과녁이 서로 맞는다.

하려는 일과 닥친 기회가 똑 들어맞았다는 말.

[典據] '弓的相適' ≪旬五志≫

활인불(活人佛)이 골마다 난다.

어느곳에나 위급할 때 구해 주는 착한 사람이 있다는 말.

⇨ 사람 살 곳은 골골이 있다. 사람 살 곳은 가는 곳마다 있다.
↔ 동네마다 후레 아들 하나씩 있다.

典據 '活人之佛 洞洞有之'《旬五志》, '活人佛 洞洞出'《冽上方言》, '活人佛 谷谷有'《東言考略》

홧김에 화냥질한다.

격분을 이기지 못하여 될 대로 되라고 탈선까지 하여 결국 제 신세를 망치게 된다는 뜻.
⇨ 부앗김에 서방질한다. 속상한데 서방질이나 하자는 격으로.

황금 천 냥이 자식 교육만 못하다.

막대한 유산을 남겨 주는 것보다도 자녀 교육이 더 중요한 것이라는 뜻.
⇨ 돈 모아 줄 생각 말고 자식 글 가르쳐라.

典據 '遺子黃金滿瀛 不如一經'《漢書》

황새 조알 까먹은 것 같다.

황새가 좁쌀 한 알 까먹으나마나 한 것처럼 양에 조금도 안 찬다는 뜻.
⇨ 간에 기별도 안 갔다. 목구멍의 때도 못 씻었다. 범 바자 먹은 것 같다. 쌍태 난 호랑이가 하루살이 한 개 먹음만 하다. 코끼리 비스킷 하나 먹으나마나.

典據 '如鸛啄食粟粒'《東言考略》

훈장(訓長)의 똥은 개도 안 먹는다.

선생은 아이들을 가르치느라고 속도 많이 썩이고 애를 태운다는 뜻에서 하는 말.
⇨ 초학(初學) 훈장의 똥은 개도 안 먹는다.

훗장 떡이 클지 작을지 누가 아나.

앞으로 일어날 일은 추측하기 힘들다는 말.

휑한 빈 집에 서발 막대 거칠 것 없다.

ㄴ 서발 막대 거칠 것 없다.
 [典據] '枵然穴室 丈木無窒' 《耳談續纂 拾遺》

흉년에 어미는 굶어죽고, 아이는 배 터져 죽는다.
흉년에는 양식이 모자라 어른은 아이들을 생각해서 자기는 안 먹고 자꾸 주므로 아이들은 과식을 하게 되고 어른은 더욱 굶주린다는 말.

흉년에 윤달.
불행한 일이 겹쳐 일어난다는 말.
⇨ 설상가상(雪上加霜). 엎친 데 덮치기.

흉년의 떡도 많이 나면 싸다.
귀한 물건도 많이 공급되면 값이 싸진다는 말.

흉이 없으면 며느리 다리가 희단다.
며느리를 미워하는 시어머니는 생트집을 잡아서라도 흉을 본다는 말.
⇨ 며느리가 미우면 발뒤축이 달걀 같다고 나무란다. "숭이 읏이민 매누리 다리가 히영훈다" 《제주도》

흘러가는 물도 떠 주면 공(功)이라.
남을 도와 준다는 것은 힘들지 않은 작은 일일지라도 받는 이는 고맙게 느끼는 것이므로, 작은 일이라도 선행을 하라는 뜻.
⇨ 급수공덕(給水功德). 흘러가는 물 퍼주기.
 [典據] '流水酌給爲德' 《東言考略》

흥정은 붙이고 싸움은 말리랬다.
좋은 일은 권하고 나쁜 일은 말려야 한다는 뜻.
 [典據] '勸買賣 鬪則解' 《洌上方言》

흰 술은 사람의 얼굴을 누르게 하고, 황금은 사람의 마음을 검게 한다.

사람의 나쁜 마음은 항상 돈 때문에 생긴다는 말.

[典據] '속담에 이른 말이, 흰 술은 사람의 얼굴을 누르게 하고, 황금은 사람의 마음을 검게 한다 한 것처럼.' ≪春香傳≫

한국속담집 〈서문문고 51〉

개정판 발행 / 1996년 6월 25일
개정판 2쇄 / 2003년 9월 10일
엮은이 / 한국민속학회
펴낸이 / 최 석 로
펴낸곳 / 서 문 당
주 소 / 서울시 마포구 성산동 54-18호 동산빌딩 2층
전 화 / 322—4916~8 팩스 / 322-9154
등록일자 / 2001. 1. 10
등록번호 / 제10-2093
창업일자 / 1968. 12. 24

ISBN 89-7243-251-2 ※ 잘못된 책은 바꾸어 드립니다